道北・増毛・樺戸の山々
利尻島・礼文島
宗谷岬
ノシャップ岬
稚内
238
礼文岳
礼文島
利尻山
利尻島
オホーツク海
枝幸
40
音威子府
函岳
日 本 海
238
232
40
美深
ウェンシリ岳・ピヤシリ山周辺
天売島
焼尻島
天塩山地
ピッシリ山
九度山
ピヤシリ山
興部
羽幌
275
名寄
天塩山地
朱鞠内湖
239
下川
ウェンシリ岳
239
239
士別
天塩岳・愛別周辺
三頭山
232
40
273
幌加内
天塩岳
留萌
旭川紋別自動車道
石垣山
275
333
増毛山地
233
273
増毛
深川留萌自動車道
上川
雄冬山
浜益御殿
273
旭川
南暑寒岳
層雲峡
暑寒別岳
雨竜
深川
道央自動車道
旭岳
黄金山
増毛山地
樺戸山地
451
滝川
浜益
トムラウシ山
神居尻山
浦臼山
ニペソツ山
ピンネシリ
樺戸山
隈根尻山
樺戸山地
十勝岳
12
231
275
月形
美唄
富良野

新

夏山ガイド

6

道東・道北・増毛

エゾゴゼンタチバナ

目次

（表紙写真）
表　上・知円別岳から硫黄山へ
　　下・暑寒別岳九合目付近のお花畑
裏　リシリブシ（利尻山）

（目次写真）
エゾカンゾウ咲く雨竜沼湿原

本書のねらいと利用法

■はじめに

『北海道夏山ガイド』シリーズは1989年（平成元年）、梅沢俊、菅原靖彦、中川潤の共著で発刊された。その最大の目的は「道内の登山道のある山すべての完全紹介」である。

当時は一大ブームといえるほどに登山人口が増加していたが、既存のガイドブックは人気のある山ばかりを繰り返し取り上げ、目立たない山は日の目を見ることがなかった。現在のようにインターネットもなく、山の情報不足を痛感する中で、自分たちで取材を楽しみ（苦しみ）ながら、このシリーズをつくることにした、と初版の「はじめに」にある。

以降、山域別に計6巻を展開し、随時最新情報を反映した改訂版を出しながら今日に至っている。

■編集方針

①取材に基づいた情報提供

著者らで取材登山を行い、最新情報の提供を心がけている。しかし、一度発売されると数年間に渡り販売されるため、その間に状況が変化することも少なくない。これはガイドブックの宿命であり、読者もそれをご理解のうえ、情報確認を行いながら活用してほしい。

幸い今はインターネット上に最新の情報があふれている。ガイドブックがネット利用を促すのは本末転倒のようだが、本書で基本的な知識を得たうえで、ネットで最新情報を補うというのが、現実的かつ有効な利用法だと思う。

②紹介する山の範囲

　先に「登山道のあるすべての山」と記したが、ひとことに登山道といっても状況はさまざまである。本書では原則的に取材時に通行可能だったコースを掲載している。少々ササやハイマツ被りが深くても、足で分ければコースが見つかるような場合は掲載した。しかし、一般登山者にとって通行困難と思われ、今後も整備が見込めないコースや、新規開削された道でも作業道など一時的と判断されるものは掲載を見合わせた。

　山の標高については５００メートル以上をひとつの目安としている。ただし、低山であっても豊かな自然を体感できたり展望が素晴らしいなど登山要素が濃い場合は対象とした。一方、頂上まで一般車通行可能な車道があり、他に登山道がないような山は除外した。

③詳細な説明

　簡潔すぎるガイド記事は不安を募らせる。逆に詳細すぎる記事は登山に対する興味を損なわせる欠点もある。本書では「独力登山」にウエートを置き、写真の多用、イラスト地図の採用など、多くの人が初見でも理解できることを心がけた。

④イラスト地図の採用

　地図は縮尺が正確な平面図にするか、尾根や谷が直感的にわかる鳥瞰図にするか悩むところだが、初心者には後者のほうが地形の概念が把握しやすいと判断し、こちらを採用した。イラスト地図は詳細な標高データをもとにパソコンで地形の３Ｄ画像を作成している。これに地形図や航空写真を参考に、樹林、岩場、雪渓などをレタッチした。

なお、実際の登山では国土地理院地形図など詳細な地図を携行し、現在地やルートを確認するようにしてほしい。最近はスマートフォンの地図アプリを利用する人も多いが、故障やバッテリー切れの心配がなく、より広範囲をひと目で把握できる紙の地図もぜひ併用してほしいものである。

⑤マイカー情報の提供

北海道では公共交通機関を利用して登れる山は少なく、ほとんどの山がマイカーに頼らざるを得ない。本書ではアプローチを20万分ノ1地勢図を利用して案内するほか、本文でもマイカー情報を提供した。ただし、林道は状況変化が激しいので、最新情報は所轄の森林管理署のホームページを参照するなどしてほしい。

駐車場は登山者用として整備されたところもあれば、林道ゲート付近や路肩に空きスペースを見つけて停める場合もある。その場合も関係車両や近隣住民の迷惑にならないよう十分に配慮してほしい。

⑥登山グレード

紹介するコースは超初心者向きから上級者向きまで幅がある。本書ではコースを初・中・上級に分けて評価し、実力にあった選択ができるようにした。さらに迷いやすさや険しさなど要素別の評価も記したので参考にしてほしい。

⑦コースタイム

標準的体力の人が日帰り装備で登ることを前提とし、休憩を含まない実質的登山時間で表した。

山中泊が必要となる山はテント

泊装備でのタイムとなり、その場合はコースタイムを赤文字で示した。テント泊のコースタイムは日帰りの概ね1割増しだが、日数、荷物の量により異なるので、ひとつの目安としてほしい。

⑧川などの呼称

従来「○○沢」と呼ばれていた川が、地形図では全道的に「○○沢川」と改名されるようになって久しい。同じ意味の川と沢を重ねて用いるのはおかしいが、国土地理院の話では地方自治体が決めた名を使っているという。本書では従来の「○○沢」に統一した。

■2024年の改訂にあたって

長年に渡りコースの追加・削除を繰り返した結果、各巻のページ数に偏りが出てきた。そのため2022年の第1巻改訂より、各巻の収録山域を以下の通り変更してゆく。（巻末の各巻収録図も参照のこと）。

第1巻　道央（※胆振を除く）
第2巻　表大雪
第3巻　東・北大雪、十勝連峰
第4巻　日高山脈、夕張山地
第5巻　道南・胆振
第6巻　道東・道北・増毛

また、これを機に誌面も若干リニューアルし、書名を「北海道夏山ガイド」から「新夏山ガイド」へと変更している。

＊

なお、本書に記載の情報（交通機関、宿泊情報など）は2024年3月現在のものである。新型コロナウイルス流行の影響や深刻化する人手不足等により、不安定な要素や今後の変更があり得ることをご承知いただきたい。

登山コース評価の見方

本書では各登山コースを初・中・上級に分け、コース名の枠色をそれぞれ赤、緑、青で色分けした。設定はできるだけ客観的な評価となるように、各要素を数量化した独自の評価表をつくり決定した。ここでいう上級とは北海道の夏山の登山道のあるコースで最も困難なものを上限としたので、沢登りや岩登りによる登山、あるいは道外の登山にはあてはまらない。標高差、登山時間は山中泊の場合も含め、出発点から山頂までの合計を基準とした。また、7、8月ごろを前提としており、残雪期の雪渓歩行などによる難度の変化は各自で判断してほしい。

体力	必要体力＝標高差	300m未満 30点	300m〜600m未満 35点	600m〜900m未満 40点	900m〜1200m未満 45点	1200m〜1500m未満 50点	1500m以上 55点
	登山時間加算	長時間登山とキャンプ用具等運搬に要する体力を加算		3時間未満 D 0点	3時間〜5時間未満 C 5点	5時間〜8時間未満 B 10点	8時間以上 A 15点
判断・技術力	高山度＝山の標高	標高の上昇に伴う気温低下、気象の激変判断		600m未満 D 0点	600m〜1100m未満 C 3点	1100m〜1600m未満 B 6点	1600m以上 A 10点
	険しさ	岩場、ガレ、雪渓等		D 0点	C 3点	B 6点	A 10点
	迷いやすさ	迷いやすい地形や道路状況等		D 0点	C 3点	B 6点	A 10点
総合点		合計の端数を５点単位に整理して表示する					
備考		本文の表では必要体力以外は各点を低い順からＤＣＢＡで表示					

初級（30点〜50点）	中級（55点〜70点）	上級（75点〜100点）
【例】 写万部山(35)	【例】 旭岳(55)	【例】 芦別岳(75)
樽前山(40) 塩谷丸山(40)	余市岳(60) 夕張岳(65)	利尻山(80) トムラウシ山(85)
黒岳(45) 雌阿寒岳(50)	斜里岳(65) 石狩岳(70)	幌尻岳〜戸蔦別岳(100)

※幾つものピークを登る場合はピーク間の落差を加えた「累積標高差」で判断する

道東の山

知床連山、硫黄山付近から羅臼岳方面の展望

根室海峡を挟んで国後島が間近に見える。羅臼岳羅臼コース

道東の山のあらまし

■道東の山の特徴

知床連山、斜里岳、屈斜路湖、摩周湖、阿寒の山―これら道東を代表する山や湖は、カムチャツカ半島から弧を描くように連なる千島火山帯に属している。噴気をたなびかせる活火山や神秘的な雰囲気を漂わせるカルデラ湖が、北国らしい広大な針葉樹林に囲まれてる様子は、いかにも道東らしいといえるだろう。また山の上から見る根釧原野やオホーツク地方などの広がりもまた、北海道らしさを感じさせる。

気候はオホーツク寒気団や寒流の影響を受けやすく、道央圏に比べると夏の訪れは1カ月近く遅い。また、夏の太平洋側は海霧が入りやすい。しかし積雪は少なめで、秋は比較的遅くまで登れる。

■知床半島

約60キロの半島を貫くように山々が連なっているが、登山道があるのは羅臼岳と硫黄山、そしてその間を結ぶ縦走路のみである。知床岳、海別《うなべつ》岳、遠音別《おんねべつ》岳なども目を引くが、登山道はない。

世界自然遺産に登録された豊かな自然をはじめ、北方領土を間近に望むロケーション、特産種のシレトコスミレなど、魅力が尽きない。一方でオーバーユースや人馴れしたヒグマの存在などは、登山者としても考えるべき問題だろう。

■斜里岳周辺

斜里岳はその端正な山容や整備

針葉樹に囲まれた雄阿寒岳の次郎湖

日本最大のカルデラ湖屈斜路湖

された登山道、山小屋などから人気が高い。ただし、沢や岩稜などが続き、技術的には決して簡単な山とはいえない。

近くには養老牛岳、俣落《またおち》岳、標津岳、武佐岳など1000m《メートル》前後の山が連なり、後者2座に道がある。次項の西別岳とともに広大な根釧原野の展望が素晴らしい。

摩周湖、屈斜路湖周辺

神秘の湖として有名な摩周湖の外輪山カムイヌプリ（摩周岳）、そこから連なる西別岳、屈斜路湖の外輪山の藻琴山などがある。家族連れにも楽しめる低い山が多く、足元に広がるカルデラ湖の景観も魅力的だ。

阿寒湖周辺

阿寒湖を挟んで雌阿寒岳と雄阿寒岳が対峙する。雌阿寒岳は複雑な構造の活火山で1955年に有史以来初の爆発を起こした。山頂部に広がる活動中のポンマチネシリ火口、中マチネシリ火口は〝生きている地球〟を実感させる。気象庁の常時観測火山に指定されており、活動状況によっては入山規制が発令される。

雄阿寒岳は円錐形の古い火山で、山頂付近まで深い樹林に覆われている。

喜登牛山、東三国山山塊

東大雪に含むべき山かもしれない。喜登牛《きとうし》山、東三国《みくに》山とともに道はないが、その間にある北稜岳には地元山岳会が開いたコースがある。

北見周辺

登山道があるのは仁頃山のみであるが、そのコース数は5本ほどと多い。地元山岳会による丹念な整備活動もあり、幅広い層の登山者に親しまれている。

知床半島

ムイワッカの滝
93
知床五湖
硫黄山
1562
知円別岳
1544
硫黄山《いおうざん》
(2.5万)
北浜
87
岩尾別温泉
サシルイ岳
1564
羅臼《らうす》
(5万)
羅臼岳
1661
羅臼《らうす》
(2.5万)
サシルイ川
334
知床峠
天頂山
1046
英嶺山
521
羅臼湖
羅臼川
羅臼
知床岬
羅臼町
八木浜
麻布
遠音別岳《おんねべつだけ》
(2.5万)
滝ノ下
知床岬《しれとこみさき》
(2.5万)
ポロモイ岳
992
船泊
335
八木浜《やぎはま》
(5万)
知床岬《しれとこみさき》
(5万)
知床沼
知床岳
1254
化石浜
知床岳《しれとこだけ》
(2.5万)
ルシャ川《がわ》
(2.5万)
崩浜
テッパンベツ川
浜
相泊
標津
ルシャ川
瀬石

知床五湖《しれとこごこ》
(2.5万)
岩尾別
宇登呂《うとろ》
(5万)
ウトロ
知床峠《しれとことうげ》
(2.5万)
オシンコシンの滝
知西別
1317
ウトロ
(2.5万)
真鯉
遠音別岳
1330
オンネベツ川
334
斜里町
峰浜《みねはま》
(2.5万)
真鯉《まこい》
(2.5万)
峰浜
ラサウヌプリ
1019
峰浜《みねはま》
(5万)
斜里
朱円
至斜里・網走
小海別岳
902
海別岳
1419
海別岳《うなべつだけ》
(2.5万)
根室峯浜《ねむろみねはま》
(2.5万)
朱円《しゅえん》
(2.5万)
標津町

1661m

羅臼岳《らうすだけ》

羅臼コース

背後に浮かぶ国後島 コース変化が魅力

斜里町知床五湖から

知床はアイヌ語で「地の果て」を意味し、全長約60kmの細長い半島に今なお色濃い自然環境が残っている。羅臼岳は半島に連なる山々の最高峰で、天を突くような山頂は遠くからもひと目でそれとわかる風格を備えている。古くはチャチャヌプリ、ラウシ岳、羅牛岳などの記録が見られるが、大正14年の地図で羅臼岳に確定したようだ。

登山道はウトロ側と羅臼側に各1本があり、前者の利用者が圧倒的に多い。そのほか硫黄山へ続く縦走路がある。

■**交通**

起点となる羅臼までは、ＪＲ釧路駅から中標津経由の阿寒バス（☎０１５４−37−８６５１）が運行されている。登山口の羅臼温泉野営場へは羅臼とウトロを結ぶ阿寒バスおよび斜里バス（☎０１５２−23−０７６６、季節運行）に乗り羅臼温泉下車、そこから知床峠方面へ徒歩約１・１キロ、約15分。また羅臼市街から羅臼ハイヤー（☎０９０−６６９３−３０７５）が利用できる。

■体力（標高差）	55点
■登山時間加算	B
■高山度（標高）	A
■険しさ	B
■迷いやすさ	A
総合点90点［上級］	

■**マイカー情報**

羅臼市街中心部から国道３３４号を知床峠方面に約３・７キロ進んだ羅臼温泉野営場駐車場（約60台）を利用する。または同約３・２キロの知床羅臼ビジターセンター第２駐車場（約30台）に駐車し、そこから登山口まで徒歩約５００メートル、約８分。

■**知床国立公園羅臼温泉野営場**

羅臼温泉野営場駐車場。中央奥が管理棟

登山口にある簡素で居心地のよいキャンプ場。夏休み期間を中心にシーズン中は混雑気味。羅臼川対岸に無料の露天風呂「熊の湯温泉」がある。

▼期間＝6月上旬～9月下旬
▼使用料＝有料
▼管理・問い合わせ先＝羅臼町産業創生課☎0153－87－2126

上：登山口で入山届を記入して出発
左：最初は小沢に沿った緩やかな道

■コースタイム（日帰り装備）

登山口 ―1:00↓ 0:40↑― 里見台 ―2:00↓ 1:40↑―
泊場 ―2:10↓ 1:40↑― 羅臼平 ―1:00↓ 0:40↑―
羅臼岳

累積標高差 約1570メートル
登り 6時間10分
下り 4時間40分

■ガイド（撮影 9月22日）

登山口は羅臼温泉野営場の管理棟前からキャンプ場の縁を回り込んだ所。登山ポストとヒグマ出没情報板が設置されている。まずは小沢の右岸を進み、岩盤を伝う木隠れの滝を過ぎた所から斜面に取り付く。若いダケカンバ林をトラバースするように登ると349メートル標高点下の一息《ひといき》峠。そこから尾根

一息峠から里見台へ。ミズナラが多い

第二の壁の先で山頂とご対面

ハイマツ原は一時的で、再び樹林帯へ

通り過ぎてから振り返る第一の壁。頭上に覆いかぶさるような迫力だ

道をひと登りすると里見台で、ベンチが置かれている。羅臼の街と国後島を望む休憩ポイントだ。

　緩急ある道をしばらくゆくと標高460メートル付近でいったんハイマツ原が現れる。展望が開け、谷を挟んで知床横断道路を行き交う車や知西別《ちにしべつ》岳などが見える。

　道は尾根上から山腹左側のトラバースへと移り、第一の壁と呼ばれる岸壁下をたどる。樹々に阻まれよく見えないが、通り過ぎて振り返るとその全貌がわかる。このあたりから次の第二の壁下を通過するまで、足元は岩の多い急斜面が続くので滑落に注意したい。

　気付かぬうちに第二の壁下を通過し、小さな支尾根を回り込むと谷の奥に目指す羅臼岳のピークが現れる。道は眼下の登山川へいったん下ったのち、所々湿地状と

登山川に沿って泊場へ。川床の白さが印象的。中央奥は三ッ峰

登山川を渡る。渡渉ポイントはいくつかあるので落ち着いて渡ろう

なったその左岸を登ってゆく。谷が右に大きくカーブするあたりで右岸へ渡渉。飛び石を使えるが、水量のある時は慎重に。

温泉成分によるものだろう、川床は眩しいほどに白く輝き、周囲の緑や空の青さと相まって地獄極楽の雰囲気だ。やがて現れる二股の左股を渡るとかつての幕営地である泊場《とまりば》（現在はキャンプ指定地ではない）。右股対岸（左岸）で湧水から水を得られる。

ここからはダケカンバやミヤマハンノキの生える涸れ沢を登ってゆく。その沢地形が消えて低く這うダケカンバに頭をぶつけないよう注意してゆくと、前方が開けて屏風岩の下部に飛び出す。ここは下山時に沢を下りすぎないよう、進路をよく確認のこと。

屏風岩はU字谷の右側に連なる

文字通り屏風のような屏風岩。右下に下山時の下り過ぎ防止用ロープが見える

直登ルート上部から羅臼の街と国後島を望む

雪の消えた直登ルート。ザレて歩きにくい

柱状節理状の岸壁で、高さ、奥行きともに大きく見ごたえがある。道は沢地形の左側を登るが、傾斜はきつく頑張りどころだ。背後に浮かぶ国後島や色丹《しこたん》島、歯舞《はぼまい》諸島、また屏風岩上部の左手に展開する大規模な雪渓やお花畑が、一時疲れを忘れさせてくれるだろう。

　そこから右に斜上するとすぐに

羅臼岳山頂直下。落石や滑落に注意を

滴り落ちる水が涼し気な岩清水(7月下旬)

お花畑分岐の標柱があり、右は山腹を巻くように羅臼平へ、左は岩清水へと直登する。山頂へは後者が近道だが、傾斜がきつく、残雪時も雪解け後のザレも注意が必要だ。またどちらも残雪時、特に視界不良時は道を見失いやすい。

羅臼平経由の場合は、羅臼平で岩尾別コースと合流し、羅臼岳へ向かう。背の高いハイマツ帯を登ってゆくと、岩清水の下で直登ルートと合流する。直登ルートの場合は、分岐から急斜面を登りきった所で左に折れ、かん木とハイマツの斜面をたどる。岩清水は岩から冷たい水が滴り落ちているが、夏以降は涸れ気味となる。

ここまでくれば山頂はもうひと息だ。高山植物が咲くロックガーデンを行き、最後は頭上に迫る頂上岩峰によじ登る。

山頂から硫黄岳方面を見る。右奥には国後島最高峰の爺爺岳(ちゃちゃだけ)も見えている

山頂に立つと同時に目に飛び込んでくるのは遠音別岳《おんねべつ》から斜里岳へと連なる半島基部の山々だ。振り返れば両側を海に挟まれた山並みが硫黄山へと続き、その右には根室海峡を挟んで国後島が大きい。

なお、山頂は狭く周囲は切り立った崖である。山頂部への登り下りを含め、足元には十分注意を。

引っ切りになしに人が登ってくる山頂

岩尾別コース

圧倒的に利用者多し 大沢の花が楽しみ

■**交通**

起点となるウトロまでは、JR知床斜里駅から斜里バス（☎0152-23-0766）を利用。そこからウトロ観光ハイヤー（☎0152-24-2121）で登山口の岩尾別温泉へ入る。またはウトロから知床五湖行きのバスで岩尾別下車、岩尾別温泉まで徒歩約3・6キロ、1時間強。岩尾別温泉まで入るバスの便はない。

■**マイカー情報**

国道334号から道道93号に入り、約4キロの岩尾別で標識に従って岩尾別温泉方面へ。さらに約3・2キロで登山口となる同温泉に着く。駐車場は木下小屋前に4、5台分と少なく、あとは秘境知床の宿・地《ち》の涯《はて》前の砂利部分（舗装駐車場は宿泊者用）、および手前に路上駐車しているのが現状だ。路上駐車は他車の通行の支障がないよう配慮を。また、道道93号分岐点の知床自然センターに駐車し、タクシーで入る方法もある。

■**国設知床野営場**

ウトロ市街から約1・1キロの高台にあり、バンガローもある。徒歩3分の場所に公共温泉もあり。

▼期間＝6月上旬～9月下旬

▼使用料＝有料

▼管理・問い合わせ先＝現地☎0152-24-2722、網走南部森林管理署☎050-3160-5775

数台分しかない登山口の駐車場。駐車場不足は常態的で深刻だ。奥は木下小屋

■**コースタイム**（日帰り装備）

登山口 ―0:40↓ 0:30↑― オホーツク展望 ―0:50↓ 0:40↑― 弥三吉水《やさきちみず》 ―0:50↓ 0:40↑― 銀冷水《ぎんれいすい》 ―1:00↓ 0:40↑― 羅臼平 ―1:00↓ 0:40↑― 羅臼岳

■体力（標高差）	50点
■登山時間加算	C
■高山度（標高）	A
■険しさ	B
■迷いやすさ	C
総合点75点［上級］	

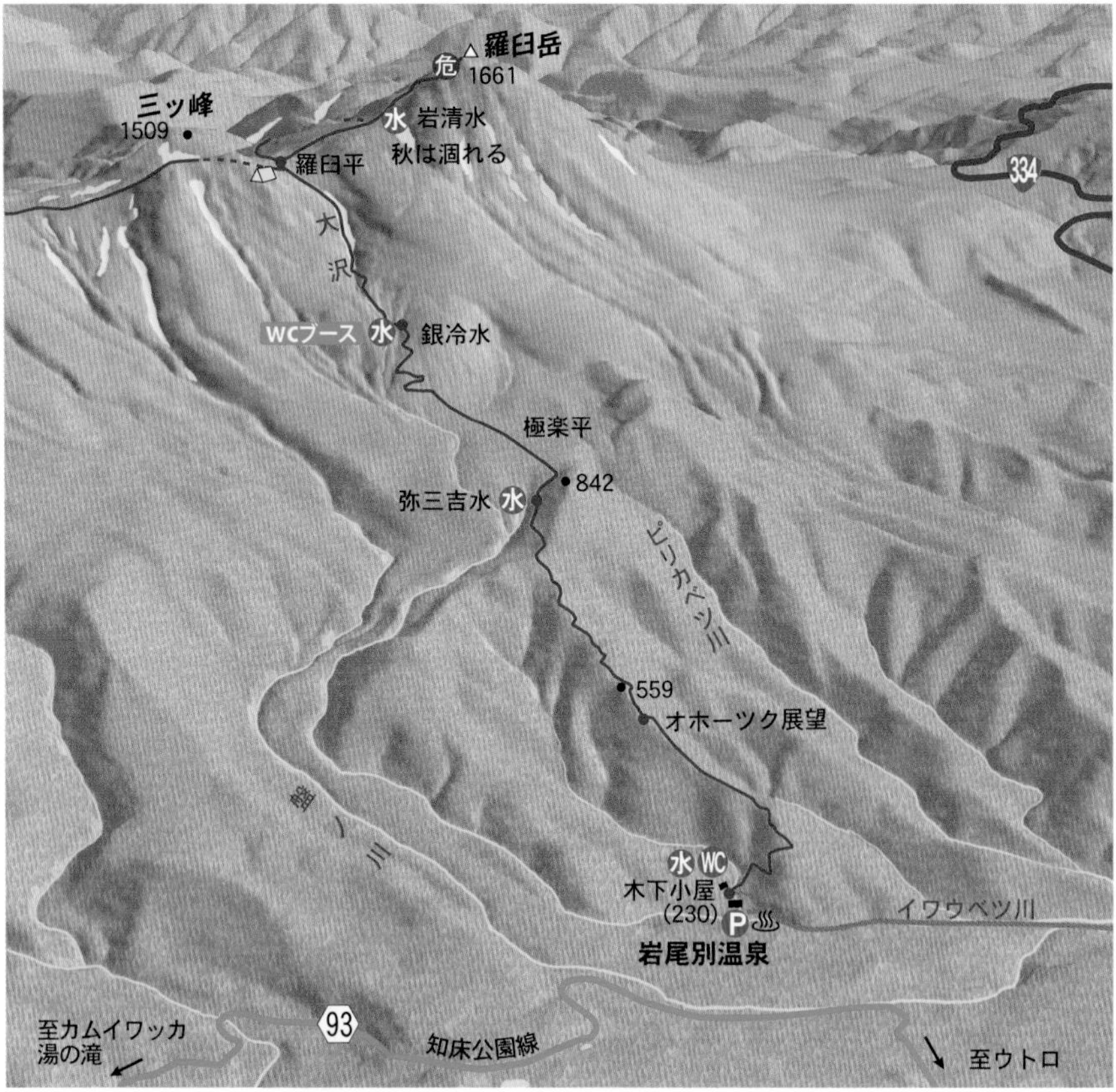

木下小屋

登山口に立つ素泊まり専用の山小屋。食料、炊事用具、寝具は持参のこと。温泉あり。

- ▶収容人数＝30 人
- ▶期間＝6 月中旬～9 月下旬
- ▶使用料＝有料
- ▶管理・問い合わせ先＝現地 ☎ 0152-24-2824、期間外☎ 0152-23-8226

標高差　約1430メートル
登り　4時間20分
下り　3時間10分

雰囲気のいいダケカンバの尾根をゆく

オホーツク展望。展望は木々の合間にちらり

■ガイド（撮影 7月21日、9月22日）

羅臼岳を登る大半の登山者が利用するコースである。整備状況は概ね良好だが、山頂付近は岩場があったり、早い時期は雪渓登降がある。また、ヒグマ遭遇の可能性もあるので対策をとるとともに、余裕ある計画を立ててほしい。

登山口は秘境知床の宿・地の涯の右を入った奥、木下小屋の前。トイレと登山ポストもある。

出発してすぐに小さな祠の前を通り過ぎ、急斜面を二度三度と折り返しながら尾根に乗る。ミズナラやイタヤカエデなどにトドマツが混じった針広混交林は、うっそうとしているが不思議と暗さを感じさせない。林床に見られる常緑の低木は、日本海側多雪地に多いエゾユスリハである。

さほど急でもなく歩きやすい尾根を登っていくと、大きな岩が現れ、巻き込むようにしてその上部に立つ。オホーツク展望と呼ばれる場所だが、樹々に囲まれて見晴らしはよくない。そこからひと登りした559メートル標高点付近のほうが好展望だ。このあたりからダケカンバが目立つようになる。

前方遠くに羅臼岳山頂がチラッと見えると、ほどなく650メートル岩峰の標識がある。その先で斜度が緩み、道は842メートルコブの東斜面をたどる。木々の合間に三ッ峰から硫黄山への知床連山を望むと、左側から沢音が近づいてきて弥三吉水の水場に着く。

シーズンを通じて確実に水が得られるのは、コース上でここだけなので十分に補給していこう。夏以降はこの先の銀冷水、岩清水ともに頼りなくなりがちだ。なお、

弥三吉水手前で知床連山が見える。右端がサシルイ岳、左端が硫黄山

上：冷たい水が流れる弥三吉水
左：極楽平の入り口から羅臼岳山頂部を望む。標柱には「頂上まで 4.0 km」の文字

周辺には幕営の跡が見られるが、キャンプ指定地ではない。

　弥三吉水の名は登山口の木下小屋同様、知床の山の開拓者として知られる木下弥三吉にちなむもの。戦前、北大山岳部に所属し、その後は林業の傍ら登山道の開削等に尽力した人物だ。羅臼平にはその功績を称えるレリーフもある。

　弥三吉水を後にするとほどなく、極楽平と呼ばれる平坦なダケカンバ林となる。だが、極楽気分は束の間で、じきに急斜面のジグザグ道に取り付くことになる。

　傾斜が緩むと銀冷水の水場。前述の通り水量は少なめだ。ここには携帯トイレブースが設置されている。また、日陰の休憩ポイントはここが最後となる。

　ひと登りして左に回り込み、あまり峠感のない羽衣峠を通過する

オホーツク海や知床五湖を背に大沢を登る。取材時(7月下旬)はほとんど雪が消えていた

と、目の前が大きく開けて大沢《おおさわ》に出る。その名の通り、羅臼平まで続く大きな沢だが、通常は水流を見ることはない。例年7月いっぱいは雪渓が残り――近年は雪解けの時期が早まる傾向にあるようだが――斜度もあるので滑落には十分に注意したい。要所にガイドロープがあるのでそれに従おう。また、ここは雪が解けた所から順次見ごとなお花畑となる。チングルマ、エゾコザクラ、タカネトウウチソウ…。なかでもエゾツツジの群落は目をみはる。

谷が次第に狭まり、傾斜が緩んでくると、右手に羅臼岳の山頂部が大きく姿を現わす。硫黄山方面への樹走路を左に分け、続いて木下弥三吉レリーフのある羅臼平キャンプ指定地となる。さらに100㍍《メートル》ほど進んだところが、羅

上：羅臼平分岐から羅臼岳山頂へ向かう。ハイマツの丘を上った先が岩清水
右：頂上下部の岩場に咲くチングルマ

臼岳山頂方面と羅臼コースの分岐点だ。以降は20ページを参照のこと。

なお、羅臼平に荷物をデポして山頂へ向かうのは、ヒグマなどの野生動物を誘き寄せることにつながるので避けること。また、フードロッカーはテント泊者用食料保管庫なので、荷物を入れないこと。

山頂から知床半島基部方面を見る

1562m

硫黄山《いおうざん》

硫黄川コース

噴気孔に涸れ沢 知床連山を望む頂へ

■特記事項

カムイワッカ湯の滝−登山口間の道道は落石の危険があることから、事前に特例使用申請を行った登山者に限り、徒歩での通行が可能。詳しくは「オホーツク総合振興局　道道知床公園線の通行の取り扱い」で検索、またはオホーツク総合振興局網走建設管理部用地管理室維持管理課☎０１５２−41−０７２６へ問い合わせを。

斜里町知床五湖から

登山道のある知床連山のなかで最北の山であり、特徴的な尖った山頂が遠くからも目立つ。過去に何度も噴火活動を重ね、高純度の溶融した硫黄を大量に噴出するその形式は世界的に珍しいとされる。戦前は大規模な硫黄採掘が行われ、今も登山道脇にその跡を見ることができる。また、高山植物愛好家には固有種のシレトコスミレの咲く山としても有名だ。

登山道はカムイワッカ湯の滝を起点に硫黄川に沿ったものと、羅臼岳からの縦走路がある。

■体力(標高差)	50点
■登山時間加算	C
■高山度(標高)	B
■険しさ	A
■迷いやすさ	A
総合点80点［上級］	

■交通

起点となるウトロまでは、ＪＲ知床斜里駅から斜里バス（☎０１５２−23−０７６６）を利用。そこから出発点のカムイワッカまでは時期によって手段が異なる。８月９〜18日（２０２４年予定）は専用シャトルバス（知床斜里町観光協会☎０１５２−22−２１２５）でのみアクセス可能。ウトロから知床五湖行の斜里バスに乗車し、知床自然センターで乗り換える。

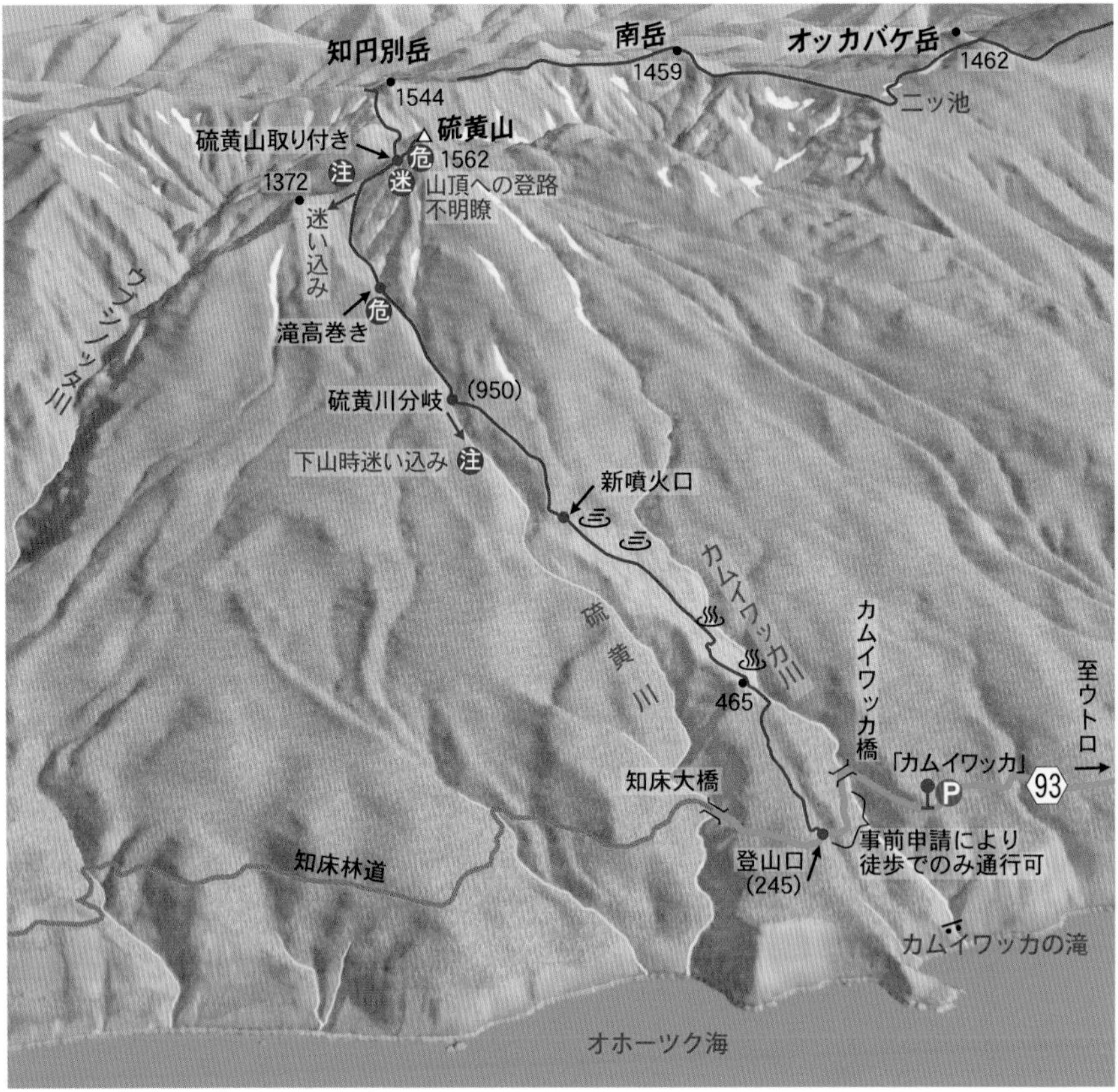

ただし、登山者向けのダイヤではないため、日帰り登山は少々厳しい。それ以外の期間（右記を除く5月31日～10月上旬）はタクシー（ウトロ観光ハイヤー☎0152－24－2121）、またはマイカーを利用する。

なお、交通規制やシャトルバス運行などは年により状況が変わりやすい。事前に右記の知床斜里町観光協会に問い合わせ、または同ホームページなどで最新情報を確認してほしい。

■**マイカー情報**

マイカーが利用できる期間は前述の通り。通行可能期間中は国道334号から道道93号に入り約8キロで知床五湖分岐、さらに未舗装路を約10キロでカムイワッカに着く。登山者は湯の滝の約500メートル手前にある登山者用駐車場（4、

序盤の樹林帯。ヒグマとの遭遇に注意

道道脇にある登山口案内板

5台分）に駐車する。

期間外は道道93号分岐点の知床自然センターに駐車し、専用シャトルバスに乗り換える。

■**国設知床野営場**

22ページ「羅臼岳岩尾別コース」を参照。

■**コースタイム**（日帰り装備）

カムイワッカバス停・駐車場 0:20↓ 0:20↑ 登山口 1:20↓ 1:00↑ 新噴火口 1:00↓ 0:40↑ 硫黄川分岐 1:40↓ 1:10↑ 硫黄山取り付き 0:20↓ 0:15↑ 硫黄山

累積標高差　約1350メートル
登り　4時間40分
下り　3時間25分

■**ガイド**（撮影　7月23日）

危険箇所や迷いやすい場所が多く行程も長いコースである。以下「注意」の文字が連続するが、心して臨んでほしい。途中に水場はないので十分に準備を。また、ヘルメットの着用を推奨したい。

まずはカムイワッカバス停ならびに登山者用駐車場から未舗装の道道を歩いて登山口へ。途中のカムイワッカ湯の滝は、2023年から予約がないと入渓できなくなった。登山口に着いたら登山届を提出し、ヒグマ出没状況などの注意事項を確認して出発だ。

はじめはミズナラの多い広く緩やかな尾根をゆく。体が温まってくるころ、道は尾根の右斜面にそれて眺めのいい石垣上に出る。かつての硫黄採掘施設跡で、眼下にはカムイワッカ湯の滝が見える。

ここから新噴火口までは岩やザレがむき出しとなったロックガーデン風の道が続く。下山時は道を

小さな噴気や黄色い硫黄の結晶が見られる新噴火口。遠く硫黄山も見える

上：直立し林のように成長したハイマツ帯
左：硫黄川分岐。標高は約 950 m。下山時の下り過ぎを防止するロープがある

見失いやすい箇所もあるので、ペンキ印をよく確認しながら歩こう。また、炎天下では地面の照り返しが強く、さらに地熱も高いため、熱中症にも注意したい。

足元に硫黄の結晶が散らばり、所々噴気が漂うようになると新噴火口と呼ばれる一帯である。1935年に噴火し、20万トンともいわれる大量の硫黄を噴出した。

その最上部を示す標識を境に、道はハイマツ帯へと突入する。多くは背丈を超えるトンネル状で、はびこった根や枝が歩きづらい。

しばし我慢の行程に耐えたのち、道は急な下りに転じて硫黄川に降り立つ。硫黄川分岐といい、下山時は沢の下りすぎに注意する。普段は涸れて流れはないが谷は大きく、ここからは沢登り要素が強くなる。序盤はナメ滝状の岩盤が続

滝の高巻きを登る。雪渓がある場合は踏み抜きや転落にも注意を

源頭が近づき、硫黄山の山頂部が大きくなってきた

き、その後標高１１００メートル付近で現れる三つの滝が核心部だ。いずれも巻き道はあるが、傾斜した滑りやすい岩場で、特に雨天など濡れている時は緊張させられる。また、早い時期は雪渓が残り、滑落、踏み抜きなどへの注意が必要だ。源頭まで目立つ支流はないので道迷いの心配はないだろう。

これを過ぎると次第に岩混じりのザレとなり、右手に硫黄山山頂部が近づいてくる。いつしか源頭は斜面に吸収され、右に大きくカーブしながら尾根上をたどってゆく。ここは視界不良の下山時、誤って隣のウプシノッタ川方面に入らないように注意を。また、周囲を注意深く眺めると知床の特産種シレトコスミレが見られるかもしれない。ただし花期は6月中旬～7月中旬と早めだ。

山頂部が目前に迫った所で知円別岳方面との分岐点、硫黄山取り付きとなる。標識などはないが、植生が始まる境目とペンキ印が目安になる。しばしお花畑のなかのザレた道をジグザグに登り、最後

山頂部の取り付き付近。下山時は右のウプシノッタ川に入らないように。背後は知床岳

山頂直下に咲くサマニヨモギ

最後はスリリングな岩登り

は両手両足を使って高度感ある岩登りで締める。ルートを外れず、落石、滑落に細心の注意を。

登りきった山頂部は意外にも広く、一気に緊張感から解き放たれる。展望は素晴らしく、羅臼岳へと続く知床連山はもとより、知床岳や半島先端方面の海岸線の眺めはこの山ならではのものだ。

下山時は、登り以上に危険箇所の通過を慎重に願いたい。

山頂。羅臼岳へと続く山並みをバックに

羅臼岳《らうすだけ》・硫黄山縦走《いおうざんじゅうそう》

斜里町フレペの滝から。右端が羅臼岳、左端が硫黄山

羅臼平から硫黄山までは約9kmにおよぶ縦走路が通っている。左右に広がる海や随所に展開するお花畑、迫力ある火山地形などを見ながらの縦走は、まさに知床ならではのものだ。コース上には適度な間隔でキャンプ指定地が設置され、目的と体力に応じたプランニングができる。

しかし、道迷いや滑落などの事故も少なくなく、的確な状況判断や技術が要求される。またヒグマとの遭遇確率も高く、知識と対策が必要だ。

キャンプ指定地のフードロッカー

羅臼岳・硫黄山縦走コース

最果ての山並みに原生の自然を感じて

■交通、マイカー情報、キャンプ場情報は、22ジペーの「羅臼岳岩尾別コース」、28ジペーの「硫黄山」を参照のこと。なお、マイカーを知床自然センター（☎0152−24−2114）に駐車する場合は、事前に連絡しておきたい。

コース上のキャンプ指定地については37ジペーを参照のこと。

■コースタイム（縦走装備）

岩尾別温泉登山口
3:40↓ 2:45↑
羅臼平 ― 0:45↓ 1:15↑ ― 羅臼岳
0:40↓ 0:40↑
三ッ峰キャンプ指定地
0:45↓ 0:35↑
サシルイ岳
1:00↓ 1:10↑

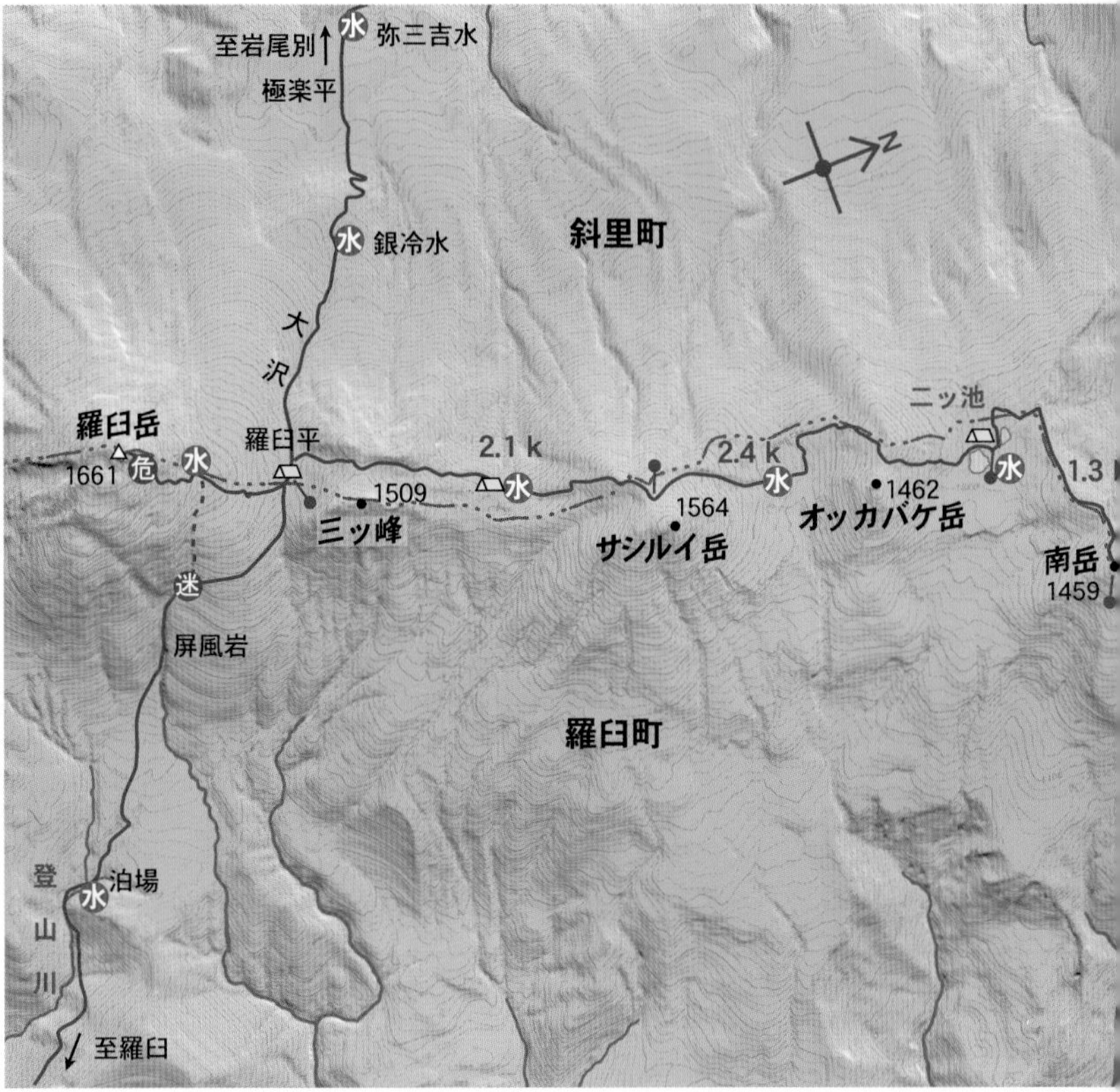

オッカバケ岳 0:30↓ 0:35↑ 二ッ池

0:45↓ 0:35↑ 南岳 1:00↓ 0:50↑ 知円別岳

0:25↓ 0:20↑ 硫黄山

1:15↓ 1:20↑ 硫黄山取り付き 3:10↓ 4:25↑

硫黄山登山口

累積標高差

（岩尾別登山口から）　約2395メートル

（硫黄山登山口から）　約2380メートル

岩尾別登山口から　15時間30分

硫黄山登山口から　15時間40分

■**ガイド**（撮影　7月21〜23日）

この縦走路は山中1泊または2泊で歩くのが一般的だ。1泊の場合は中間点となる二ッ池泊。2泊の場合は羅臼平か三ッ峰で1泊、第一火口で1泊とするとよい。硫黄山側からシャトルバスで入山する場合は、出発時刻が遅くなるため2泊3日となるだろう。

三ッ峰を(左)振り返る。道はコルを越える

羅臼平から三ッ峰へ。さまざまな花が目を楽しませる

サシルイ岳の登り。三ッ峰の奥に羅臼岳が大きくなってくる

日帰りで踏破する健脚者もいるが、難所やヒグマ遭遇など不確定要素によるペースダウンを考慮した計画、装備で臨んでほしい。

全行程を通じての難易度は、羅臼岳から硫黄山へ向かうのも、その逆も大差はない。ただ、羅臼岳－二ッ池間は特に問題となる箇所はないのに対して、二ッ池－硫黄山－カムイワッカ間は不明瞭な箇所や岩場などの危険箇所が多くなる。天候変化などにも十分注意して計画を立てたい。

ここでは交通の便や多くの登山者の傾向を考え、羅臼平から硫黄山へとガイドする。その前後の行程は各山のガイドを参照のこと。

羅臼平から二ッ池へ

縦走路分岐は羅臼平キャンプ指定地のすぐ北側。ハイマツやかん木の濃い道はほどなく急斜面とな

羅臼平：縦走路分岐から南西すぐ。15 張程度。付近に水場はないので持参する

三ッ峰：三ッ峰の北西約 600 m、縦走路沿い。5、6 張。雪渓の融水を使うが夏には涸れる

キャンプ指定地

テント泊は羅臼平、三ッ峰、二ッ池、第一火口の4カ所に定められたキャンプ指定地を利用する。管理人などはいないので、各自のモラルと責任のもとに行動のこと。注意点としては、1. ロープで定められた場所以外にテントを張らない。ハイシーズンは混雑するので譲り合いを。2. ヒグマ対策として食料は各指定地に設置されたフードロッカーに保管し、炊事・食事はテントから離れた場所で行なう。3. トイレは携帯トイレを使用し、排泄物は登山口の回収箱まで持ち帰る――など。

二ッ池：南側の池のほとり、縦走路沿い。6、7 張。池の水を煮沸して使用

第一火口：硫黄山南の分岐から 600 m 入る、片道約 30 分。十数張。雪渓の融水を使用

り、随所にメアカンフスマやチシマツガザクラ、チシマノキンバイソウなどが姿を見せ始める。

三ッ峰はその名の通り三つのピークからなるが、コースはどの頂も踏まずに通過する。二重山稜状の地形を下りきるとサシルイ岳とのコル。右に三ッ峰キャンプ指定地、左にフードロッカーがある。ハイマツ帯を抜けサシルイ岳に

サシルイ岳北側の雪渓を下る

静寂の時間が流れる二ッ池とオッカバケ岳

知床半島の特産種、シレトコスミレ。南岳から硫黄山にかけての砂れき地に見られ、花期は6月中旬〜7月中旬

向けて再び登りが始まると、チングルマやツガザクラ類が群生する大規模なお花畑が広がり始める。背後には三ッ峰越しに羅臼岳がちょこんと頭を覗かせ印象的だ。

やがて道は急斜面にジグザグを切り始め、これを登りつめた先がサシルイ岳。といっても西側の小ピークで、ここも本当の頂上は踏まない。いつしか山容を露《あら》わにした羅臼岳が、畏《おそ》れにも似た重厚感を漂わせている。

サシルイ岳の急斜面を下り始めてほどなく、広い沢地形が現れる。7月中は雪渓が残り、雪面の固い時はスリップに注意したい。また、この先は水場が限られるため、末端の雪解け水は貴重な存在だ。

沢が狭まってかん木帯に入り、2、300メートルほど下った所で左に折れて湿原に出る。池塘の周りに

縦走路屈指のハイライト。ニッ池と硫黄山を眺めながらオッカバケ岳のお花畑を下る

ニッ池ー南岳間はハイマツの濃いところも

エゾコザクラやチングルマが咲き、庭園の趣が漂うところである。

そこからハイマツの斜面をひと踏ん張りでオッカバケ岳。ここもわずかに頂上を外れて二ッ池へと下る。眼前に広がる景観――天に浮かぶような二ッ池、その先に連なる知円別岳から硫黄山の山並みは、本コース最高のビューポイン

トのひとつだろう。下り切ると二ッ池の南側の池、通称天の池で、ほとりを進んだ先にキャンプ指定地がある。池の水は煮沸使用できるが、水質はよくない。

二ッ池から硫黄山へ

キャンプ指定地から丈の高いハイマツ帯に入り、硫黄山を囲む外輪山の一角に出る。目に入るのはあちこち崩壊して白い地肌を見せる山々。振り返ると二ッ池とオッカバケ岳が柔和な表情を見せる。

東に直角に折れ、その対照的な左右の景色を見ながら南岳に向かう。もっとも、このあたりはハイマツが濃く、両手でかき分けるような場所も多い。ザックに外付けした荷物は紛失に注意を。

南岳を越え、さらに１４７５メートル標高点を過ぎると、道は稜線の東斜面をたどるようになる。草原化が進む湿地やお花畑を横切ったりと、心が和むひとときだ。

やがて左に大きくカーブし、再び稜線に登って知円別《ちえんべつ》岳の肩に出る。ここから硫黄山までの間はヤセ尾根やガレ場が続き、細心の注意をもって行動する必要がある。

知円別岳から硫黄山へ。強風など悪天時は要注意

第二前衛峰から縦走路最後のピーク、硫黄山へ

第二前衛峰の急斜面

まずは知円別岳山頂直下のガレ場をトラバースし、次いで火山灰の痩せた稜線をたどる。奇岩が屹立するコケシ岩は、その間を縫うように道がある。見た目ほどの高度感はないが気は抜けない。

再び火山灰の尾根をたどったのち、右に少し下って第二前衛峰と呼ばれる１５５０メートルピークの登りに取り付く。ここは北向きの急斜面で、早い時期は固い雪渓が残るためピッケルとアイゼンが必要だ。

前衛峰から硫黄山手前の小さな火口に下る途中には第一火口キャンプ指定地への分岐がある。指定地の水源の雪渓は8月中残る。

硫黄山へは山頂部の基部を右に回り込んだ所に取り付きの分岐がある。やや不明瞭で迷いやすいが、ルート外は落石や滑落の危険があるので落ち着いて行動しよう。

521m

英嶺山《えいれいざん》

羅臼コース

羅臼側から見る知床連山が印象的

■**交通**

羅臼までは14ページの「羅臼岳羅臼コース」参照のこと。実質的登山口の知床未来中学校まで、羅臼市街中心部、または阿寒バス羅臼営業所から徒歩約1・4キロ、約20分。

■**マイカー情報**

羅臼市街から羅臼神社前の無縁坂を上り、知床未来中学校の駐車場を利用させてもらう。

羅臼国後展望塔から

羅臼市街の北方に広がる台地上のピーク。羅臼山岳会によって20年ほど前に登山道が開削され、以降もササ刈りなどの整備が行われている。コース途中には静かな沼や好展望地があり、山頂からは知床連山や国後島などを一望できる。知床半島の羅臼側には手頃なハイキングコースが少ないだけに貴重な存在といえよう。

山名の由来は、かつて戦没者慰霊碑の奥に聳《そび》えていたため英霊山と呼ばれていたのが英嶺山になったという。

中学校の傍らから電気柵を開けて山へ

■**コースタイム**（日帰り装備）

知床未来中学校 —0・35↓ / 0・25↑— 四ッ倉沼 —0・50↓ / 0・30↑— 英嶺山

標高差　約450メートル

登り　1時間25分

下り　55分

■**ガイド**（撮影　10月14日）

知床未来中学校のフェンスに沿って進み、ヒグマ避けの電気柵を開けて山へと入る。電気柵は通

過後、必ず閉めること。そのまま林道を緩く登り、左にカーブした地点にある廃屋前を右に入ると登山ポストがある。

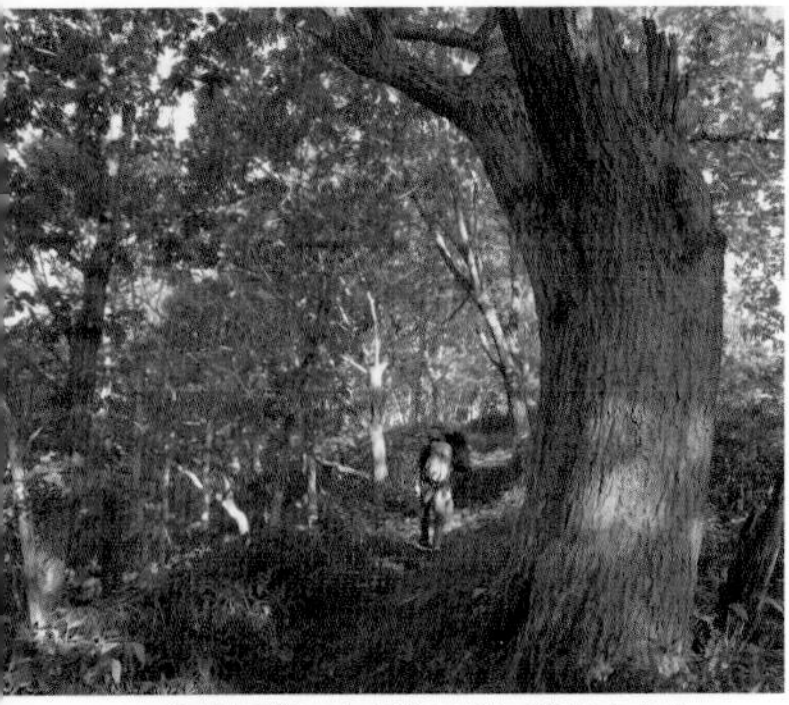

全体に若い木が多いが、時に大木も

■体力(標高差)	35点
■登山時間加算	D
■高山度(標高)	D
■険しさ	D
■迷いやすさ	D
総合点35点［初級］	

四ッ倉沼。急峻な地形が多い羅臼周辺だが、山上にこんな明るい沼があるとは…

広い谷地形のなかを直登し、尾根上に出ると三角山との分岐。三角山は右に折れ、踏み跡程度の道を5分ほどの所だが、木々に囲まれて展望は今ひとつだ。

英嶺山は分岐を左折し、台地の縁を左に回り込みながら進む。樹々の間に羅臼市街を見下ろしてひと登りすると、ダケカンバに囲まれた四ッ倉沼が現れる。英嶺山を投影する明るく開けた沼で、海霧がかかった日は幽玄な雰囲気に包まれる。

知床横断道路や羅臼岳が望める熊見台

地形図の登山道は平坦な林から山頂へ直線的に記されているが、実際には斜面の取り付きから左に大きく弧を描きながら登ってゆく。標高３００メートル付近の崖の上は熊見台と呼ばれ、羅臼市街や羅臼温泉、そして羅臼岳や知西別《ちにしべつ》岳が望まれる。

若い木の目立つダケカンバ林を登り、斜度の増した山頂が近づいてきた所で、道は左斜面に回り込む。らせんを描くように登り切ると山頂だ。根室海峡を挟んで国後島が間近に見えるほか、知床連山がウトロ側からとは逆に並んで見えるのはこの山ならではだろう。

山頂からは根釧原
野や武佐岳方面
の眺めもいい

国後島に滝雲のような霧が流れていた

三等三角点のある山頂

山頂からの展望。羅臼岳(左端)から知円別岳にかけて知床連山を一望できる

斜里岳周辺

至羅臼
朱円《しゅえん》
(2.5万)
薫別岳
699
崎無異
瑠辺斯岳《るべすだけ》
(2.5万)
錐山
721
西古多糠《にしこたぬか》
(2.5万)
薫別川
薫別
標津町
薫別《くんべつ》
(2.5万)
瑠辺斯岳
659
浜古多糠
根北峠
244
335
武佐岳《むさだけ》
(5万)
忠類川
保落岳《またおちだけ》
(2.5万)
忠類
忠類川
伊茶仁《いちゃに》
(2.5万)
尖峰
953
武佐岳《むさだけ》
(2.5万)
北標津
保落岳
1003
伊茶仁
東川北
武佐岳
1005
975
774
川北
標津
863
標津川
第二保落《だいにまたおち》
(2.5万)
武佐《むさ》
(2.5万)
武佐川
川北《かわきた》
(2.5万)
保落川
武佐
775
東武佐
開陽台
タテクンベツ川
茶志骨
中標津町
775
開陽
中標津《なかしべつ》
(5万)
150
272
北光
中標津《なかしべつ》
(2.5万)
994
保落
中標津
西竹《にしたけ》
(2.5万)
俵橋《たわらばし》
(2.5万)
当幌川
833
至釧路
標津川

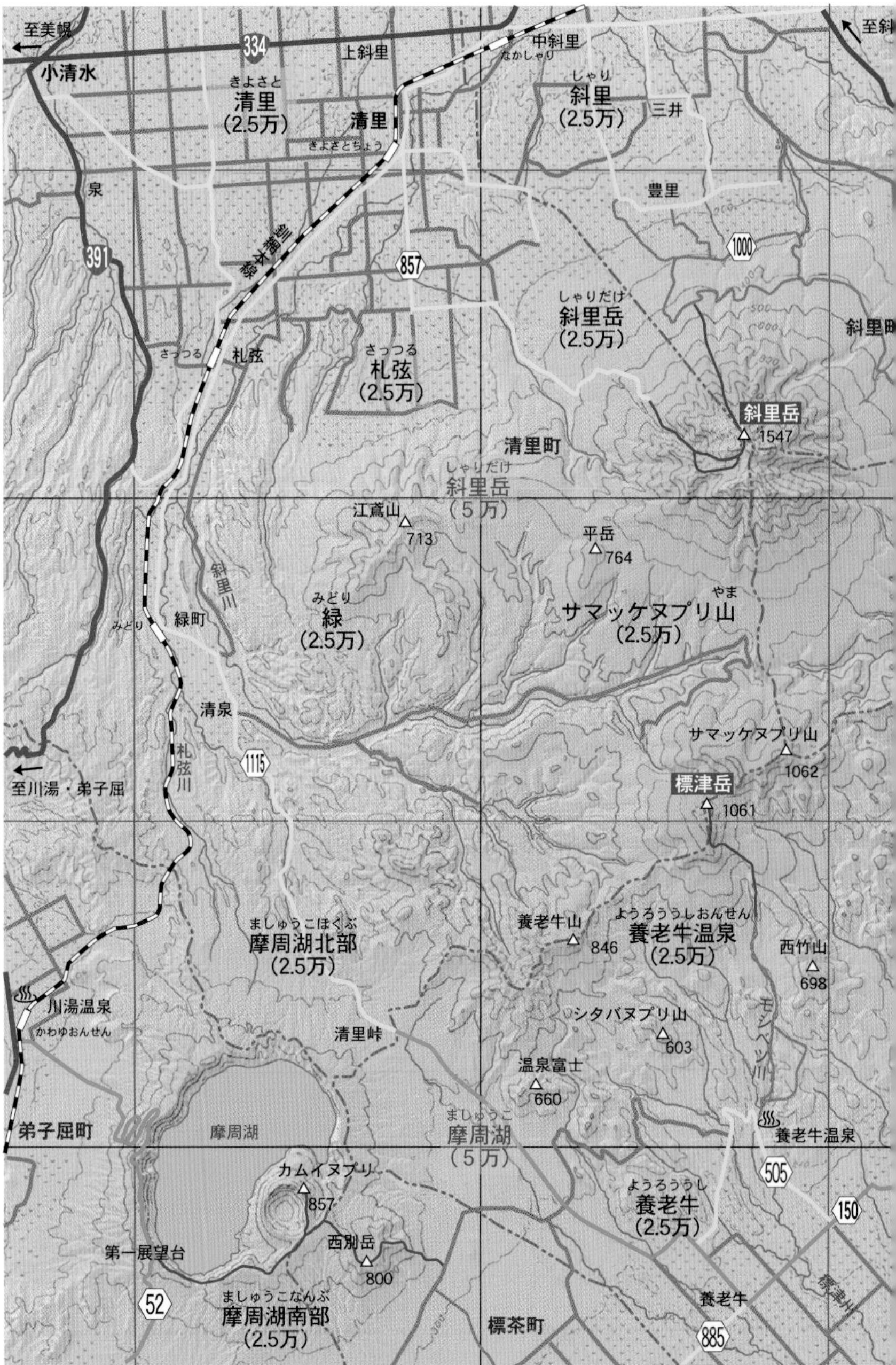
至美幌
334
小清水
上斜里
中斜里
なかしゃり
至斜
清里《きよさと》
(2.5万)
清里
きよさとちょう
斜里《しゃり》
(2.5万)
三井
泉
豊里
釧網本線
391
857
1000
斜里岳《しゃりだけ》
(2.5万)
斜里町
さっつる
札弦
札弦《さっつる》
(2.5万)
斜里岳
1547
清里町
斜里岳《しゃりだけ》
(5万)
江鳶山
713
平岳
764
斜里川
緑《みどり》
(2.5万)
サマッケヌプリ山《やま》
(2.5万)
みどり
緑町
清泉
サマッケヌプリ山
1062
札弦川
1115
至川湯・弟子屈
標津岳
1061
摩周湖北部《ましゅうこほくぶ》
(2.5万)
養老牛山
846
養老牛温泉《ようろううしおんせん》
(2.5万)
西竹山
698
川湯温泉
かわゆおんせん
清里峠
シタバヌプリ山
603
モシベツ川
温泉富士
660
摩周湖《ましゅうこ》
(5万)
弟子屈町
摩周湖
養老牛温泉
505
カムイヌプリ
857
養老牛《ようろうし》
(2.5万)
150
西別岳
800
第一展望台
52
摩周湖南部《ましゅうこなんぶ》
(2.5万)
標茶町
養老牛
885
標津川

1547m

斜里岳《しゃりだけ》

清里コース

沢登り的な旧道か
尾根上の新道か

■交通

JR清里町駅から登山口となる清岳《せいがく》荘までの公共交通機関はない。清里ハイヤー（☎0152-25-2538）が利用できる。

■マイカー情報

清里町市街地から道道857号を南下し、標識に従って左折。道なりに進むとやがて未舗装路となって清岳荘に導かれる。清里町中心部から約14・5キロ。駐車場は約45台分。普通車1日100円。車中泊は1泊1台520円（駐車場でのテント泊は禁止）。

なお、国道の要所にも斜里岳への標識がある。

■コースタイム（日帰り装備）

●旧道経由の場合

清岳荘 ―1・00↓ 0・50↑― 下二股《しもふたまた》 ―1・20↓ 1・10↑― 上二股《かみふたまた》 ―1・00↓ 0・40↑― 斜里岳

標高差　約860メートル
登り　3時間20分
下り　2時間40分

●新道経由の場合

下二股 ―1・00↓ 0・40↑― 熊見《くまみ》峠 ―0・50↓ 0・40↑― 上二股

累積標高差　約970メートル
登り　3時間50分
下り　2時間50分

斜里町中斜里から

千島火山帯に属する古い火山で、知床連山と阿寒の山のほぼ中間に位置する。網走近郊の濤沸《とうふつ》湖や斜里方面から見る端正な山容は、観光ポスターなどでおなじみだろう。登山道は清里町側に2コース、斜里町側に1コースある。いずれも甲乙つけがたい難易度、面白さだが、利便性のよさなどから大半の登山者は前者を利用する。

山名は斜里川の水源にあることに由来し、シャリはアイヌ語で「サル＝葦の生えた湿原」が訛ったものとされる。

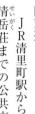

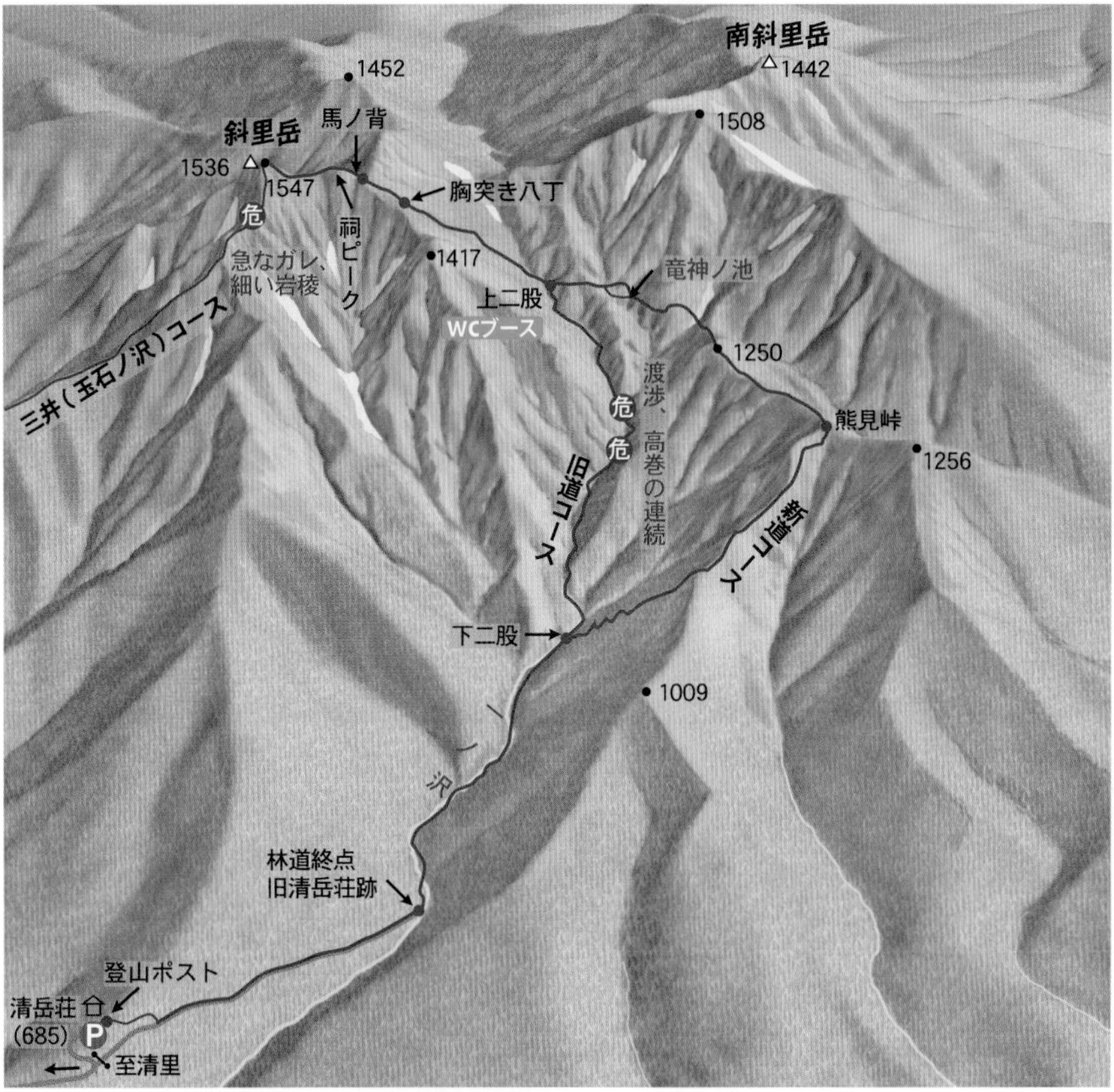

清岳荘

登山口にある管理人常駐の素泊り小屋。寝具（有料貸し出しあり）、炊事用具、食料、水は持参する。要予約。

▶収容人数＝50 人
▶期間＝6 月下旬～9 月下旬
▶使用料＝有料（大人 2120 円、子供 1040 円）
▶管理・問い合わせ先＝きよさと観光協会☎ 0152-25-4111

まずは下二股までの渡渉で足慣らし

旧清岳荘があった林道終点から登山道へ

■ガイド（撮影　7月25日、10月15日）

このコースは下二股で沢沿いに登る旧道と尾根をたどる新道に別れ、上二股で再び合流して山頂に向かう。旧道は連続する滝が、新道は展望のよいのが魅力であり、ガイドブックなどでは「登り＝旧道、下り＝新道」で紹介されることが多い。しかし、旧道の実態はほぼ沢登りといえるもので、決して万人向けのスタンダードではない。人数や技量によって所要時間は大幅に延びやすく、滑落等の事故も少なくない。沢慣れしていない人や増水時は新道の往復をおすすめするとともに、旧道ではヘルメットの着用を推奨したい。

なお、地元では下山に旧道を使わないよう呼びかけている。取材時は旧道を下山したが、実際、登

旧道中盤の見どころ、万丈ノ滝

午前中の旧道は太陽に向かって登る。振り返ると自分の影が

旧道上部では階段状の滝のすぐ際を登る

万丈ノ滝上の岩場にかけられた長いロープ

りよりもはるかに危険度が高かったことを付け加えておく。

清岳荘から下二股へ

登山口は清岳荘の右横。樹林帯の歩道を抜けて一ノ沢沿いの林道に出、かつての清岳荘のあった終点までゆく。ここから沢沿いの登山道となり、すぐに右岸左岸へと渡渉を繰り返すようになる。通常は登山靴とスパッツで渡れ、濡れていても意外とグリップが効く。ただ、ソールの材質によっては滑りやすいこともあるので、序盤で

体力（標高差）	40点
登山時間加算	C
高山度（標高）	B
険しさ	A
迷いやすさ	C
総合点65点［中級］	

●旧道経由の場合

総合点としては中級だが、沢登りの未経験者にはリスクが高い

尾根上の小広場、熊見峠

低いダケカンバが生える新道の尾根

1250ｍコブの登りから熊見峠方面を振り返る

確認しておこう。

　都合10回ほど渡渉すると下二股。ここまでで不安を感じるようなら、迷うことなく新道へ。

旧道経由で

　下二股からは斜度が増し、次々と滝が現れる。名前のついたものだけで七つ八つあり、それぞれ滝名標識と渓相を見比べながら、渡渉や高巻きで越えてゆく。

　進むほどに斜度はきつくなり、羽衣ノ滝や万丈《ばんじょう》ノ滝などは見応えがあるいっぽうでロープのかかった場所もある。さらに上部の見晴しノ滝から七重《ななえ》ノ滝にかけては、半ば流れの中を登るような場所もあり気を抜けない。

　やがて谷が広くなって水量が減ってくると、新道との合流点、上二股である。ここには携帯トイレブースが設置されている。

新道経由で

　下二股で右に入り、すぐに樹林帯の急なジグザグ道に取り付く。近年は侵食が進んで滑りやすい箇所もあり、特に下山時は疲労も重なるので注意したい。

　標高差２５０《メートル》あまりを一気に

熊見峠付近から山頂(左端)方面を望む。麓からは独立峰的だが、意外と複雑な山容だ

上二股で新・旧道は合流し、山頂へ

神秘的な雰囲気が漂う竜神ノ池

体力(標高差)	45点
登山時間加算	C
高山度(標高)	B
険しさ	C
迷いやすさ	D
総合点60点 [中級]	

●新道経由の場合

登って尾根上に出、低く曲がりくねったダケカンバに頭をぶつけないよう登っていくと熊見《くまみ》峠。ハイマツに囲まれあまり展望は利かないが、少し進むと山頂をはじめ上部の山容を一望できる。

展望を楽しみながら尾根上をおおらかに起伏し、1250メートルコブを通過する。そこからやや高度を下げながら左へトラバースするように進んでいくと上二股である。途中で左に分岐する竜神ノ池は、湧水があるらしく澄んだ水をたた

胸突き八丁を登る。背後遠くには阿寒の山

馬ノ背からは広がる展望と花を楽しみながら山頂へ

広い山頂から絶景を楽しもう

えた可愛らしい池だ。

上二股から斜里岳へ

ほとんど水流のなくなったかん木帯の沢を詰め、花々の咲く草原から胸突き八丁と呼ぶガレ場に出る。滑りやすく急な斜面をジグザグを切って登ると稜線上の馬ノ背。一段と展望が開け、特に背後の阿寒の山々が目を引く。

なおも急で滑りやすい道が続くが、足元にはミヤマオダマキやエ

山頂手前から知床の山々を望む。晴れていれば国後島も間近に

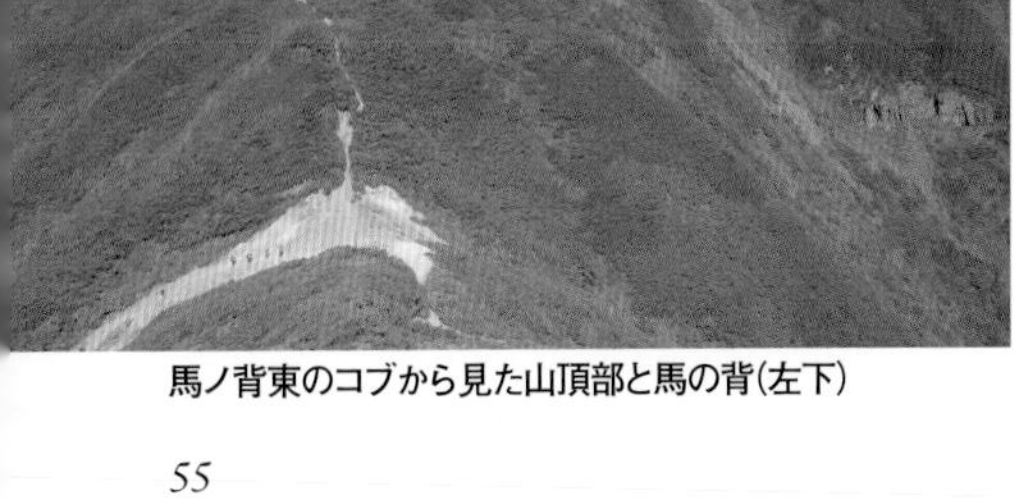

馬ノ背東のコブから見た山頂部と馬の背(左下)

ゾカンゾウなど花も多く、最後の励ましをくれる。祠のあるコブを越え、右手がガレたコルを通過すれば山頂はすぐそこだ。

遮るもののない頂からは、知床の山々や国後島、オホーツクの海岸線、パッチワークのような農地模様を見渡し飽きることがない。

玉石ノ沢をゆく。支沢などはないので迷うことはないだろう

三井（玉石ノ沢）コース

迫力の岸壁を仰ぐ爽快な尾根コース

■交通

公共交通機関はない。JR知床斜里駅からは斜里ハイヤー（☎0152-23-2100）が利用できるが、登山口まで入れるかは林道状況によるとのこと。

■マイカー情報

中斜里から道道1000号を南下し、豊里《とよさと》方面に左に曲がった先で未舗装の農道に入る。道なりに進み農地の外れで鹿よけゲートを通過して林道へ。路面はやや荒れた部分もあるが普通車で通行可能。経路はイラストマップを参照してほしいが、標識や目印に乏しくややわかりにくい。

登山口前に4、5台分の駐車スペースがある。

■体力（標高差）	45点
■登山時間加算	C
■高山度（標高）	B
■険しさ	A
■迷いやすさ	C
総合点70点［中級］	

林道脇の駐車スペースと登山口

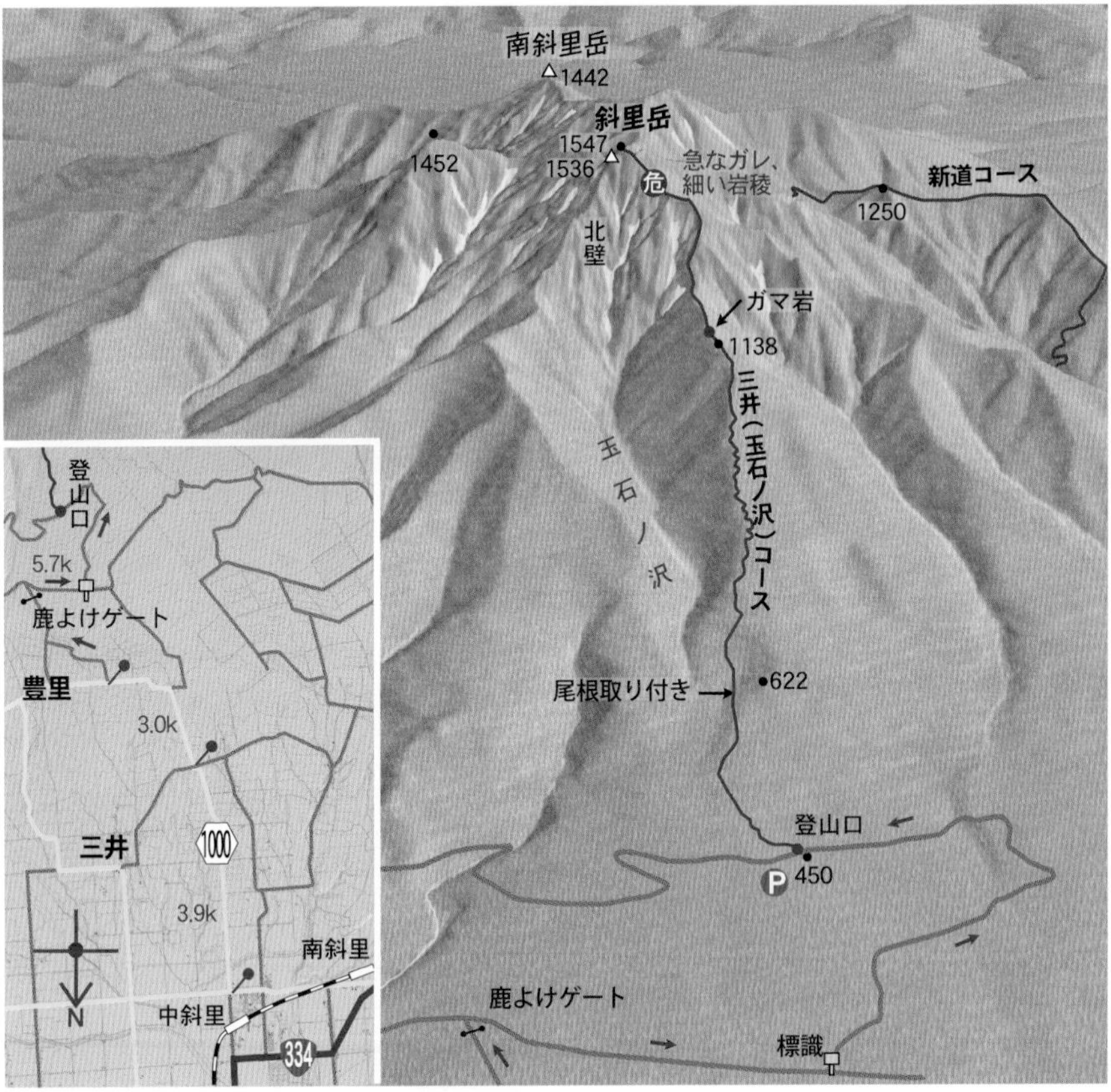

秋はダケカンバの黄葉が美しい尾根下部

■**コースタイム**（日帰り装備）

登山口 —0:30↓ 0:30↑— 尾根取り付き —1:10↓ 0:50↑— ガマ岩 —1:20↓ 1:00↑— 斜里岳

標高差　約1100メートル
登り　3時間
下り　2時間20分

■**ガイド**（撮影　10月15日ほか）

本コースはアクセスが不便なこともあって、清里コースに比べ圧

上：標高850 m付近から海岸線を見る
左：ぬっと顔を出したガマ岩

腕も使って登るような急登も

倒的に利用者が少ない。しかし、ダイレクトに頂上に突き上げる尾根コースのため、上部では抜群の展望と爽快な高度感を味わえるのが魅力だ。

　登山口から森へ入るとほどなく涸れ沢に出、これを左に入って遡《さかのぼ》る。コースの別名にもなっている玉石《たまいし》ノ沢で、苔むした岩や古いペンキ印がこの沢にほとんど水が流れないことをうかがわせる。あまり歩きやすいとはいえないが、木漏れ日が優しく心が和む。

　30分ほど歩いてやや斜度が増した所でトラロープに導かれて沢を離れ、右手の尾根に取り付く。周囲はダケカンバとエゾマツ、トドマツを主とした混交林。状況に応じて地元山岳会がササ刈りを実施しているが、タイミングによってはやや繁っているかもしれない。

　標高８５０㍍付近で一時斜里方面の展望が開けるものの、すぐにまた低木林に入り、次第に斜度が増してくる。見通しの利かない単調な登りが続くが、ここはしばし高度稼ぎに専念するとしよう。

　斜度がやや緩んでハイマツが出てくると１１３８㍍標高点付近。そのすぐ先でカエル顔のガマ岩が出迎えてくれる。

ガマ岩を過ぎてほどなく、山頂部の全貌が見えてくる

広い農地の先にオホーツク海。標高 1400 m 付近から小清水、清里方面を望む

ワイヤーの張られた岩場を通過。岩はカッチリしているが慎重に

緊張感ある岩稜から安堵の山頂へ

岩稜帯には花も見られる(7月)
左：ミヤマアズマギク
下：チシマヒョウタンボク

ここからはこれまでの我慢が報われる行程だ。勾配がなくなったハイマツの尾根の先に「一体どこを登るのか」と思うような荒々しい本峰が姿を現わし、思わず歓声が上がる。迫力あるその北壁が近づいてくると、胸をつくような急登となり、続いて細い岩稜帯をたどり始める。所々に眼下を見渡す展望台のような裸地があり、足元には小さな花々が風に揺れる。

　道はますます険しくなり、標高1440メートル付近でワイヤーの張られた岩場を通過。最後は左側が切れ落ちた稜線の縁をたどり、浮き石に注意しながらハイマツやかん木の急斜面を漕ぎ分けると、清里コースから登ってきた登山者で賑わう山頂に躍り出る。

　下山時も山頂直下の急斜面、そこから続く岩稜帯に十分注意を。

山頂直下の最後の登り。玉石ノ沢源頭の岸壁が大迫力だ

1005m

武佐岳《むさだけ》

武佐コース

地平線が丸く見える道東屈指の展望台

■体力（標高差）	40点
■登山時間加算	D
■高山度（標高）	C
■険しさ	D
■迷いやすさ	D
総合点45点［初級］	

■交通

　起点となる中標津町までは、JR標茶駅から阿寒バス（☎0153－73－4370）、またはJR釧路駅と羅臼を結ぶ同バス、またはJR厚床《あっとこ》駅から根室交通バス（☎0153－24－2201）を利用する。

　登山口へは、中標津町交通センターから町営バス（中標津町生活課☎0153－73－3111）武佐線で「登山口前」下車（バスはフリー乗降でバス停はない）。そこから第一登山口まで徒歩約3キロ、約40分。または市街から日東ハイヤー（☎0153－72－3231）、北都ハイヤー（☎0153－72－1222）が利用できる。

■マイカー情報

　中標津市街から道道69号、150号を経由して開陽台《かいようだい》方面に向かい、突き当りの北十九号を右折。クテクンベツ川を渡ってすぐ

中標津町俣落付近から

　標高は低いが、中標津方面から見る山容はなかなか端正であり、土地勘がないと一瞬斜里岳かと思うほど。山頂からは野付水道を隔てた国後島、広大な根釧原野、知床の山や斜里岳などを一望でき、道東の広さを存分に感じられる。

「武佐」の名はイラクサを意味するアイヌ語の「モサ」が語源とも言われる。

　登山道は中標津町武佐地区側から登る1本。毎年6月に山開き登山会が開かれ、市民に親しまれている山でもある。

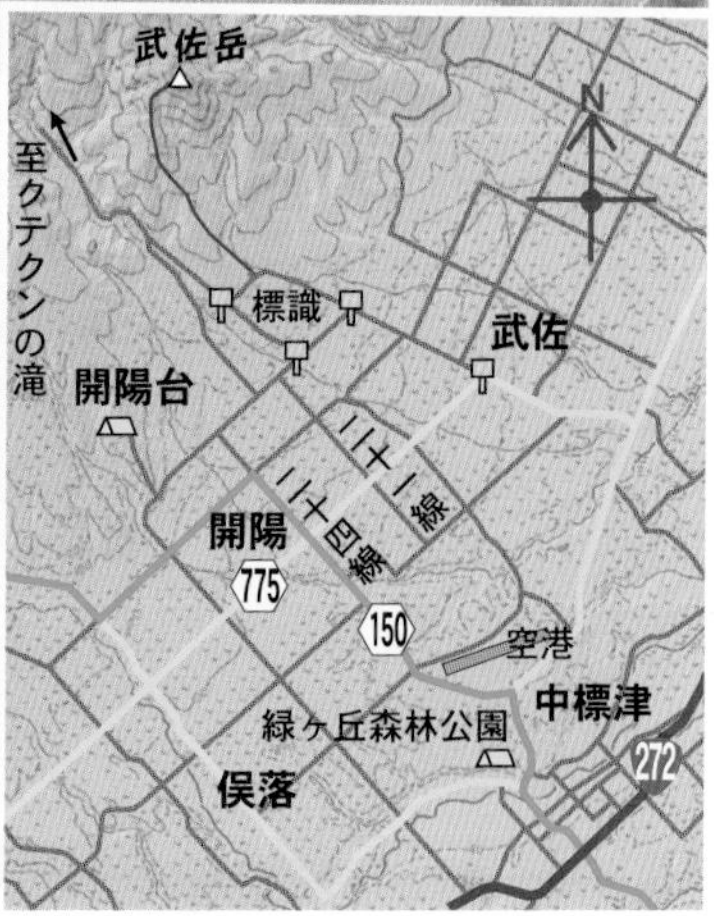

十分な広さがある第一登山口駐車場とトイレ

「武佐岳登山口」の標識に従って左折し、クテクン林道を2キロほど進んで折り返すように右折する。そこから1キロほどで広い駐車場とトイレのある第一登山口に着く。

さらに1キロほど奥にも駐車スペース（4、5台分）があるが路面状況は悪く、2023年秋現在、普通車では通行困難であった。

序盤は広い林道跡をゆく

標高 335 m の登山口。武佐岳は右の林道へ

途中で１回、林道を横切る

■**コースタイム**（日帰り装備）

第一登山口 —1・00↓ 1・00↑— 武佐岳憩清荘《けいせいそう》 —1・10↓ 0・50↑— 八合目 —0・40↓ 0・30↑— 武佐岳

標高差　約760メートル
登り　2時間50分
下り　2時間20分

■**ガイド**（撮影　6月18日）

第一登山口には広い駐車場と小洒落た外観のトイレ、そして登山ポストがある。ここはちょっとした展望台であり、中標津の牧草地帯を見渡すことができると同時に、山上からのさらなる展望を予感させてもくれる。

　トイレ横の丁字路を左に入り、林道を登ってゆく。右に分かれる最初の分岐は直進し、その先の緩くカーブしたY字路が登山口。武佐岳は右の林道に入る。傍らには数台分の駐車スペースがある。

　しばらくは平坦な林道跡をゆく。倒木やぬかるみはあるものの歩きやすく、時間の割に距離を稼げる。途中で斜めに林道を1本横切り、やや幅員の狭まった道をゆくと無人の山小屋、武佐岳憩清荘に着く。木造2階建てでストーブがあり自由に利用できる。しかし、老朽化は否めず、宿泊するにはや

随所にダケカンバの美しい森が見られる

三合目の武佐岳憩清荘。1958 年建築と古いが休憩や雨宿りに便利。通年開放

656 m 標高点を過ぎると六合目。徐々に展望が開けてくる

や厳しいコンディションといったところ。小屋のすぐ先を左に入った所に水場があり、憩沢の標識が立っている。

しばし平坦なダケカンバ林を進み、四合目の標識を見た先から急な登りに取り付く。大きくジグザグを切りながら標高差150メートルほどの登りだ。登り切って尾根に乗るといったん傾斜が緩み、656メートル標高点付近を通過する。

再び斜度が増してくると七合目で、道が尾根の右側をたどるあたりからは目指す頂上がよく見える。下界の広がりが見え始めるのもこのあたりから。

やがて傾斜が緩んでハイマツが出てくると標高約800メートルの八合目。周囲が開けたコブ状の見晴台になっていて、グループでも休憩できる広さがある。斜里岳のピー

双耳峰の山頂部を見ながら七合目付近の尾根を登る

最後の急登を前に八合目でひと休み

山頂への急登は頑張りどころだ

クの一部が見え、周囲にはコケモモやエゾムラサキツツジ、キバナシャクナゲなども見られる。

しかし、それ以上に目を引くのは双耳峰の山頂へと突き上げる目前の急な尾根だろう。標高差は約200メートル。細いダケカンバが多くあまり視界の利かない道だが一歩ずつ登っていこう。

そのきつい登りも、右にカーブし傾斜が緩むと終わりとなる。着いたところは双耳峰のコルで、頂上はもう目と鼻の先だ。

大岩が鎮座する頂上からは、北に知床連山が奥行きを持って望まれ、少し離れて国後島が大きい。振り返れば双耳峰のもう一峰越しに斜里岳の姿。そして足元には根釧原野の大平原が地平線まで続いている。

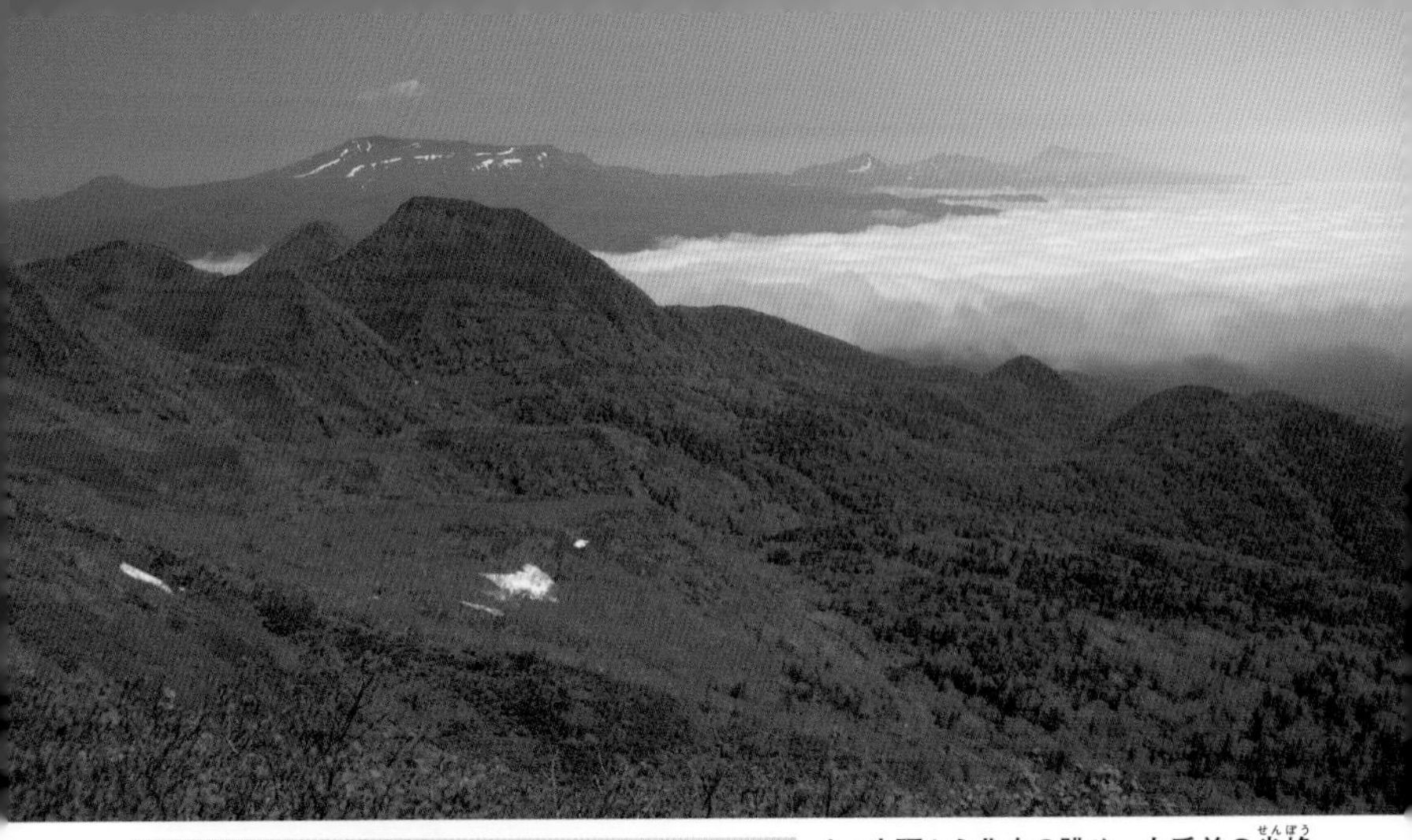

上：山頂から北方の眺め。左手前の尖峰《せんぽう》の奥に海別岳、その右に知床連山
左：大きな岩が目印の山頂

複雑な形を見せる斜里岳。右手前は双耳峰のもう一峰

1061m

標津岳《しべつだけ》

モシベツ川コース

ダケカンバ林から長い頂上稜線へ

■交通

起点となる養老牛温泉へは、JR標茶駅と中標津を結ぶ阿寒バス（☎0153-73-4370）標津標茶線で計根別《けねべつ》まで行き、町営バス（中標津町生活課☎0153-73-3111）養老牛線に乗り換える。ただし、接続は悪い。

養老牛温泉から登山口までは利用できる公共交通機関はない。悪路のためタクシーも入らない。

■マイカー情報

養老牛温泉からモシベツ川沿いの林道に入り、道なりに約5・6キロで登山口。広い駐車場とトイレがある。林道ゲートは通年開放だが、路面は荒れ気味の箇所があり慎重に運転のこと。林道状況については中標津合同森林事務所（☎0153-72-1820）へ。

■コースタイム（日帰り装備）

登山口 —1:40↓ 1:20↑— 清水沢 —0:30↓ 0:20↑—

■体力（標高差）	40点
■登山時間加算	D
■高山度（標高）	C
■険しさ	D
■迷いやすさ	D
総合点45点［初級］	

中標津町開陽台から

摩周湖から知床半島の付け根の海別《うなべつ》岳にかけては1000mクラスの山が連なり、オホーツク海と太平洋の分水嶺となっている。標津岳はその中ほどに位置する山。やや奥まっていることもあって認知度は低めだが、山麓には養老牛温泉があり、例年、武佐岳とともに山開き登山会が開かれるなど地元の人たちに親しまれている。

山名の由来は標津川の水源、または標津地方にあることによるのだろう。「シペッ」はアイヌ語で大川を意味するという。

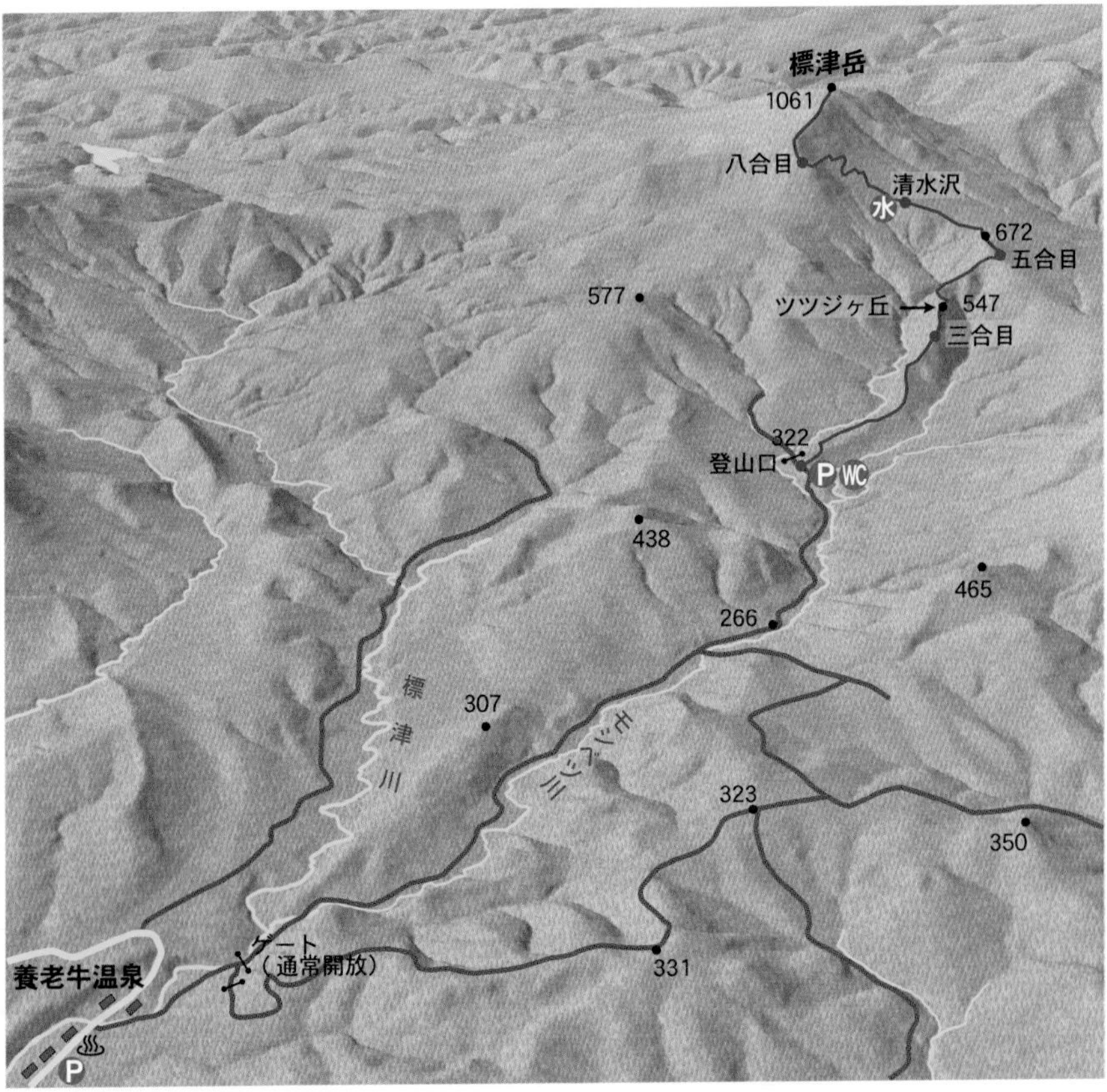

駐車場にはトイレと登山ポストがある

八合目 0:40↓ 0:30↑ 標津岳

標高差　約740メートル

登り　2時間50分

下り　2時間10分

■**ガイド**（撮影　6月19日）

トイレの左横から作業道跡に入り、植林帯と広葉樹林の中の平坦な道をゆく。一合目までは現行版地形図のルート線とずれているの

エゾノリュウキンカが咲く清水沢

ツツジヶ丘付近の尾根道をゆく

六—八合目にかけて見ごとなダケカンバの純林が広がる

で注意を。一合目から尾根に差し掛かり、「これより5《キロ》」の標識を見る。この先も各合目や距離表示があり、行程の目安となる。

尾根が細く顕著になってくると三合目で、その先の547《メートル》標高点付近はツツジヶ丘と呼ばれている。ただし、花期以外は気付かずに通り過ぎるかもしれない。

四合目を過ぎた先で右に回り込み、ダケカンバの明るい林を横切ってゆく。このあたりは一時期ササ被りが激しかったが、2023年に地元有志らによって整備された。今後も状況を見ながら実施予定とのことである。

ほぼ中間点にあたる672《メートル》標高点付近から緩く下り、ダケカンバの疎林を登ってゆく。突然、尾根を横切るように現れる小沢は六合目の清水沢。水量は豊富で、汗をかいた体に嬉しい存在だ。

ここから八合目にかけては、次第に斜度が増す斜面に大きくジグザグを切って登る。周囲はダケカンバの純林で白い樹肌が美しく、

背の高いハイマツの中を山頂へ

八合目から山頂方面を見る

山頂から斜里岳を望む。右奥は海別岳

広い山頂で展望を楽しもう

本コースの見どころといえよう。

登りきったところは長い頂稜の突端で、展望台と呼ばれる八合目。頂上までもう急な登りはないが、背の高いハイマツと低く曲がりくねったダケカンバ林が続き、さらにニセピーク的な高みもあって意外と長く感じられる。

山頂からは斜里岳の眺めが素晴らしく、その左手に続くオホーツク海の海岸線も印象的だ。

摩周湖・屈斜路湖周辺

至小清水
札弦《さっつる》
(2.5万)
清里町
斜里岳《しゃりだけ》
(2.5万)
斜里岳《しゃりだけ》
(5万)
江鳶山
713
平岳
764
斜里川
緑《みどり》
(2.5万)
緑町
みどり
サマッケヌプリ山《やま》
(2.5万)
釧網本線
清泉
札弦川
1115
サマッケヌプリ山
1062
標津岳
1061
だいにまたおち
第二俣落
(2.5万)
摩周湖北部《ましゅうこほくぶ》
(2.5万)
養老牛山
846
養老牛温泉《ようろううしおんせん》
(2.5万)
西竹山
698
中標津町
シタバヌプリ山
603
清里峠
温泉富士
660
摩周湖
摩周湖《ましゅうこ》
(5万)
養老牛温泉
第二俣落
150
カムイヌプリ
857
150
養老牛《ようろううし》
(2.5万)
にしたけ
西竹
(2.5万)
北光
第一展望台
西別岳
800
摩周湖南部《ましゅうこなんぶ》
(2.5万)
養老牛
標津川
52
標茶町
弟子屈町
885
上標津
505
西竹
中虹別
上虹別
至中標津
計根別
虹別《にじべつ》
(2.5万)
13
243
南弟子屈《みなみてしかが》
(2.5万)
虹別
本別
計根別《けねべつ》
(2.5万)
391
磯分内《いそぶんない》
(5万)
13
西別川
至釧路
至別海

至美幌
北見福住《きたみふくずみ》
(2.5万)
末広《すえひろ》
(2.5万)
上徳《かみとく》
(2.5万)
藻琴山《もことやま》
(5万)
大空町
小清水町
102
藻琴山《もことやま》
(2.5万)
美幌町
野上峠《のがみとうげ》
(2.5万)
243
藻琴山
1000
古梅《ふるうめ》
(2.5万)
野上峠
391
美幌峠
屈斜路湖《くっしゃろこ》
(2.5万)
川湯《かわゆ》
(2.5万)
中島
ポンポン山
サワンチサップ
砂湯
川湯温泉《かわゆおんせん》
サマッカリヌプリ
(2.5万)
52
アトサヌプリ
(硫黄山)
508
屈斜路湖
サマッカリヌプリ
974
和琴半島
屈斜路湖《くっしゃろこ》
(5万)
588
津別峠
屈斜路
コトニヌプリ
952
コタン
美留和
弟子屈町
びるわ
和琴《わこと》
(2.5万)
243
コトニヌプリ
(2.5万)
美留和《びるわ》
(2.5万)
オサッペヌプリ
860
イクルシベ山
727
釧路市
美羅尾山
554
辺計礼山
732
ペンケトー
雄阿寒岳《おあかんだけ》
(2.5万)
241
弟子屈
雄阿寒岳
1370
辺計礼山《ぺけれやま》
(2.5万)
志計礼辺山
581
弟子屈《てしかが》
(5万)
弟子屈《てしかが》
(2.5万)
53
至阿寒湖

800m

西別岳《にしべつだけ》

■体力（標高差）	35点
■登山時間加算	D
■高山度（標高）	C
■険しさ	D
■迷いやすさ	D
総合点40点［初級］	

西別コース

根釧原野の展望とお花畑を楽しみに

■交通

利用できる公共交通機関はない。ＪＲ摩周駅から摩周ハイヤー（☎０１５－４８２－３９３９）が利用できる。

■マイカー情報

国道２４３号から道道８８５号に入り、３・２キロ先の孵《ふ》化場線、または５・２キロ先の63線を左折、西別林道へと進む。国道から登山口まで約12・５キロ。要所に「西別岳」の標識あり。例年4月末～5月は通行止め。路面状況は概ね良好で普通車で通行可能。問い合わせは、標茶森林事務所（☎０１５－４８５－２０７７）へ。

または、道道１５０号の10キロポスト近くの林道十字路を西に入り、道なりに約５キロで登山口に入ることもできる。それぞれ経路はイラストマップを参照のこと。

駐車場は数十台分と広く、トイレがある。

道道 885 号虹別原野から

カムイヌプリ（摩周岳）の隣に連なる山で、標高は低いもののお花畑が随所に広がっている。中腹より上は樹木がほとんどないことから展望はすこぶるよく、果てしなく広がる根釧原野、斜里岳や標津岳、阿寒の山などが見渡せる。登山道は東麓の西別小屋からのほか、摩周岳方面から縦走もできる。

西別岳は西別川の源流にある山だが、山裾よりずっと手前で涸れている。アイヌ語で涸れ沢を意味する「ヌーウシベツ」に由来するのかもしれない。

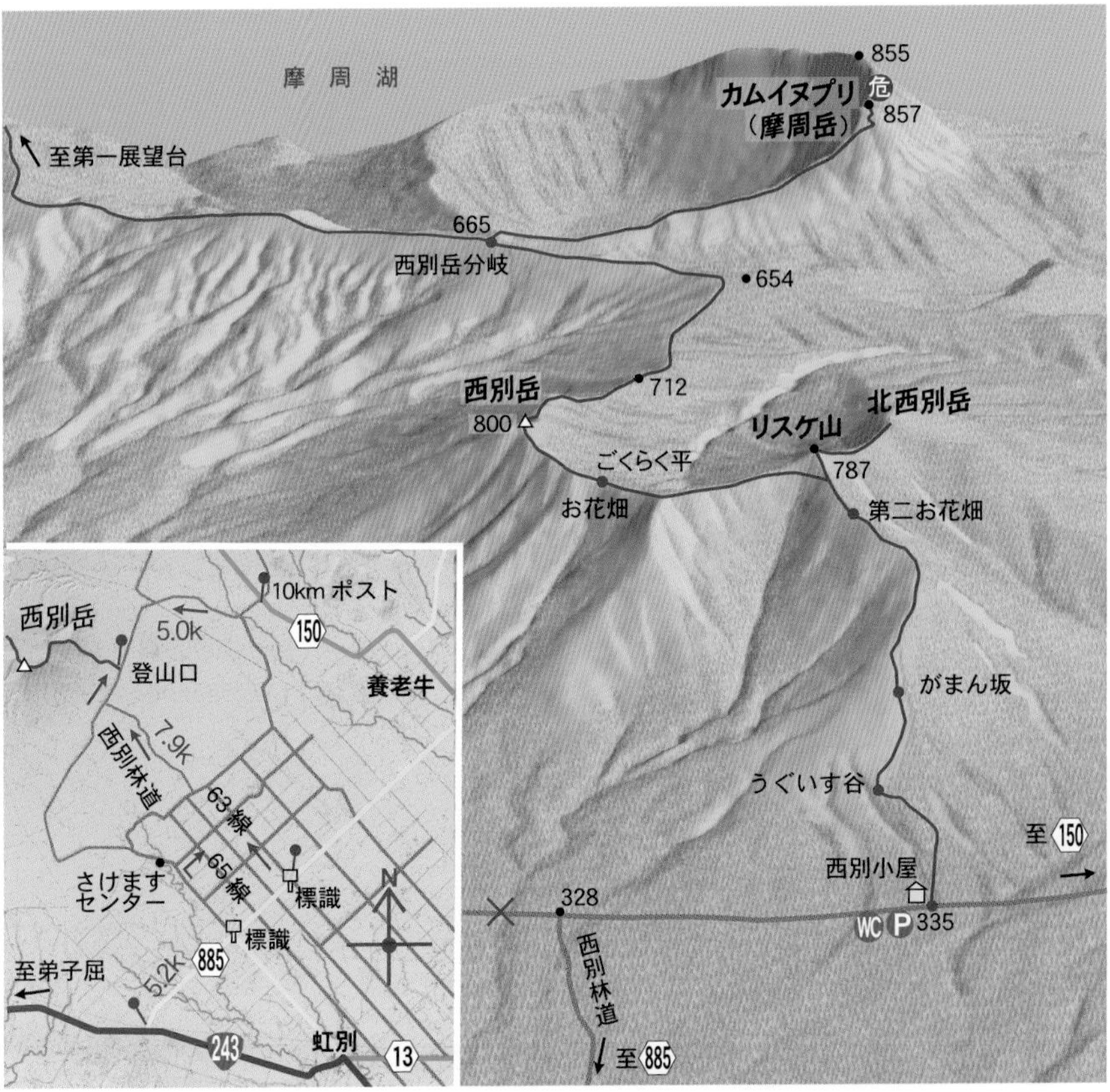

西別小屋

登山口にある2階建てログハウスの無人小屋。大きな薪ストーブがあり、とても快適。寝具、炊事用具、照明器具、食料、水は持参のこと。

- ▶収容人数＝50人
- ▶期間＝通年開放
- ▶使用料＝無料
- ▶管理・問い合わせ先＝標茶町観光振興課☎ 015-485-2111

まさに直登、がまん坂を登る

登山口には登山ポストや案内板が

上：第二お花畑の登山道脇に咲くミヤマオダマキ
左：ごくらく平付近から西別岳へ。高原散策の気分だ

■**コースタイム**（日帰り装備）

登山口 ―1:00↓ 0:40↑― リスケ山 ―0:30↓ 0:20↑― 西別岳

累積標高差　約510メートル
登り　1時間30分
下り　1時間

■**ガイド**（撮影　6月17日）

行程は短いが、登山口にもコース上にも水場がなく、全般に日当たりのいい道が続くので、水の準備を忘れずに。

登山口は広い駐車場の向かって右奥。最初はカラマツ林を直進する林道跡を歩く。やがて左に曲がりながらシラカバ林に入り、左手に小さな沢形「うぐいす谷」を見る（確かに取材時はウグイスのさえずりがよく響いていた）。

そこからは一面のササ原を一直線に登る。その名も「がまん坂」

上：山頂から歩いてきた稜線と中標津方面を望む
左：山頂の先にはカムイヌプリへと続く道が…。そのガイドは84ページをどうぞ

と名付けられた急登で、登るほどに傾斜が増す印象だ。ふくらはぎに泣きが入るころ「がまん坂終わり」の標識が現れ、背後に広がる広大な牧草地帯に思わず息を呑む。

チシマフウロやミヤマオダマキが咲く第一お花畑から左にカーブしてダケカンバ林に入り、続けて第二お花畑を通過。その先で右に分かれる分岐は787メートルピーク、通称リスケ山へ至る。花と展望の小ピークなので立ち寄ってみるとよい。山名は長年周辺の登山道整備や植物の盗掘監視に携わってきた加藤利助氏にちなむ。

そのピーク下をトラバースして緩やかな起伏を描く稜線をゆくと「ごくらく平」のお花畑。最後はわずかな急登で西別岳の山頂に立つ。展望の素晴らしさは山の紹介欄に記した通りである。

857m

カムイヌプリ（摩周岳《ましゅうだけ》）

第一展望台コース

摩周湖を眺めながら明るい外輪山をゆく

■交通

JR摩周駅から登山口となる摩周湖第一展望台まで阿寒バス（☎015-486-7716）があるほか、期間限定のエコバスが加わる可能性がある。ただし、便は限られる。弟子屈からは摩周ハイヤー（☎015-482-3939）も利用できる。

■マイカー情報

摩周湖第一展望台の有料駐車場を利用する。弟子屈市街地から国道391号、道道52号を経由し約10キロ。登山者は向かって右奥の指定された場所に駐車のこと。トイレあり。

■RECAMP摩周

弟子屈市街南西部にある。旧桜ヶ丘森林公園オートキャンプ場。サイトのタイプが豊富。

▼期間＝4月上旬～12月（定休日あり）

▼使用料＝有料

摩周湖第一展望台から

世界屈指の透明度を誇る摩周湖の東側にせり出した火山で、カルデラ湖にもうひとつ火口を突っ込んだような地形が特徴的。火口壁は垂直に切り立ち、遠方からも指呼できる。

登山道は観光客で賑わう摩周湖第一展望台から外輪山をたどるものと、西別岳からの縦走路がある。

カムイヌプリはアイヌ語で神の山の意味。「マシウ」の意味には諸説あるが、「鍋のような湖に影が泳ぐように見える」という説に納得がいく。

■体力（標高差）	35点
■登山時間加算	D
■高山度（標高）	C
■険しさ	C
■迷いやすさ	D
総合点40点［初級］	

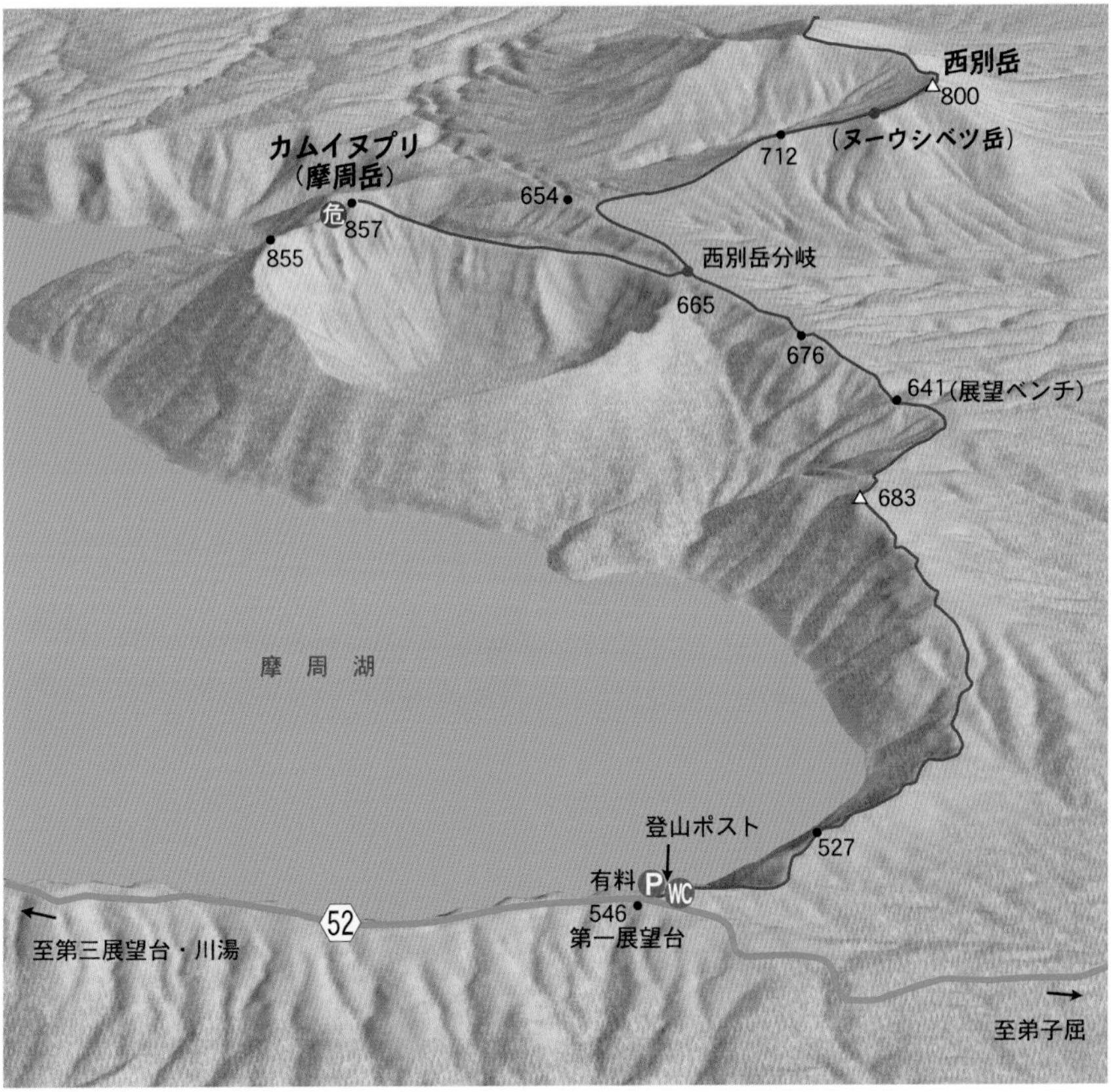

▼管理・問い合わせ先＝Ｒｅｃａｍｐ。問い合わせはホームページのフォームから。

■**コースタイム**（日帰り装備）

第一展望台 ─1:50↓ 1:40↑─ 西別岳分岐 ─1:00↓ 0:40↑─ カムイヌプリ

累積標高差　約５４５メートル

登り　２時間50分

下り　２時間20分

■**ガイド**（撮影　６月15日）

登山口がすでに外輪山上にあり、コースは終始その縁をたどる。山頂までの累積標高差は５５０メートルほどとさほど大きくはないが、距離は片道７キロ強あり、行きも帰りも所要時間はあまり変わらない。途中に水場はないので充分に用意しておこう。

登山口は第一展望台の右側。案内板と登山ポストがある。歩き始

上：第一展望台駐車場。登山者は右奥に駐車を
左：歩き始めてすぐに好展望

めは緩い下り。ササ刈りなど道はよく整備され、左手は摩周湖にカムイヌプリ、斜里岳、右手は広いササ原の斜面の先に根釧台地が広がり、早くも気分が高揚してくる。

小さく上り下りしながらダケカンバのかん木帯に入り、「摩周岳5・4キロ」の標識を見ると標高約480メートルのコース最低地点。ここから683メートルコブに向けて約200メートルを登る。それほど急ではないが視界はあまり利かず、長く感じられる所だ。時折、背後に見える阿寒の山や、道端に咲くチシマザクラやウコンウツギに目をやりながら登っていこう。

683メートルコブを境に、コースは大パノラマのトレイルへと変わる。左手の摩周湖、山頂に加え、正面には見晴らしのいいたおやかな尾

683 m コブへの登り。後ろに雄阿寒岳、雌阿寒岳が見える

西別岳を正面に気持ちのいい外輪山上をゆく

進むほどにカムイヌプリの岩壁が近づいてくる

摩周湖を見渡せる641 m 標高点のベンチ

根が延び、その先に西別岳が姿を現す。どこまでも歩いていきたくなる気持ちのよい道だ。

６４１メートル標高点はベンチの置かれた展望所。正面に火口壁を見ながら６７６メートル標高点を越え、若いダケカンバの林に入ると間もなく西別岳分岐に着く。最後の急登を前にひと休みするのによい場所だ。

カムイヌプリへは分岐を左に入

分岐からは若いダケカンバ林の火口壁上をゆく

ベンチが置かれた西別岳分岐

上：山頂に咲くキクバクワガタ
左：山頂は脆い岩峰の上。滑落注意

り、ダケカンバの林を進む。道はすぐに火口壁上をたどり始め、時折、木々の間に火口が望まれる。傾斜は次第にきつくなり、それとともに火口はますます深く、正面には山頂下の岩壁が迫ってくる。それまでのおおらかな高原歩きとは対照的な光景だ。

いよいよ急になると道は火口壁の外側（右側）にそれ、最後は巻き込むようにして山頂に出る。狭く脆い岩場なので十分に注意を。

高度感あふれる山頂からの展望は圧巻のひと言だ。眼の前の８５５《メートル》ピークへと続く岩壁、妖艶ともいえる摩周ブルーの輝きを放つ湖面、斜里岳や阿寒の山々…。なかでも山頂に立って改めて見下ろす深く急峻な火口は、火山王国北海道でも屈指の景観といえるだろう。

山頂から火口壁上の 855 m ピークを見る。左奥は阿寒の山々

同じく裏摩周展望台方面の眺め。斜里岳がよく目立つ

ヌーウシベツ岳付近から西別岳を振り返る

西別岳コース

心地よい歩き応え 花と展望の縦走

■交通、マイカー情報、山小屋情報は、74ページの「西別岳西別コース」を参照のこと。

■コースタイム（日帰り装備）

西別岳登山口 ─ 1:30↓ 1:00↑ ─ 西別岳
0:45↓ 0:50↑ ─ 西別岳分岐 ─ 1:00↓ 0:40↑
カムイヌプリ

累積標高差　約795メートル
登り　3時間15分
下り　2時間30分

■体力（標高差）	40点
■登山時間加算	C
■高山度（標高）	C
■険しさ	C
■迷いやすさ	D
総合点50点［初級］	

■ガイド（撮影　6月17日）

西別岳とカムイヌプリを結ぶコースである。ここでは西別岳経由でカムイヌプリに登るプランで紹介するが、摩周湖第一展望台から西別岳往復でもよいし、アクセスの手配がつけば縦走してもよい。西別岳までは74ページ「西別岳」を参照のこと。

山頂から石を組んだ急な道を下り、なだらかな尾根を進んで小さなコブに出る。ヌーウシベツ岳と呼び、正面に摩周湖とカムイヌプリ、

縦走路のほぼ中間点、712 m 標高点付近から見たカムイヌプリと摩周湖

右前方に斜里岳の眺めがいい。

なおも下ってゆくと若いダケカンバの疎林とササ原が広がる明るい尾根となる。高原のような爽やかな道はいつしか平坦となり、654メートル標高点付近で直角に左折する。右にカムイヌプリを見ながらなおも平らな道をゆくと、第一展望台からの道と合流して西別岳分岐となる。以降、山頂までは81ページを参照してほしい。

若い樹々が多く、明るい道が続く

1000m

藻琴山《もことやま》

■体力（標高差）	30点
■登山時間加算	D
■高山度（標高）	C
■険しさ	D
■迷いやすさ	D
総合点35点［初級］	

スカイライン遊歩道コース

屈斜路湖を眼下に展望ハイキング

■交通

利用できる公共交通機関はない。ＪＲ川湯温泉駅または川湯温泉市街から摩周ハイヤー（☎０１５‐４８２‐３９３９）を利用できるが、常駐はしていないので事前予約を。

■マイカー情報

大空町東藻琴と川湯温泉を結ぶ道道１０２号藻琴峠から、登山口のあるハイランド小清水７２５（展望台）方面に入る。約１キロ先の終点に40台分程度の駐車場とトイレ、売店などがある。

■ハイランド小清水キャンプ場

道道１０２号沿い、藻琴峠の北約１キロ。バンガロー、コインシャワー、五右衛門風呂などあり。
▼期間＝７月上旬～９月
▼使用料＝有料
▼管理・問い合わせ先＝小清水町産業課商工観光係☎０１５２‐62‐４４８１

大空町東藻琴郊外から

東西約26 km、南北約20 km、日本最大のカルデラである屈斜路カルデラの北端にある山で、外輪山の最高点でもある。山頂からはこれまた日本最大となるカルデラ湖、屈斜路湖をはじめ、雄大な景色を一望できる。

2本ある登山道は特に危険箇所もなく、気軽に登れて展望がいいことから、家族連れを含めた幅広い層に人気がある。

山名は藻琴川の源にあることにちなんで和人が付けたもののようだ。アイヌ名は「トエトクシペ＝湖の奥にある山」という。

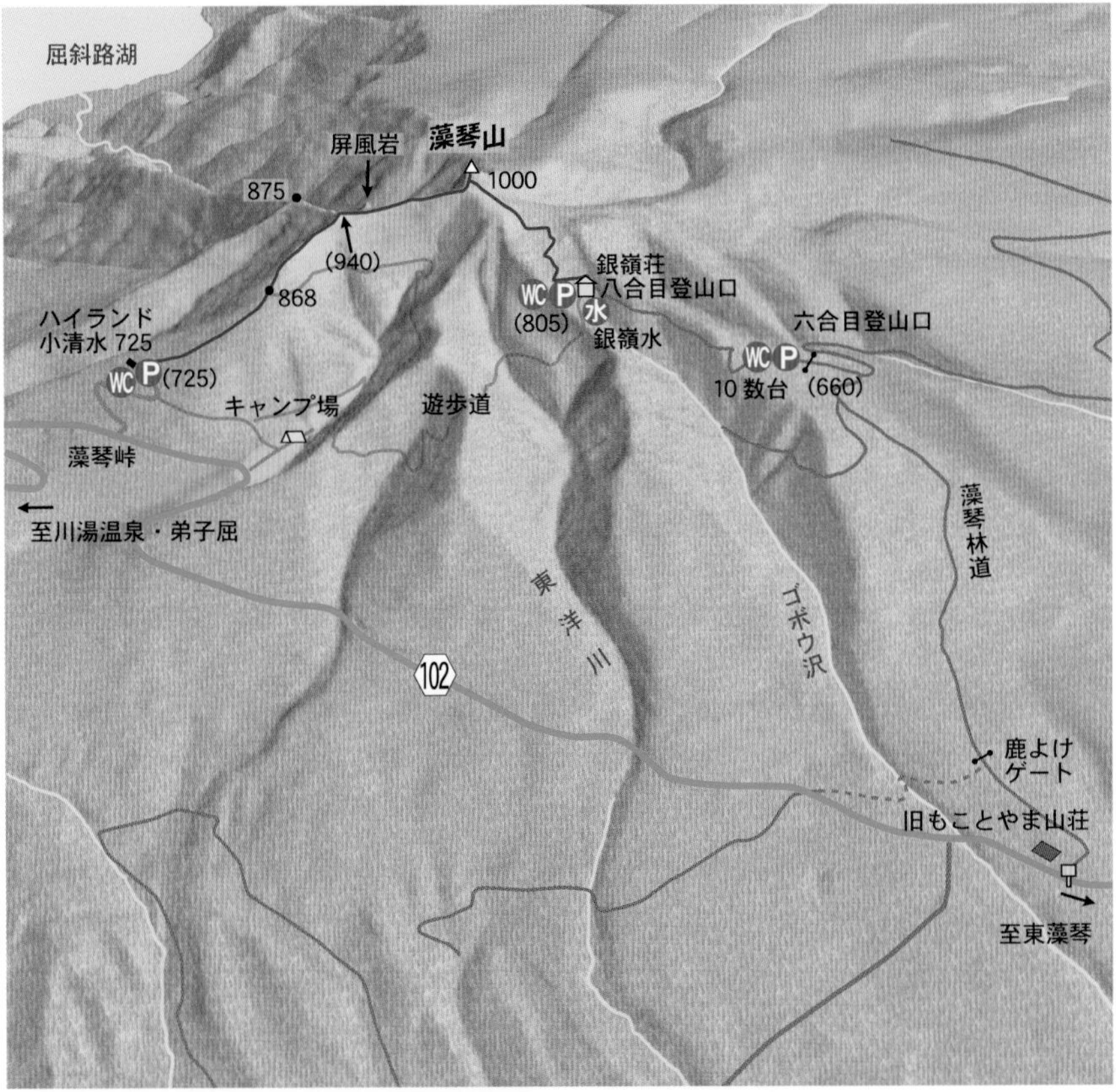

登山口から見たハイランド小清水 725 駐車場。取材日は湖面に雲海が広がっていた

■コースタイム（日帰り装備）

ハイランド小清水725 —0・40↓ 0・25↑— 940メートルコブ —0・20↓ 0・15↑— 藻琴山

累積標高差　約285メートル

登り　1時間

下り　40分

■ガイド（撮影　6月11日）

展望台の施設名からわかるようにスタート地点ですでに標高が

上：868 m 標高点の小広場。知床方面が見渡せる
左：常に屈斜路湖を見ながら

940 m コブから屏風岩(手前)と藻琴山を見る

725メートルある。登山口は駐車場の入り口寄り。木の階段を登って登山道に入る。

はじめは背の高いハイマツ帯で、ほどなく若いダケカンバやナナカマド、オオカメノキなどの低木も出てくる。

ほどなく現れる小広場は868メートル標高点で、キャンプ場からの歩道が合流している。斜里岳から知床の山々の眺めがよく、早くも休憩気分に誘われてしまう。

「天涯《てんがい》の桜」と標識のある一本桜（チシマザクラ）を過ぎたあたりから随所で視界が開けはじめ、気持ちのよい尾根歩きとなる。左手は屈斜路湖を挟んで阿寒の山がよく見え、晴れた日には遠く大雪山をも望む。また、早い時間帯で条件が揃えば湖面を覆う雲海が見られるかもしれない。

940メートルコブまで来ると、屏風岩を挟んで山頂の全貌が現れる。ここで道は北西に折れ、緩く下って屏風岩を通過。この付近はエゾノハクサンイチゲをはじめ、季節を追って花の見られる所だ。

高度を上げて小さなコブを越え

山頂の展望は見事のひと言。右手遠くに雄阿寒岳が見える

山頂手前の広い裸地

屏風岩は岩の割れ目を通り抜ける

一等三角点と石碑がある山頂

ると広い裸地に出て、東藻琴コースが合流する。山頂は目前で、向かって右下に取り付き点がある。

山頂からはここまでの展望に加えて網走湖や能取湖方面が望める。ただし狭いので休憩は先の裸地のほうがいいだろう。

六合目駐車場付近。ここが正規の登山口

道道 102 号から藻琴林道へ

東藻琴コース

ダケカンバが美しいお手軽コース

■交通

起点となる東藻琴までは、JR網走駅から網走観光交通乗り合いバス（☎0152-66-2511）を利用する。そこから道道102号沿いの旧もことやま山荘前までオホーツクハイヤー（☎0152-66-2943）が利用できる。さらに八合目登山口まで徒歩約4・8キロ、2時間弱。

■マイカー情報

道道102号の「藻琴山登山口入口」標識（旧もことやま山荘前、東藻琴市街から約13キロ）から藻琴林道に入る。約0・7キロで鹿よけゲートを通過し、さらに約2・6キロで六合目登山口に着く。10数台

こじんまりとした銀嶺荘。手前に銀嶺水の湧き水

■体力(標高差)	35点
■登山時間加算	D
■高山度(標高)	C
■険しさ	D
■迷いやすさ	D
総合点40点［初級］	

●六合目駐車場から

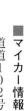

ダケカンバ林の中をゆったりと登ってゆく

登山ポスト横から登山道へ

分の駐車スペースとトイレあり。

なお、林道はここから1・5キロ先の八合目銀嶺《ぎんれい》荘まで続くが、幅員・駐車場とも狭く、路肩も弱いことから、大空町ではなるべく六合目から歩いてほしいとのこと。

■東藻琴芝桜公園キャンプ場

東藻琴市街と林道入口の中間にあり、バンガロー、温泉もある。

▼期間＝7月上旬〜9月
▼使用料＝有料
▼管理・問い合わせ先＝東藻琴芝桜公園管理公社☎0152－66－3111

■銀嶺荘

八合目の避難小屋

▼期間＝通年開放
▼使用料＝無料
▼管理・問い合わせ先＝網走南部森林管理署☎0152－62－2211

■コースタイム（日帰り装備）

六合目登山口 0:30↓ 0:20↑ 八合目銀嶺水 0:30↓ 0:20↑ 藻琴山

標高差　約340メートル
登り　1時間
下り　40分

■ガイド（撮影　6月11日）

銀嶺荘のある八合目までは林道歩き。林道終点の駐車場から左に一段下がると銀嶺水が湧き、銀嶺荘とバイオトイレが並んでいる。

コースは駐車場の先から右手奥に入る。明るいダケカンバの林を大きく切り返しながら登ると九合目。藻琴山から北に伸びる尾根の右側（西斜面）を斜上するように登り、左に曲がると山頂下の裸地に出る。山頂へはすぐ右隣の道に入ればすぐ。あっけないほど楽な登山だ。

阿寒湖周辺

上里《かみさと》
（5万）
サマッカリヌプリ
974
津別峠
コトニヌプリ
952
和琴半島
屈斜路湖
屈斜路
コタン
屈斜路湖《くっしゃろこ》
（5万）
243
弟子屈町
和琴《わこと》
（2.5万）
コトニヌプリ
（2.5万）
オサッペヌプリ
860
イクルシベ山
727
釧路市
辺計礼山
732
パンケトー
雄阿寒岳《おあかんだけ》
（2.5万）
241
弟子屈
雄阿寒岳
1370
辺計礼山《ぺけれやま》
（2.5万）
志計礼辺山
581
弟子屈《てしかが》
（2.5万）
弟子屈《てしかが》
（5万）
奥オソツベツ
阿寒湖《あかんこ》
（5万）
標茶町
53
1093
奥久著路《おくくちょろ》
（2.5万）
上《かみ》オソツベツ
（2.5万）
ピリカネップ
ピリカネップ
（2.5万）
上オソツベツ
鶴居村
上幌呂《かみほろろ》
（2.5万）
茂雪裡《もせつり》
（2.5万）
鶴居《つるい》
（5万）
中久著路《なかくちょろ》
（2.5万）
徹別《てしべつ》
（5万）
274

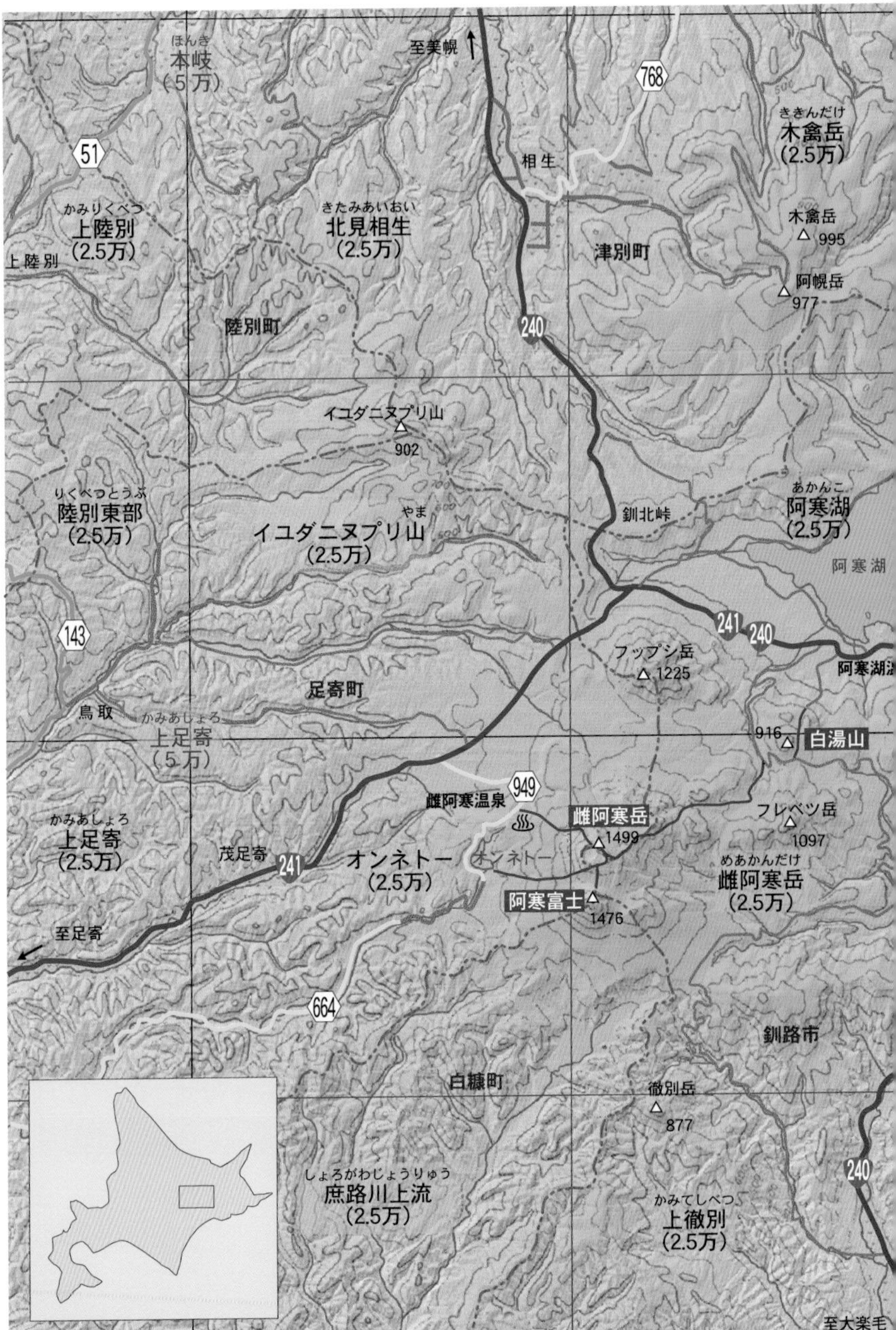

至美幌
本岐《ほんき》
(5万)
768
木禽岳《ききんだけ》
(2.5万)
51
相生
上陸別《かみりくべつ》
(2.5万)
北見相生《きたみあいおい》
(2.5万)
木禽岳
995
上陸別
津別町
阿幌岳
977
陸別町
240
イユダニヌプリ山
902
陸別東部《りくべつとうぶ》
(2.5万)
イユダニヌプリ山《やま》
(2.5万)
釧北峠
阿寒湖《あかんこ》
(2.5万)
阿寒湖
143
241
240
フップシ岳
1225
阿寒湖温
足寄町
鳥取
上足寄《かみあしょろ》
(5万)
916
白湯山
949
雌阿寒温泉
雌阿寒岳
フレベツ岳
上足寄《かみあしょろ》
(2.5万)
1499
1097
茂足寄
241
オンネトー
(2.5万)
オンネトー
雌阿寒岳《めあかんだけ》
(2.5万)
阿寒富士
1476
至足寄
664
釧路市
白糠町
徹別岳
877
240
庶路川上流《しょろがわじょうりゅう》
(2.5万)
上徹別《かみてしべつ》
(2.5万)
至大楽毛

1499m

雌阿寒岳《めあかんだけ》

■体力（標高差）	40点
■登山時間加算	D
■高山度（標高）	B
■険しさ	C
■迷いやすさ	D
総合点50点［初級］	

雌阿寒（野中）温泉コース

アカエゾマツ林から火口見下ろす山上へ

■交通

起点となる阿寒湖温泉までは、ＪＲ釧路駅発釧路空港経由の阿寒バス（☎０１５４-37-２２２４）、またはＪＲ旭川駅発北見経由釧路駅行きの高速バス「サンライズ号」（阿寒・北見バス共同運行、要予約、☎０１５４-37-８６５１）を利用する。阿寒湖温泉から登山口の雌阿寒温泉方面へのバスはなく、阿寒ハイヤー（☎０１５４-67-２９２１）が利用できる。

■マイカー情報

国道２４１号から道道９４９号をオンネトー方面に入り、約３・４キロで登山口のある雌阿寒温泉に着く。登山口の１００メートルほど先に広い無料公共駐車場がある。トイレあり。

■宿泊

現在、雌阿寒温泉で営業中の施設は、山の宿・野中温泉（☎０１５６-29-７３２１）のみ。

雄阿寒岳八合目付近から

阿寒湖を挟んで雄阿寒岳と対峙し、常に噴煙を吹き上げる活火山。時折、活動が活発になり、噴火警戒レベルが引き上げられる。山頂のポンマチネシリ火口、その北東に広がる中マチネシリ火口など、茫漠とした火山地形を目のあたりにできる。

登山道は雌阿寒（野中）温泉、オンネトー、阿寒湖畔の３本があり、前２つの利用者が多い。

雌阿寒の「雌」は、かつてマチネシリ（女山）と呼ばれたことによるのだろうが、阿寒の語源は諸説ありはっきりしない。

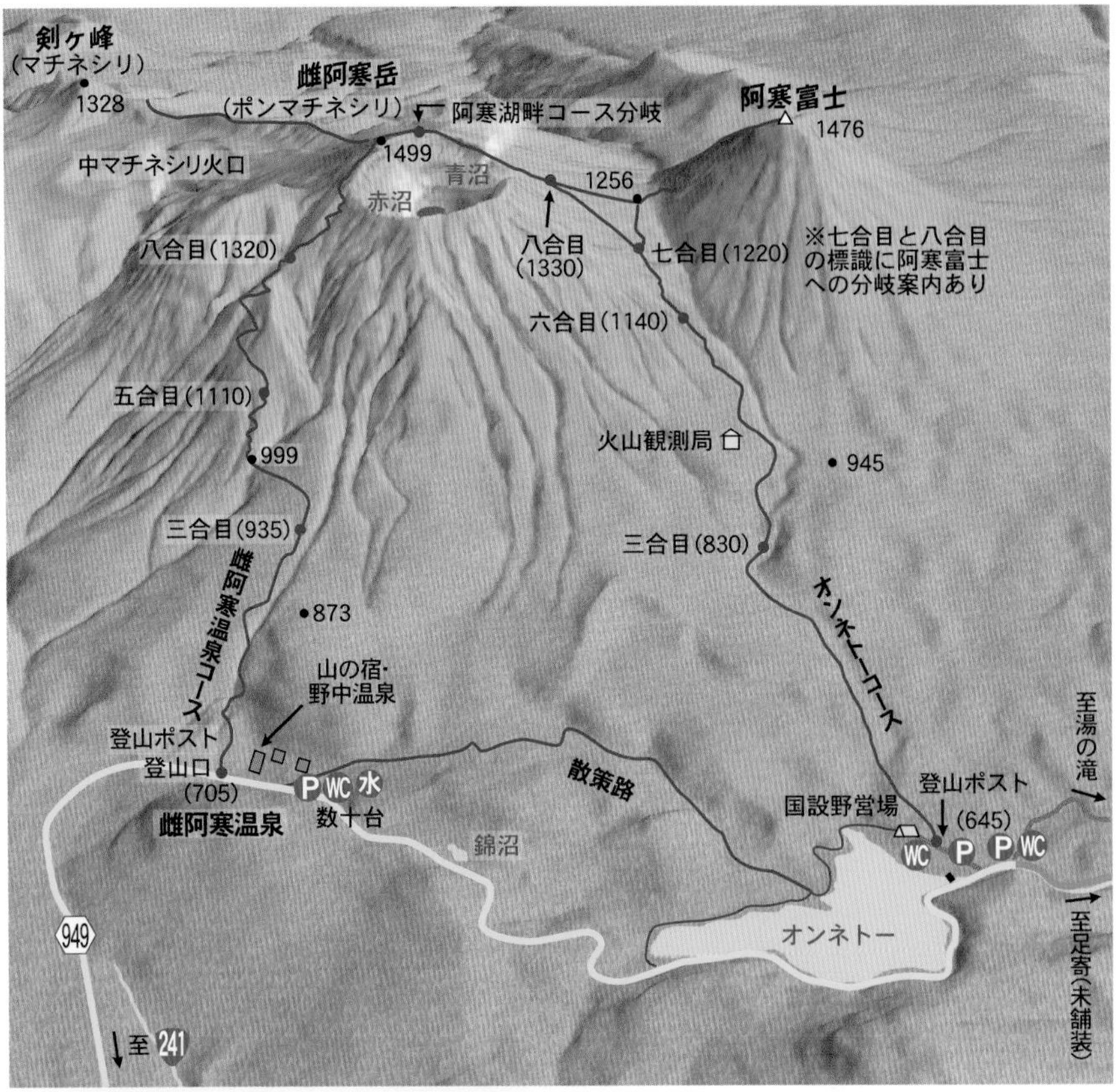

登山口の野中温泉。日帰り入浴も可

キャンプ場は約3・3キロ離れたオンネトー湖畔にある。詳細は100ページを参照。

■コースタイム（日帰り装備）

登山口 1:10↓ 0:40↑ 五合目 1:00↓ 0:40↑ 雌阿寒岳

標高差 約795メートル
登り 2時間10分
下り 1時間20分

美しいアカエゾマツの森をゆく

登山口の登山ポストと各種火山情報。必ず確認を

■ガイド（撮影　7月5日）

雌阿寒岳は気象庁による常時観測火山である。事前に噴火活動状況を確認しておくとともに、入山時は登山届の提出を忘れないようにしよう。また、登山口にある注意事項を今一度確認のこと。

登山口は雌阿寒温泉のすぐ北隣にある。周囲はうっそうとしたアカエゾマツの天然林で、薄暗く森閑とした雰囲気がいかにも北国らしい。林床にはササが見られず、コケと幼木のほかには、ハクサンシャクナゲ、ゴゼンタチバナ、マイヅルソウなど限られた植物が生えているだけだ。ほどなく急な登

瞳のように輝くオンネトーを背に五合目付近を登る

七合目から八合目にかけては開放感あふれる広い尾根となる

九合目火口壁を目指して登る

メアカンフスマ(白)は雌阿寒岳と知床山系にだけ分布。黄色の花はメアカンキンバイ

りとなるが、地表を覆う根張りにつまづかないよう注意して歩く。

道が直線的になり、背丈を越えるようなハイマツが出てくると三合目。足元にはイソツツジが見られ、徐々に高山の雰囲気が感じられる。標高1000メートル付近で一旦緩やかなトラバース道となり、周囲の展望が開けてくる。

山体を大きくえぐる涸れ沢を横切ると、再び道は上部へと向かいにわかに傾斜が増してくる。岩場の道をグイグイと登るうちに五合目を通過。振り返るたびにオンネトーが低くなり、代わって周囲の森が樹海と呼ぶにふさわしいスケールで広がりを増してゆく。

一段と展望が開けて広い尾根上をゆくようになると七合目である。ここでようやく阿寒湖の一部が姿を見せ始めるが、雄阿寒岳は

山頂から見る青沼と阿寒富士

火口壁に立つとポンマチネシリ火口が視界に飛び込んでくる

まだ見えない。周囲は赤茶けたガレとハイマツばかりのようだが、注意して見るとメアカンフスマやメアカンキンバイ、イワブクロ、ガンコウランなどが咲いている。

八合目を過ぎるとそのハイマツすらも姿を消し、火山れきが累々とする急斜面となる。ペンキ印を見落とさぬようジグザグを切りながら登ってゆくが、滑りやすいので一歩一歩確実に踏みしめて。

徐々に頭上のスカイラインが近くなり、その縁まで登りつめて火口壁の一角に出る。と同時に目の前にはぱっくりと口を開けた巨大な火口。側面からは轟音とともに噴気が立ち上がり、その名の通りの赤沼と背後の黒い阿寒富士が不気味なほどに無機質な光景だ。

あとは山頂まで火口壁上をたどるのみである。左に折れて時計回

山頂付近から見る中マチネシリ火口と剣ヶ峰(中央)。その先に阿寒湖、雄阿寒岳も

りに進むに従い、中マチネシリ火口から剣ヶ峰、阿寒湖、雄阿寒岳とパノラマが広がってくる。そのスケール感は右手の火口の光景とともに思わず天地創造という言葉を思い浮かべるほど。登山口付近の静かな森とはあまりに対照的な様子に驚くばかりだろう。

多くの人で賑わう雌阿寒岳山頂

オンネトーコース

神秘の湖を起点に阿寒富士を見ながら

■交通、マイカー情報

基本的に94ページの「雌阿寒（野中）温泉コース」に準じ、タクシー、マイカーともに雌阿寒温泉からさらに3・2キロ先の本コース登山口、およびオンネトー野営場前まで入る。広い駐車場とトイレがある。

なお、マイカーで足寄方面からアクセスする場合、道道664号上螺湾《かみらわん》経由でも入れるが、オンネトー手前の約5キロは狭い未舗装路となる。

■オンネトー国設野営場

オンネトー湖畔の静かな森に包まれたキャンプ場。コインシャワーやWi-Fiの使える無料休憩舎もある。

▼期間＝6月1日～10月31日
▼使用料＝有料

オンネトー野営場のトイレと駐車場

登山口は駐車場入り口付近。登山ポストもある

序盤の丸太の階段を登る

■体力（標高差）	40点
■登山時間加算	D
■高山度（標高）	B
■険しさ	C
■迷いやすさ	C
総合点50点［初級］	

上：露わになった木の根をいたわりながら登ろう
右：雌阿寒温泉コースに比べて、高い標高まで樹林帯が続く

林床に咲くゴゼンタチバナ

▼管理・問い合わせ先＝現地（UPIオンネトー、期間内）☎0156-28-0115、足寄町役場経済課（期間外）☎0156-28-3863

■コースタイム（日帰り装備）

登山口 ―1:30↓ 1:00↑― 六合目 ―1:10↓ 0:40↑― 雌阿寒岳

標高差　約855メートル
登り　2時間40分
下り　1時間40分

■ガイド（撮影　7月13日）

登山口を後に車道跡の道をたどり、ほどなく丸太の階段の登りに取り付く。が、すぐにまた平坦な針葉樹林の道となる。コースは雌阿寒岳と阿寒富士のコルから派生する涸れ沢に沿っており、全般に緩急の変化に富んでいる。

一方で林床をコケに覆われた針

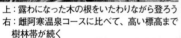

六合目付近。地を這うようなハイマツが環境の過酷さをうかがわせる

樹林帯を抜けると背後にオンネトーが姿を見せる

葉樹林の道はしっとりと落ち着いた雰囲気ではあるものの、景色としてはやや単調だ。四合目付近から大きなハイマツが現れはじめ、次第にその丈が低くなって展望が利いてくる。

六合目付近で森林限界となり、登るほどに植物の生えない裸地が多くなって、メアカンキンバイやメアカンフスマ、イワブクロなどの高山植物が目立ってくる。

七合目で阿寒富士への道を右に分け、雌阿寒岳の火口壁に向かって斜めに登ってゆく。右手には阿寒富士が大きく、また背後に見えていたオンネトーが斜面の陰に隠れてゆく。顕著な沢地形を越えると再び阿寒富士への分岐となる八合目。さらにもうひと頑張りで青沼を見下ろす火口壁上に出る。いきなり荒々しい火口の光景が目に飛び込んでくるが、風向きによっては刺激臭のある噴気で息苦しくなることもある。

あとはその縁に沿って山頂に向かうのみ。右から阿寒湖畔コースが合流すると、山頂はすぐ先だ。

火口壁上に出て青沼と噴気孔を見下ろす

上：最後は火口壁上を山頂へ。視界不良時は道迷いや滑落に注意
左：雌阿寒岳山頂。山頂標識はこの後新しくなった

二つの登山口を結ぶ散策路

オンネトーと雌阿寒温泉の間には車道をショートカットするような散策路があり、周回登山ができる。オンネトー側からは標高差120《メートル》ほどの登りとなるが、傾斜は緩く、針葉樹林下に淡々とした小径が続く。湖畔ではハクサンシャクナゲがきれいだ。

オンネトー ―1:00↓ 0:50↑― 雌阿寒温泉

オンネトー湖畔付近の木道

阿寒湖畔コース

広大な火口原を間近に眺めながら

国道からフレベツ白水林道へ

■交通

起点となる阿寒湖温泉までは、94ページ「雌阿寒（野中）温泉コース」と同じ。だが、そこから登山口まで利用できる公共交通機関はない。林道が悪路のため、タクシーも入らない。

行程は長くなるが、白湯山《はくとう》経由（109ページ、112ページ参照）で登ることができる。

■マイカー情報

国道240号を阿寒湖温泉から足寄方面に走り、温泉街はずれで「雌阿寒登山口」の標識に従ってフレベツ白水林道に入る。未舗装路を約5・1キロ走ったY字路の分岐が登山口。その手前左側に10台分ほどの駐車スペースがある。トイレなし。路面は部分的にやや荒れ気味だが普通車で通行可能。

登山口手前に10台分ほどの駐車スペース

■体力（標高差）	40点
■登山時間加算	D
■高山度（標高）	B
■険しさ	D
■迷いやすさ	C
総合点50点［初級］	

■阿寒湖畔キャンプ場

阿寒湖温泉に隣接し、買い物や入浴にも便利。足湯あり。

▼期間＝5月中旬～10月中旬

▼使用料＝有料

▼管理・問い合わせ先＝現地（期間内）☎0154‐67‐3263、自然公園財団阿寒湖支部（期間外）☎0154‐67‐2785

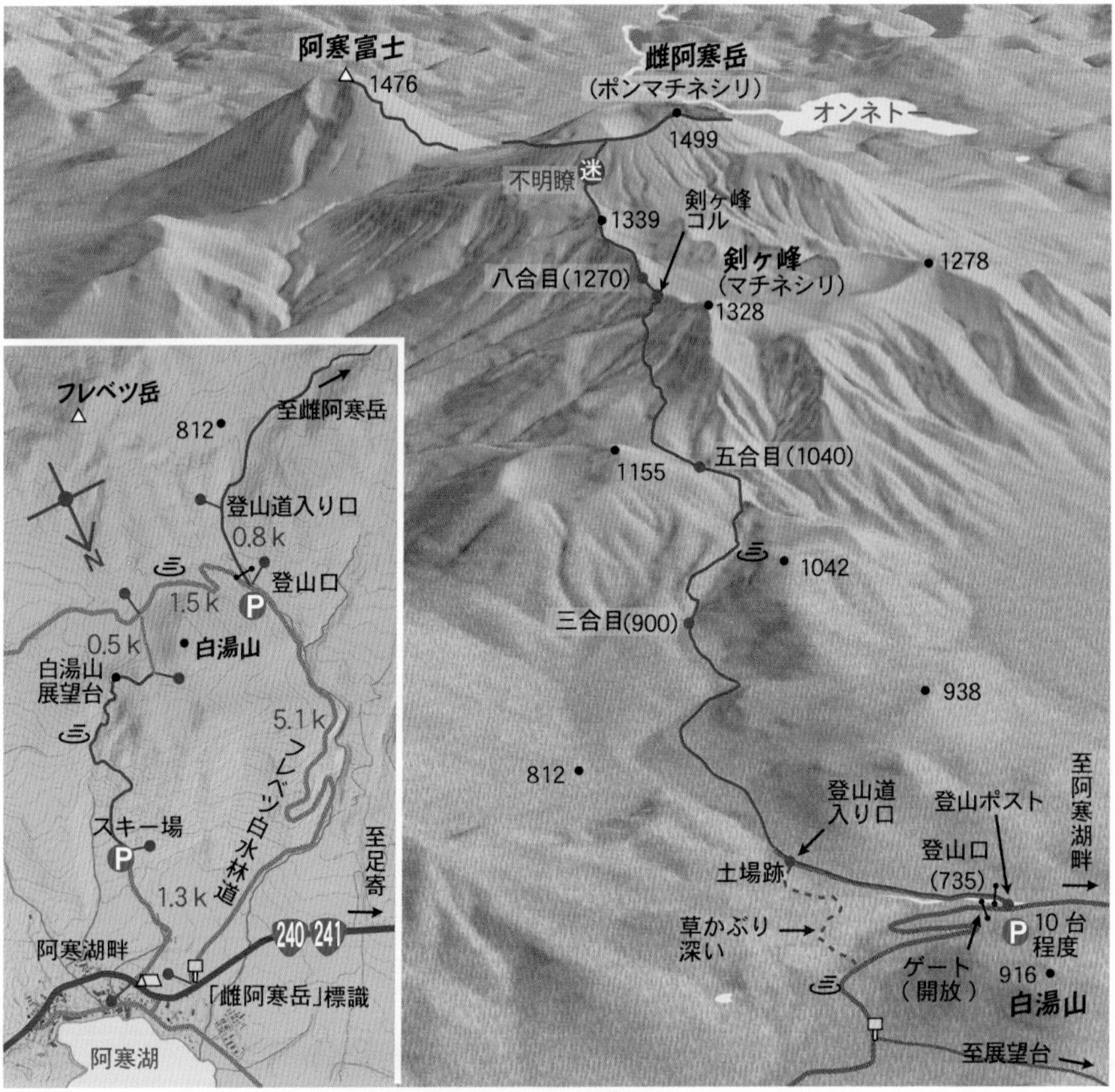

登山口。雌阿寒岳は右へ。左は白湯山方面へ

■コースタイム（日帰り装備）

登山口 —1:15↓ 0:55↑— 五合目 —0:45↓ 0:35↑— 剣ヶ峰コル —0:40↓ 0:30↑— 雌阿寒岳

標高差　約765メートル

登り　2時間40分

下り　2時間

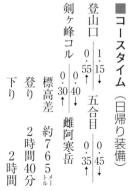

林道から登山道へ。地図の「登山道入り口」地点

上：はじめはアカエゾマツ主体の針葉樹林をゆく
右：四合目から見る1042ｍピークと噴気孔

■ガイド（撮影　7月11日）

登山口は駐車場すぐ先の林道分岐のゲートで、登山ポストもここにある。右の林道に入り、約800《メートル》先から登山道が始まる。なおやや紛らわしいが、この先の各合目標識に記された距離表示はこの登山道入り口を「登山口」とした数字となっている。

一帯はアカエゾマツなどの針葉樹林で、伐採の影響もあるのか比較的明るい林が目立つ。道は明瞭でよく整備され、しばらくは起伏も緩やかで歩きやすい。

三合目あたりから針葉樹に混じってナナカマドやハイマツが見られるようになる。谷地形から左手の急斜面に取り付き、これを斜上するように登ってゆく。ハクサンシャクナゲやハイマツが繁る中、時折視界が開けて対岸の

剣ヶ峰を正面に見ながら五合目へ。このあたりからの剣ヶ峰はいかにも“剣”らしい

1042メートルピークやその山腹に白くザレた噴気孔が見える。

五合目の手前で地肌がむき出しになった場所に出て、正面に鋭く天を突く剣ヶ峰を仰ぎ見る。このあたりはハイマツやかん木のトンネルが連続するが、視界が開けるたびに違った景色が展開して楽しませてくれる。なかでも六合目付近から振り返る阿寒湖と雄阿寒岳は、一切の人工物が見えず感動を覚えるほどだ。

ハイマツ帯を抜けると道は剣ヶ峰の砂れきの斜面をたどるようになり、徐々に阿寒富士が頭を見せ始める。ヒメイワタデ、メアカンキンバイ、イワブクロ、メアカンフスマ、コマクサ…、高山植物が出てくるのもこのあたりから。

やがて正面に馬の背のような雌阿寒岳が見えてきて、剣ヶ峰コル

六合目を過ぎると阿寒湖と雄阿寒岳が見えてくる

剣ヶ峰コルから雌阿寒岳へ。外輪山上を歩く人が蟻のようだ

に着く。ここからは中マチネシリ火口の外輪山上をたどる。高度が上がるほどに右にその火口が大きく広がり、左には根釧台地や釧路湿原が見渡せる。

　展望の尾根はいつしか斜面に吸収され、急な火山灰の登りとなる。足元は滑りやすく、また視界不良時は道を見失いやすい。特に下山時は要注意である。最後は右上方に斜上し、オンネトー方面からの道と合流して山頂に導かれる。

白湯山経由で

　このコースは112ページに紹介する白湯山経由で登ると、歩き応えのあるロングコースとなり、マイカー以外でも利用しやすくなる。

　白湯山展望台から遊歩道をさらに5分ほど歩くと林道終点に出る。この林道を0・5キロ下り、突

九合目付近から来し方を振り返る。火山の殺風景さと背後の緑の対比が印象的

体力（標高差）	45点
登山時間加算	C
高山度（標高）	B
険しさ	D
迷いやすさ	C
総合点60点［中級］	

き当たりのフレベツ白水林道を右折。さらに1・5キロ下ると阿寒湖畔コース登山口に着く。（105ページの地図参照）。要所に標識あり。

■コースタイム

スキー場駐車場 1：10↓ 0：50↑ 白湯山展望台 0：40↓ 0：45↑ 阿寒湖畔コース登山口 2：40↓ 2：00↑ 雌阿寒岳

累積標高差　約1175メートル
登り　4時間30分
下り　3時間35分

1476m

阿寒富士《あかんふじ》

雌阿寒岳オンネトーコース

火山灰の急斜面から雌阿寒岳を正面に

■イラスト地図、交通、マイカー情報、キャンプ場情報、ならびに七合目までのガイドは、100ページの「雌阿寒岳オンネトーコース」と同じ。

■**コースタイム**（日帰り装備）

＊オンネトーから

登山口 —（2:00↓ 1:20↑）— 1256メートルコル —（0:30↓ 0:20↑）— 阿寒富士

オンネトーから。左は雌阿寒岳

雌阿寒岳を母体としてその上にそびえる山。雌阿寒岳に含めてもよさそうな気もするが、コニーデ型の立派な山容は、独立した名前を持つにふさわしい。

山名の由来は姿を見れば納得のいくところで、どの角度から見ても隙のない端正さを誇る。なかでも雌阿寒岳から青沼と火口の噴煙を前景にした景色は美しく、写真でもよく見かけることだろう。

オンネトーコースから分岐して登路があり、雌阿寒岳とセットで登られることが多い。

■体力（標高差）	40点
■登山時間加算	D
■高山度（標高）	B
■険しさ	C
■迷いやすさ	C
総合点50点［初級］	

標高差　約830メートル

登り　2時間30分

下り　1時間40分

■**ガイド**（撮影　7月13日）

オンネトーコース七合目で雌阿寒岳への道を左にわけ、阿寒富士方面の踏み跡に入る。1256メートルコルで八合目からの踏み跡と合流し、阿寒富士の斜面に取り付く。終始ほぼ同じ角度の急傾斜で、おまけに足元は締まりの無い火山灰のため、靴が埋もれ気味でとても歩きにくい。火山灰の侵入を防ぐ

上：七合目から 1256 m コルへ。途中、沢形を横切る
左：ザクザクの歩きにくい道に消耗させられる

阿寒富士中腹から雌阿寒岳を望む。登るほどに火口内部が見えてきて胸が高鳴る

火山灰土に咲くイワブクロ

ためにもスパッツの着用が有効だ。それでも、斜面の半ばまで登ると地面は次第に安定してくる。

　これを登りきり傾斜が緩むと山頂で、雌阿寒岳を頂点とするポンマチネシリ火口の全貌が目に入る。東面は崩壊が進み、上からのぞくと足がすくむほどだ。

　なお、阿寒富士から雌阿寒岳へ向かう場合、あるいはその逆の場合は、八合目－コル間の踏み跡を歩くのが近い。

916m

白湯山《はくとうざん》

阿寒湖畔スキー場コース

音立て湧く泥火山＆雄阿寒の展望台

■**交通**

起点となる阿寒湖温泉までは、94ページの「雌阿寒岳雌阿寒（野中）温泉コース」と同じ。登山口となる阿寒湖畔スキー場までは、阿寒ハイヤー（☎0154－67－2921）が利用できる。または阿寒湖温泉（バスセンター）から徒歩約2・2キロ、約40分。

■**マイカー情報**

国道240号阿寒湖温泉から標識に従って阿寒湖畔スキー場へ。途中のゲートは例年6月頃に開放される。スキー場に広い無料駐車場がある。トイレ、水はなし。

■**阿寒湖畔キャンプ場**

104ページ「雌阿寒岳阿寒湖畔コース」を参照。

■**コースタイム**（日帰り装備）

スキー場駐車場 ─0:30↓ 0:20↑─ 探勝路入口 ─0:40↓ 0:30↑─ 白湯山展望台

累積標高差　約365メートル

■体力（標高差）	35点
■登山時間加算	D
■高山度（標高）	C
■険しさ	D
■迷いやすさ	D
総合点40点［初級］	

阿寒湖温泉から

阿寒湖の南に位置し、山腹はスキー場となっている。一帯は針葉樹に被われているが、その中にボッケと呼ばれる高温の泥火山があり、そこだけ裸地となっている。また上部は地熱地帯でやはり樹木が育たず、展望台が設置されている。

スキー場のゲレンデからこれらのボッケや展望台を巡る探勝路が開かれているが、本当の頂上までは行かない。

山名の由来は、この山の何カ所かで温泉が湧いていることによるものだろう。

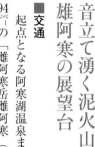

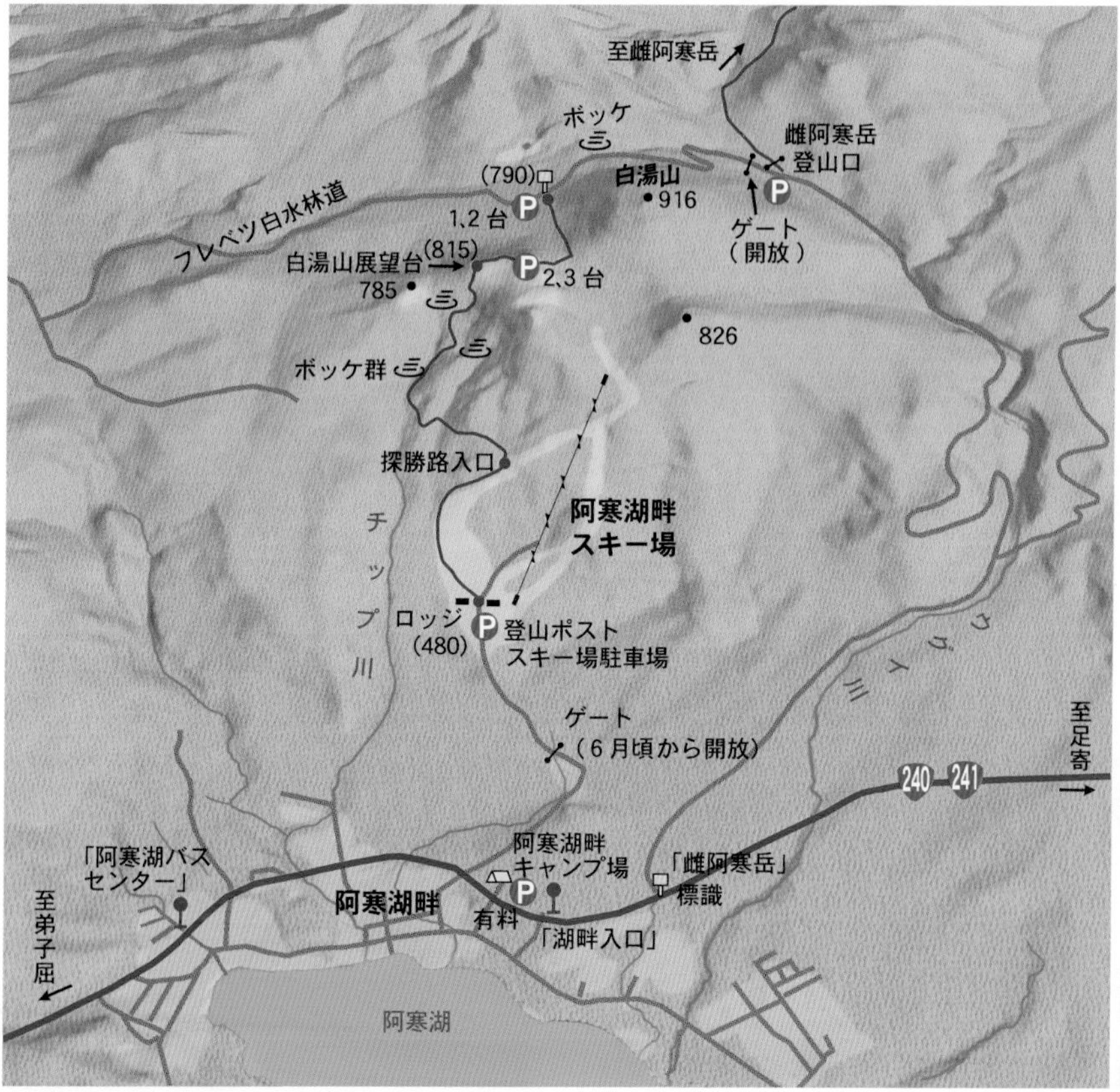

登山ポスト脇からゲレンデへ

登り　1時間10分
下り　50分

■ガイド（撮影　7月11日）

スキー場ベースのロッジ前が出発点で、登山ポストもある。前半は向かって左側のゲレンデ登り。下部の緩斜面は左端にブル道があるが、傾斜が増してくると消滅するので適当に歩きやすい所を登ってゆく。切り開かれたゲレンデだ

案内板を目印に探勝路へ

ゲレンデを少し登るだけで
展望が開けてくる

泥や蒸気を噴出するボッケ。硫黄臭も漂う

けに展望はよく、背後には常に阿寒湖と雄阿寒岳が並んで見える。ゲレンデと樹林の境界に目をやると、初夏にはエゾオオサクラソウ、夏にはハンゴンソウが目立つ。

　ゲレンデが右に大きくカーブし、出発点が見えなくなったあたりで、左に探勝路入口の看板が現れ、これを入る。雰囲気は一変し、小さく登り下りしながら樹林の中の小径を進む。散策路らしく木の階段や柵が設置され、整備もいい。

　やがてドコドコと地面を叩くような低音が聞こえてきて、一瞬ドキッとさせられるが、これはこの山の見どころであるボッケが発する音。ほどなく左手にミニ地獄谷といった感じの噴気孔が現れる。

　ボッケは高温の水蒸気やガスが噴出する泥火山で、その温度は94

展望台から見る阿寒湖と雄阿寒岳。手前左は地熱地帯

同じく展望台から遠く雌阿寒岳を望む

ウッドデッキの展望台が本コースのゴール

度にもなるという。陥没の危険があるため一帯は立入禁止で、柵の外から眺めるだけだ。周辺には地熱地帯に見られるスミレやヒメハギなど独特の花がある。

その先も左右に2、3カ所のボッケを見ながらいくと、にわかに斜度が増し、コケと草しか生えていない明るい斜面が広がってくる。前方に見えてくるウッドデッキの展望台が本コースのゴールだ。白湯山の山頂はまだ先だが、そこまで至る道はない。

展望台からは雄阿寒岳はもちろん、反対側には遠く針葉樹林の向こうで見慣れない姿の雌阿寒岳が噴煙をたなびかせている。

なお、ここからさらに林道を経由して雌阿寒岳阿寒湖畔コースにつなぐこともできる。詳しくは108ジペーを参照のこと。

1370m

雄阿寒岳《おあかんだけ》

阿寒湖畔コース

静寂の湖畔から辛い急登を喘いで

■交通
JR釧路駅発釧路空港経由の阿寒バス（☎0154-37-2224）で「滝口」下車。阿寒湖温泉からは、阿寒ハイヤー（☎0154-67-2921）が利用できるほか、徒歩で4キロ弱、約1時間。

■マイカー情報
国道240号を阿寒湖温泉から釧路方面に約3・7キロ走ると左側（釧路方面からは国道241号分岐から阿寒湖温泉方面に約1・4キロ走った右側）に登山口の標識があり、その奥に計10台程度の駐車スペースとトイレがある。満車の場合は500メートルほど釧路寄りの国道沿いの駐車場を利用する。

阿寒湖畔から

なだらかな山容の雌阿寒岳（マチネシリ＝女山）に対して、雄阿寒岳は凛々しく聳《そび》える山（ピンネシリ＝男山）である。その対比は国道241号の双岳台からもよくわかる。山頂からは広大な針葉樹林の中にペンケトー、パンケトーが見え、道東らしい森と湖の景観をほしいままにしている。また、複数の古い火口からなる山頂部の複雑な地形も印象的なものだ。
登山道はかつて2本あったが、現在は阿寒湖、太郎湖の縁から登る1コースのみである。

■阿寒湖畔キャンプ場
104ページ「雌阿寒岳阿寒湖畔コース」を参照。

■コースタイム（日帰り装備）
登山口 —1:30↓ 1:00↑— 三合目 —1:00↓ 0:40↑— 五合目 —1:00↓ 0:40↑— 雄阿寒岳
累積標高差　約1020メートル
登り　3時間30分
下り　2時間20分

■ガイド（撮影　7月12日）
駐車場を後に古い水門を渡り、入山ポストを過ぎて阿寒湖畔をゆく。ほどなく現在の阿寒川水源で

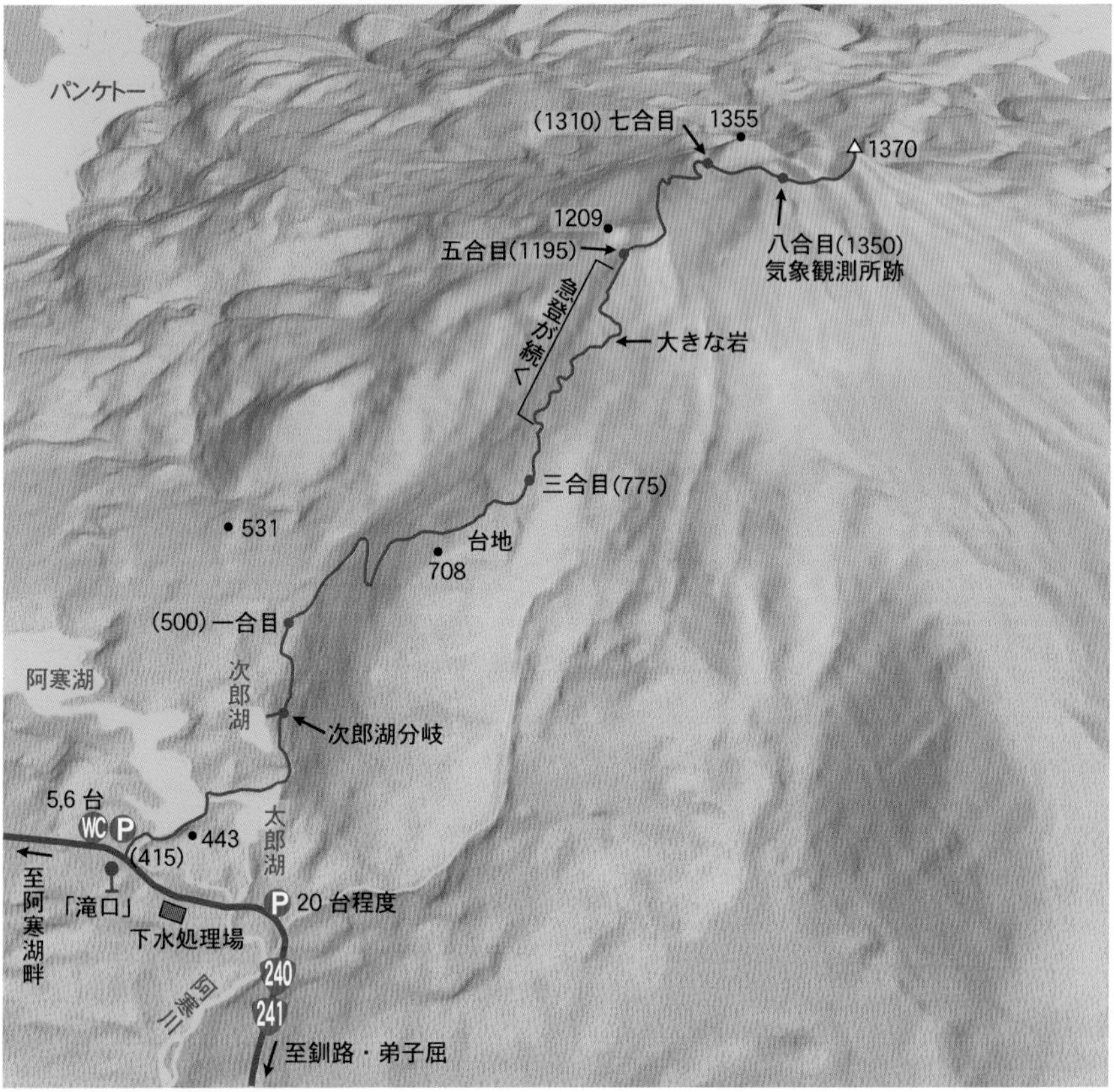

ある新しい水門を渡る。ここで調節された水は太郎湖に流れ下り、登山道もまたその流れに沿うよう

登山者数に対して駐車場は狭い。国道沿いの駐車場も利用を

体力(標高差)	45点
登山時間加算	C
高山度(標高)	B
険しさ	C
迷いやすさ	C
総合点60点［中級］	

阿寒湖の湖水は太郎湖へと流れ込み、さらに阿寒川へと注ぐ

前半は単調な針葉樹林。次の合目表示が待ち遠しい

に太郎湖に向かう。やや紛らわしい踏み跡もあるが、常に流れと湖畔を右に意識しながら進む。

　太郎湖と別れ、針葉樹林の中を緩く登るようになると次郎湖への分岐があり、木立の中にその水面が見え隠れする。ちなみに次郎湖は朝方は日陰となるため、下山時に寄るほうが美しい。

　一合目を過ぎたあたりからやや斜度が増し、大きく折り返しながら急な斜面を登るうちに二合目の標識を通過。その少し先で斜度が緩み、地形図の標高７０８《メートル》標高点付近に休憩に適した小広場が待っている。ここまでもこの先も周囲はトドマツ主体の針葉樹林で、展望はほとんど利かない。

　再び急な登りに差しかかると正念場の入り口、三合目である。ここからは果てしないジグザグ道でひたすら高度を上げていく。特に四合目から五合目にかけては一段と傾斜がきつく、標高差と疲労度の割になかなか合目の表示が現れてくれない。実際、その間隔は均等ではないようで、四合目と五合目間の標高差は全行程の４分の１ほどもある。周囲はいつしかダケ

四ー五合目間にある巨大な岩

上：四ー五合目間の急登
左：五合目に着いた。標識には「8割クリア」の文字が…

カンバ林に変わり、見上げるような大岩が現れるなど変化もあるが、下を向いて黙々と登っていると気付かないかもしれない。

　しかし、終わりのない登りはない。傾斜が緩み、雌阿寒岳や湖畔の温泉街を見渡せる地点まで来ると、ようやく待望の五合目となる。標高1200メートル弱、実質八合目に相当する。

　そこからしばし続く平坦な道の先には、またも壁のような斜面が立ちはだかってくるが、ここは大きく電光を切って登るのでさほど斜度は感じない。ただ、かん木やハイマツ帯であるにもかかわらず、展望はイマイチなのが歯がゆい。

　六合目、七合目と立て続けに通過し、道は山頂部の一角へと差しかかる。左に1355メートルピークを見ながらザレた道を登ってゆく

八合目下で待望の展望が開けてくる。阿寒湖を挟んで雌阿寒岳(左)とフップシ岳(右)

と、すーっと周囲の展望が開けてくる。何やら背後に気配を感じて振り向けば、阿寒湖から雌阿寒岳への大パノラマ。我慢の登山を続けてきたご褒美といったところだ。

これを登り切った八合目では2本の古い門柱に迎えられる。戦中～戦後にかけて職員が常駐していたという気象観測所跡地で、今もコンクリートの基礎部分が残っ

八合目に残る気象観測所の門柱

滑りやすいザレ場の急斜面を山頂へ。下りも注意を

山頂から見るパンケトー(左)とペンケトー。その先には屈斜路湖も

ている。このような裸地となった場所では、イワギキョウがたくさん見られる。

さて、雄阿寒岳山頂部は二つの火口をいくつものピークが囲むような複雑な地形をしている。八合目はその小ピークのひとつで、山頂は目の前に見える別のピークだ。一旦、コルに下り、急なザレ場を登り返せばその頂である。

岩れきに覆われた頂上は、独立峰だけあってすこぶる展望がいい。阿寒湖こそ八合目ピークや1355メートルピークに遮られてほとんど見えないが、反対側のペンケトーとパンケトーの全貌を俯瞰できるのはここだけである。さらにその先には屈斜路湖から斜里岳、知床方面の山々。また空気が澄んでいれば遠く大雪山まで指さすことができるだろう。

732m

辺計礼山《ぺけれやま》

奥春別コース

爽やかな風に吹かれ開放感ある稜線へ

■交通

利用できる公共交通機関はない。JR摩周駅および弟子屈市街から登山口まで、摩周ハイヤー（☎015-482-3939）が利用できる。

■マイカー情報

国道241号阿寒横断道路の奥春別付近、異常気象時ゲートすぐ横から、「辺計礼山登山口」の標識に従って林道に入る。飛ばしていると見落としやすいので注意を。約450メートル先の丁字路を右折し鹿よけゲートを通過。さらに山裾を巻くように約1・4キロで10台分程度の駐車場と登山口がある。

■RECAMP摩周

78ページ「カムイヌプリ第一展望台コース」を参照。

■コースタイム（日帰り装備）

登山口 0:30↓ 0:20↑ 作業道終点 1:10↓ 0:40↑ 辺計礼山

■体力（標高差）	35点
■登山時間加算	D
■高山度（標高）	C
■険しさ	D
■迷いやすさ	D
総合点40点［初級］	

弟子屈町奥春別から

阿寒湖と弟子屈を結ぶ阿寒横断道路沿い、弟子屈に近い奥春別《おくしゅんべつ》の北方にどっしりとした山容を見せる山。山腹は人工林に覆われ、その作業道を利用した登山道が開かれている。ササ刈りなどの整備状況もよい。

山名については、アイヌ語の「ペケレ＝明るい」もしくは「木のない」によると思われる。実際、山頂部はササ原が広がり、屈斜路湖周辺の山々からカムイヌプリ方面まで、標高からは想像できない素晴らしい展望が得られる。

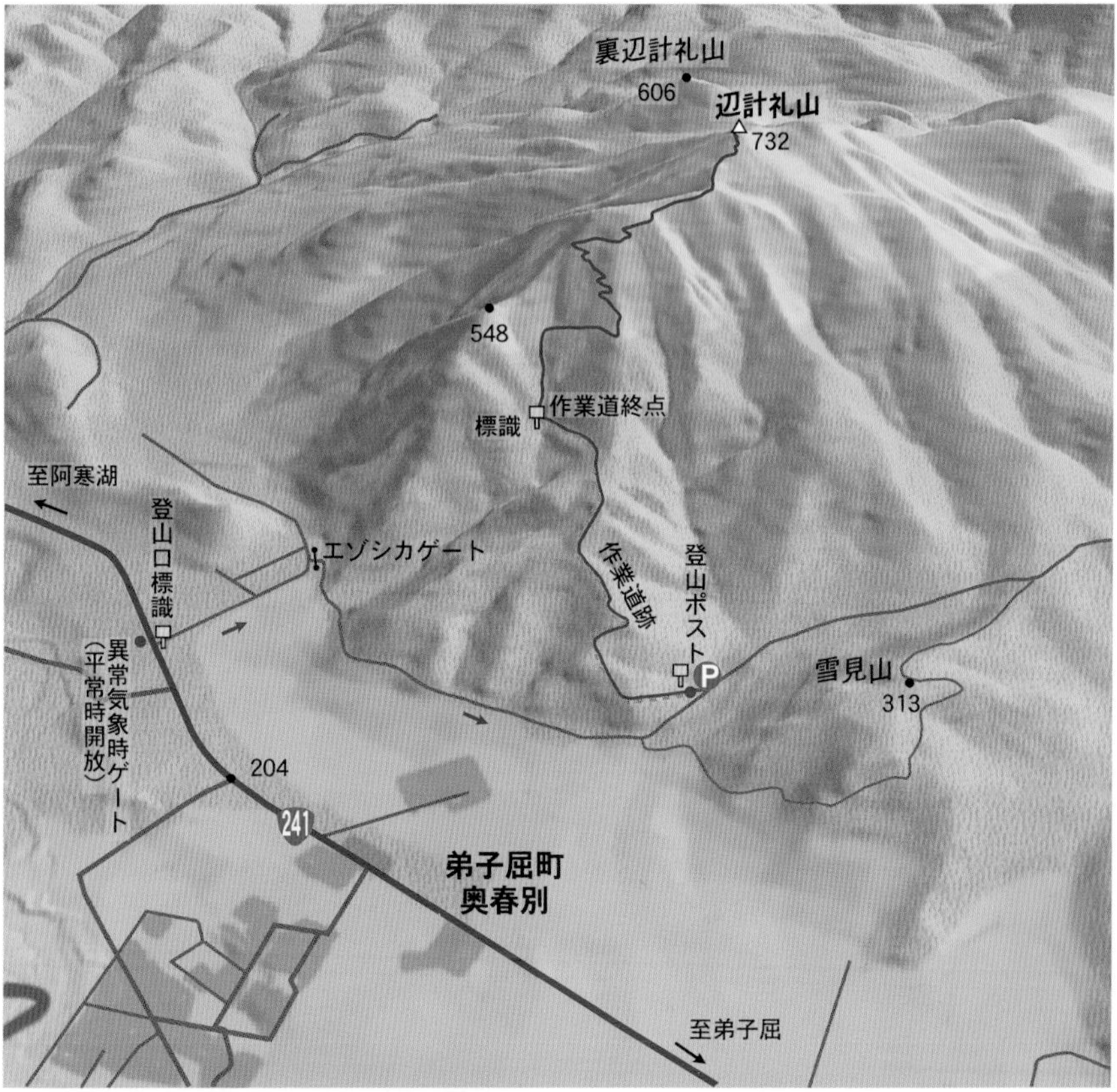

駐車場と登山口。コースは右上に入る

標高差　約485メートル
登り　1時間40分
下り　1時間

■ガイド（撮影　6月14日）

登山口を後にまずは作業道をたんたんと登ってゆく。周囲は大きく育ったトドマツの植林帯で見晴らしは利かない。

道が平坦になり、尾根を外れて山腹をトラバースするようになる

標高 550 m 付近。ミズナラが多い

序盤は広い造林作業道を歩く

山頂は目前。明るいダケカンバ林の尾根をゆく

と、作業道終点となり沢地形に突き当たる。ほぼ直角に右に折れ、その急な沢地形の中を直登。ここはカラマツ林で、足元にはエゾノタチツボスミレが多い。

標高差１００㍍ほどを登ったところで右にトラバースし、その先で折り返して尾根上に出る。ミズナラに若いダケカンバが交じる道はほどなく左手の急斜面へ移り、ジグザグを切りながら高度を上げてゆく。山頂から南に伸びる尾根上で大きく切り返すとき、阿寒の山が見える。

尾根の右側をたどっていた道は次第に稜線に近づき、疎らなダケカンバ林にササ原が広がって一気に開放的になってくる。前方に見えてくるピーク感あるコブに着くと、その先に本当のピークが現れるが、高度差はもうわずかだ。最

山頂から北東方面の展望。道東らしい大らかさだ

同じく山頂から雄阿寒岳（右）と雌阿寒岳を望む

後はササ原に小気味よいジグザグを切って登頂となる。

　ササが刈り払われた広い山頂は、屈斜路湖からカムイヌプリ、根釧原野、阿寒の山と、ほぼ270度に渡って道東らしいパノラマが広がっている。昼寝でもしたくなる環境だが、初夏～夏はダニも多いので注意したい。

明るく開けた山頂

北見・陸別周辺

中山
905
211
小利別《しょうとしべつ》
（５万）
小利別
常元《つねもと》
（５万）
本岐《ほんき》
（５万）
置戸町
川上
陸別町
上陸別《かみりくべつ》
（2.5万）
至美幌
東三国山《ひがしみくにやま》
（2.5万）
勲祢別川上流《くんねべつがわじょうりゅう》
（2.5万）
釧路川上《くしろがわかみ》
（2.5万）
242
東三国山
陸別町
1230
51
足寄町
北稜岳
北斗満
502
喜登牛山《きとうしやま》
（2.5万）
1256
陸別東部《りくべつとうぶ》
（2.5万）
陸別
西斗満
西斗満《にしとまむ》
（2.5万）
1312
陸別《りくべつ》
（2.5万）
足寄町
喜登牛山
772
恩根内
カネラン峠
143
芽登温泉《めとうおんせん》
（５万）
陸別《りくべつ》
（５万）
上足寄《かみあしょろ》
（５万）
大誉地
薫別
喜登牛《きとうし》
（2.5万）
上利別《かみとしべつ》
（2.5万）
大誉地《およち》
（2.5万）
上足寄《かみあしょろ》
（2.5万）
至阿寒湖
468
468
上足寄
南喜登牛
上利別
621
241
663
螺湾
664
至士幌
芽登《めとう》
（2.5万）
愛冠
愛冠《あいかっぷ》
（2.5万）
足寄町
中足寄
上螺湾《かみらわん》
（2.5万）
芽登
螺湾《らわん》
（2.5万）
242
241
274
上士幌《かみしほろ》
（５万）
足寄《あしょろ》
（５万）
ウコタキヌプリ
（5万）
足寄
活込
足寄
ウコタキヌプリ
活込《かっこみ》
（2.5万）
足寄《あしょろ》
（2.5万）
奥仙美里《おくせんびり》
（2.5万）
747
ウコタキヌプリ
（2.5万）
本別町
242
274
押帯
押帯《おしょっぷ》
（2.5万）
本別《ほんべつ》
（2.5万）
658
392
274
本別
本別
栄穂《えいほ》
（2.5万）
道東自動車道
本別《ほんべつ》
（5万）
高島《たかしま》
（５万）
左
右

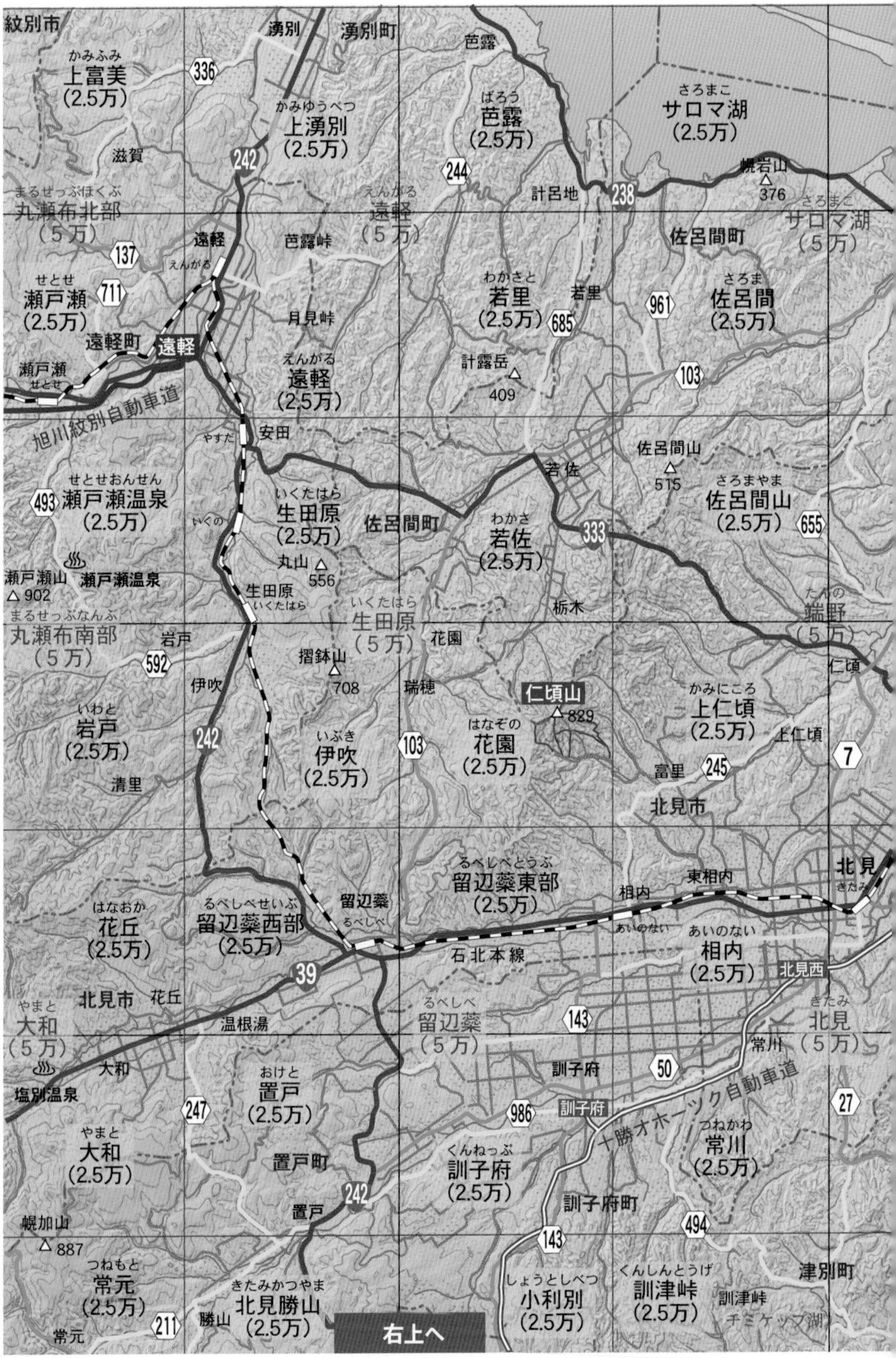
紋別市
上富美《かみふみ》
(2.5万)
336
湧別
湧別町
上湧別《かみゆうべつ》
(2.5万)
芭露
芭露《ばろう》
(2.5万)
サロマ湖《さろまこ》
(2.5万)
滋賀
242
244
幌岩山
376
計呂地
238
丸瀬布北部《まるせっぷほくぶ》
(5万)
遠軽《えんがる》
(5万)
サロマ湖《さろまこ》
(5万)
遠軽
えんがる
137
芭露峠
佐呂間町
瀬戸瀬《せとせ》
(2.5万)
711
月見峠
若里《わかさと》
(2.5万)
685
若里
961
佐呂間《さろま》
(2.5万)
遠軽町
遠軽
瀬戸瀬
せとせ
遠軽《えんがる》
(2.5万)
計露岳
409
103
旭川紋別自動車道
やすだ
安田
佐呂間山
515
若佐
瀬戸瀬温泉《せとせおんせん》
(2.5万)
493
生田原《いくたはら》
(2.5万)
いくの
佐呂間町
若佐《わかさ》
(2.5万)
333
佐呂間山《さろまやま》
(2.5万)
655
丸山
556
瀬戸瀬山
902
瀬戸瀬温泉
生田原
いくたはら
栃木
端野《たんの》
(5万)
丸瀬布南部《まるせっぷなんぶ》
(5万)
岩戸
592
生田原《いくたはら》
(5万)
花園
摺鉢山
708
仁頃
伊吹
瑞穂
仁頃山
829
上仁頃《かみにころ》
(2.5万)
岩戸《いわと》
(2.5万)
242
伊吹《いぶき》
(2.5万)
103
花園《はなぞの》
(2.5万)
上仁頃
7
清里
富里
245
北見市
留辺蘂東部《るべしべとうぶ》
(2.5万)
相内
東相内
北見
きたみ
花丘《はなおか》
(2.5万)
留辺蘂西部《るべしべせいぶ》
(2.5万)
留辺蘂
るべしべ
あいのない
相内《あいのない》
(2.5万)
石北本線
39
北見西
北見市
花丘
大和《やまと》
(5万)
温根湯
留辺蘂《るべしべ》
(5万)
143
北見《きたみ》
(5万)
常川
大和
塩別温泉
置戸《おけと》
(2.5万)
訓子府
50
十勝オホーツク自動車道
247
986
訓子府
27
大和《やまと》
(2.5万)
置戸町
訓子府《くんねっぷ》
(2.5万)
常川《つねかわ》
(2.5万)
242
訓子府町
置戸
幌加山
887
143
494
常元《つねもと》
(2.5万)
北見勝山《きたみかつやま》
(2.5万)
小利別《しょうとしべつ》
(2.5万)
訓津峠《くんしんとうげ》
(2.5万)
訓津峠
津別町
チミケップ湖
常元
211
勝山
右上へ

829m

仁頃山《にころやま》

東新道～管理車道

歩きやすく静かな人気の尾根コース

■交通

利用できる公共交通機関はない。JR北見駅および北見市街から登山口まで、タクシー（北見北交ハイヤー☎0157-23-3141、金星北見ハイヤー☎0157-23-2339ほか）が利用できる。

■マイカー情報

国道39号北見市相内《あいのない》から道道245号に入り、約7・5キロ先で「富里ダム」の標識に従って左折。富里ダムに架かる富里大橋を渡り富里湖森林公園キャンプ場に至る。トイレ、水道の利用可。

各登山口はここを起点にさらに奥に進む。本コースの東登山口は350メートル先右側。道路向かいに5、6台分の駐車場がある。

■富里湖森林公園キャンプ場

富里ダムによってできた富里湖畔にある。バンガローもある。

▼期間＝5月上旬～10月下旬

▼使用料＝有料

▼管理・問い合わせ先＝現地管理棟☎0157-33-2520

■コースタイム（日帰り装備）

東登山口 —0:25↓ 0:20↑— 東尾根分岐 —0:50↓ 0:40↑— 横断道分岐 —1:00↓ 0:40↑— 仁頃山

佐呂間町栃木、国道333号から

北見駅の北西約16kmに位置する山だが、周辺の丘陵や低山に遮られて市街地からは意外と見えにくい。しかし、一等三角点の山だけあって、遠方の展望は素晴らしく、知床や阿寒の山、大雪山を望む。山麓は富里湖森林公園として整備され、また地元の仁頃山愛好会により登山道整備が行われるなど市民に愛されている山である。

山名は仁頃川水源にあることによるのだろう。アイヌ語で「ニコロ、ニクル＝樹のある」あるいは「林」の意味だという。

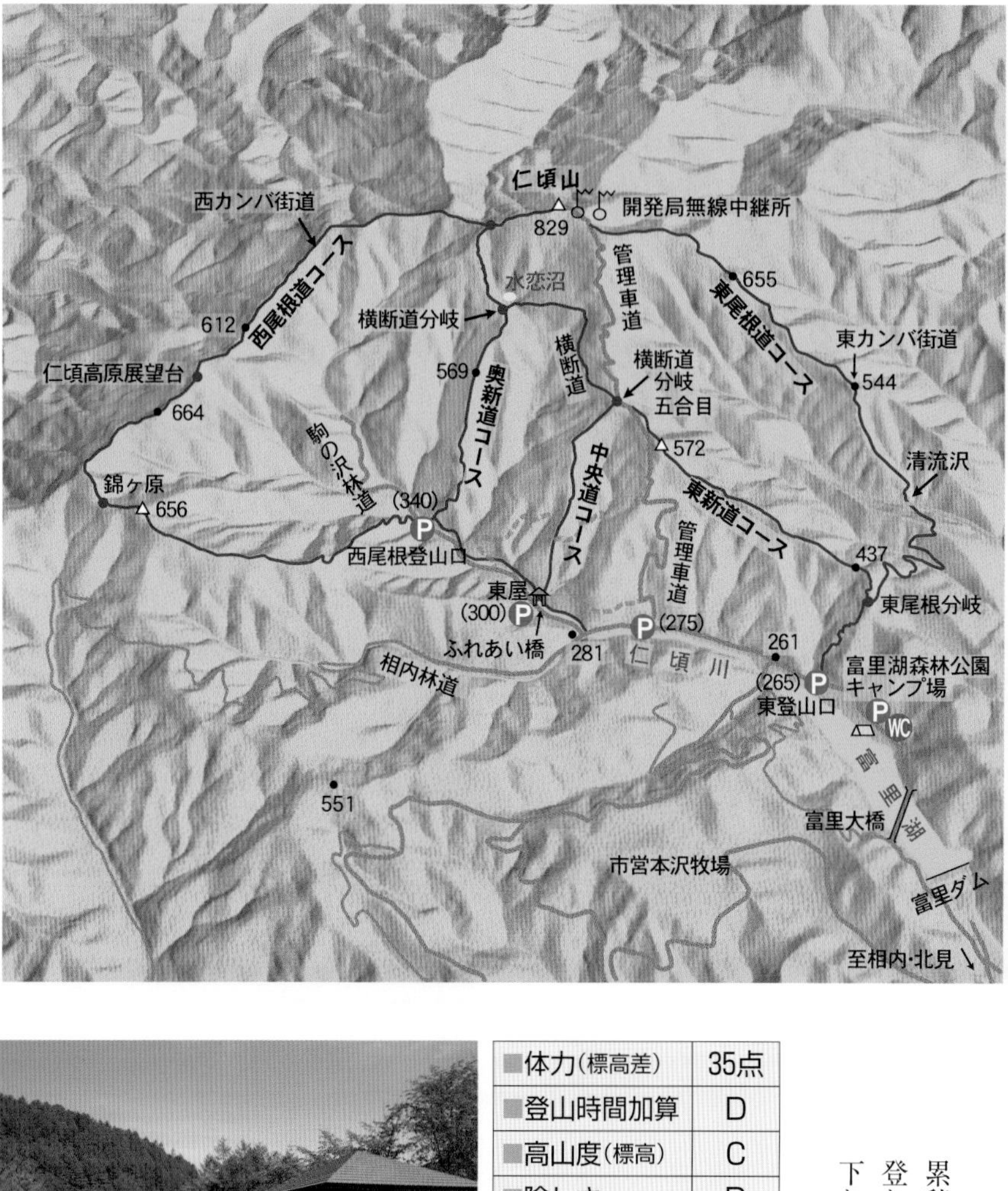

登山口手前の富里湖森林公園キャンプ場

体力(標高差)	35点
登山時間加算	D
高山度(標高)	C
険しさ	D
迷いやすさ	D
総合点40点［初級］	

累積標高差　約595メートル
登り　2時間15分
下り　1時間40分

小広場になった東尾根分岐。東新道は左へ

駐車場から道を渡って東登山口へ

東新道と管理車道の合流点

572ｍ標高点下のジグザグ道を登る

■**ガイド**（撮影　9月28日）

地図で分かる通り仁頃山はコースが多く、自由に組み合わせて歩くことができる。本コースは前半は尾根道の東新道を歩き、後半は管理車道から山頂に至るもので、多くの人に利用されている。

東登山口を入ってすぐに林道跡を右に見送り、雑木林の中を折り返しながら登ってゆく。尾根の西側ということもあって朝はやや暗いが、道はよく踏まれとても歩きやすい。

うっすら汗ばむころ、ベンチの置かれた東尾根分岐に着き、ここを左に入る。東西に伸びる尾根は緩急、時にアップダウンを繰り返しつつ高度を上げてゆく。全体として広葉樹の二次林を歩くので大木は少なく、道端にはエゾタツナミソウが多く見られる。

鐘が設置された仁頃山山頂

随所に見どころやベンチがある管理車道

山頂からの展望。霞み気味だが雌阿寒岳（右端）から斜里岳（左端）まで見える（6 月中旬）

急斜面のジグザグ道を登って572メートル標高点に出、平坦な尾根を進んで電柱が現れると管理車道に合流する。さらに車道をひと曲がりで、中央道ならびに横断道の分岐となる五合目（それぞれのコースは次ページを参照のこと）。

ここからは管理車道を登ってゆく。車道と聞くと味気ない気がするかもしれないが、勾配はほどよく、道幅が広い分多少は展望も利く。合目表示や見どころ標識、ベンチなどもあり遊歩道のようだ。

九合目の先で右から東尾根道が合流し、無線中継所の横を通りすぎれば山頂である。

山頂はアンテナ群こそ目に入るものの、視界を遮る大きな木がなく展望は素晴らしい。付近には他に手軽に登れる山はなく、新鮮な展望が楽しめるだろう。

林道跡を横断。法面は木のはしごで登る

ふれあい橋登山口と駐車場

中央道、横断道、管理車道の分岐

中央道～横断道～奥新道

樹林帯の急登とトラバース道を結ぶ

■**イラスト地図、交通、マイカー、キャンプ場**の情報は128ページ「東新道～管理車道」を参照。マイカーはキャンプ場からさらに約1・8キロ奥に進み、登山口となるふれあい橋のたもとに、5、6台分の駐車場がある。

■**コースタイム**（日帰り装備）

ふれあい橋 0:55↓ 0:35↑ 中央道・横断道分岐 0:40↓ 0:35↑ 奥新道・横断道分岐 0:40↓ 0:25↑ 仁頃山

累積標高差　約565メートル
登り　2時間15分
下り　1時間35分

■体力（標高差）	35点
■登山時間加算	D
■高山度（標高）	C
■険しさ	D
■迷いやすさ	D
総合点40点［初級］	

■**ガイド**（撮影　9月28日）

中央道は尾根をほぼ直登するコースで、斜度がある分高度を稼

何かありそうでなさそな水恋沼

横断道利用でコースアレンジが広がる

ぐペースも早い。駐車場からふれあい橋を渡り東屋を通り過ぎて登りにかかる。途中、林道跡を横切り、あとはひたすら樹林帯を登れば五合目の横断道分岐に出る。

ここから作業道路を登れば（前ページ参照）最短コースとなるが、本項では横断道経由で紹介する。横断道は中央道や管理車道と奥新道を結ぶトラバース道で、前半は広葉樹林下を少しずつ高度を上げてゆく。進路が真西に変わり大木2本が目に入って周囲の雰囲気が少し変わると小さな水恋沼。そのすぐ先で奥新道に合流する。

合流後の奥新道は、はじめは緩い傾斜だが、次第に急になってくる。西尾根道分岐から北東に進路を変え、前方に無線中継所のアンテナが見えてくると山頂だ。

なお、奥新道のみを登る場合は、中央道登山口の東屋から登山口まで仁頃川左岸に歩道があるほか、ふれあい橋から約750メートル奥の「奥新道最短登山口」まで車で入ることもできる。10台程度駐車可。コースは緩急やヤセ尾根などもあり、中央道より変化に富む。最短登山口から奥新道・横断道分岐まで、登り1時間、下り40分ほど。

奥新道最短登山口と駐車場。林道すぐ先には西尾根道登山口がある

清流沢を渡る。沢自体は小さなものだ

東尾根分岐への道を登る。視界は利かない

上：655 m 標高点にて。随所に置かれたベンチが嬉しい
右：新緑が美しい「東カンバ街道」。前方に山頂のアンテナ群がチラチラ見える

東尾根道コース

2本の尾根を越える仁頃山最長コース

■**イラスト地図、交通、マイカー、キャンプ場**の情報は128ページ「東新道～管理車道」と同じ。

■**コースタイム**（日帰り装備）

東登山口 ─0:25↓ 0:20↑─ 東尾根分岐 ─0:50↓ 1:00↑─ 清流沢 ─1:50↓ 1:20↑─ 仁頃山

累積標高差　約770メートル

登り　3時間5分

下り　2時間40分

■**ガイド**（撮影　6月12日）

仁頃山最長の登山道であり変化に富む。東登山口から東尾根分岐までは130ページを参照のこと。

分岐を東尾根方面に入り、作業道跡の広い道を大きく折り返しながら沢に下る。下流方向に約

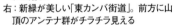

コース終盤はロングコースのご褒美ともいえる素晴らしい展望が待っている

山頂直下のアンテナ群を通過。アンテナがあるということは見通しのいいことの証でもある

■体力（標高差）	40点
■登山時間加算	C
■高山度（標高）	C
■険しさ	D
■迷いやすさ	C
総合点50点［初級］	

２００メートル進んでこれを渡り、再び上流に向かって斜上し二つ目の尾根を乗り越える。下った先のひと回り大きな沢は清流沢という。

沢を渡り、急な登りで支尾根に取り付く。登り切った所は５４４メートル標高点で、ようやく東尾根上に立ったことになる。「東カンバ街道」の標識の通り、しばし傾斜のない明るいダケカンバ林が続く。

やがて緩急ある道となり、樹々の密度が下がってササ原が広がり始めると、ベンチの置かれた６５５メートル標高点である。ここからは登るほどに展望が開け、眼下には出発地の富里ダムや越えてきた二つの尾根、その先に北見市街から雄阿寒岳、斜里岳と見渡せる。

斜度が緩んで「オホーツク展望台」を通過し、管理車道に出ると山頂はもう着いたも同然だ。

序盤は作業道とは思えないような急登

林道から左に入る西尾根登山口

西尾根道コース

仁頃川源流をぐるり
充実の歩き応え

■**イラスト地図、交通、マイカー、キャンプ場**の情報は128ページ「東新道～管理車道」を参照。マイカーはキャンプ場からさらに約2・5キロ奥に進み、奥新道最短登山口の駐車場を使える。

■**コースタイム**（日帰り装備）

西尾根登山口 ─1:40↓ 1:10↑─ 仁頃高原

展望台 ─1:40↓ 1:10↑─ 仁頃山

累積標高差　約690メートル

登り　3時間20分

下り　2時間20分

■**ガイド**（撮影　6月12日）

奥新道最短登山口から林道を50

稜線上に出ると爽やかな尾根歩きが始まる

北見方面の見晴らしがいい仁頃高原展望台

時おり頂上が見えるが、なかなか遠い

小さなアップダウンを繰り返しながら「西カンバ街道」付近をゆく

■体力（標高差）	40点
■登山時間加算	C
■高山度（標高）	C
■険しさ	D
■迷いやすさ	C
総合点50点［初級］	

メートルほど進んだ先が西尾根登山口。造林道跡の道はかなり急なジグザグ道で、一気に２００メートル以上高度を上げる。木々の間に時折山頂が見えるが、逆の方角に登るため歩くほど遠くなるのが微妙な気分。

だがいったん稜線上に出てしまえば、後は大きなアップダウンはない。気持ちのいい林間の道をゆき、林道を横切って６５６メートル標高点、さらに錦ヶ原を通過。そこから進路を北に変え、時折開ける展望を楽しみながら進めば、ベンチのある仁頃高原展望台となる。

その先でひと下りした後、再び緩急ある尾根道となり、ミヤマオダマキやカラマツソウなども咲く明るい「西カンバ街道」を通過。

進路が東に変わり、奥新道コースと合流すれば、長かった尾根歩きのゴールは近い。

747m

ウコタキヌプリ

本別川コース

三角点で満足するか最高点まで行くか

■**交通**

利用できる公共交通機関はない。林道が悪路のため、タクシーも入らない。

■**マイカー情報**

本別町側からは本別川沿いに道道658号に入る。途中の鹿よけゲートから未舗装の林道となり、約11キロで雨後《うこ》滝山《たきやま》林道入り口ゲート（開放）に着く。登山口はさらに0・7キロ奥の林道終点だが、崩壊により通行止め。ゲート付近に他の通行の邪魔にならないよう駐車する。スペースは2、3台分。

足寄町側からは国道241号から稲牛《いなうし》方面の町道に入り、約10キロ走った上稲牛分岐を右折して上稲牛線へ。さらに未舗装の峠越え約6キロで雨後滝山林道ゲートに着く。

なお、ゲートまでの林道も崩れやすく、しばしば通行止めとなる。状況の確認は十勝東部森林管理署☎0156-25-3161まで。

足寄町上稲牛から。右が南峰

十勝平野東部から阿寒にかけて続く低山帯は白糠丘陵と呼ばれ、その主峰となるのがウコタキヌプリである。本別町、白糠町、足寄町にまたがり、一等三角点のある南峰と最高点のある北峰からなる双耳峰だ。紅葉で知られる本別町幽仙峡《ゆうせんきょう》の上流部から登るが、明瞭な登山道があるのは南峰までである。

山名は「互いにくっついている山」という意味のアイヌ語に由来し（足寄町史より）、足寄町側から見たその山容によるものと思われる。

■体力（標高差）	35点
■登山時間加算	D
■高山度（標高）	C
■険しさ	B
■迷いやすさ	B
総合点50点［初級］	

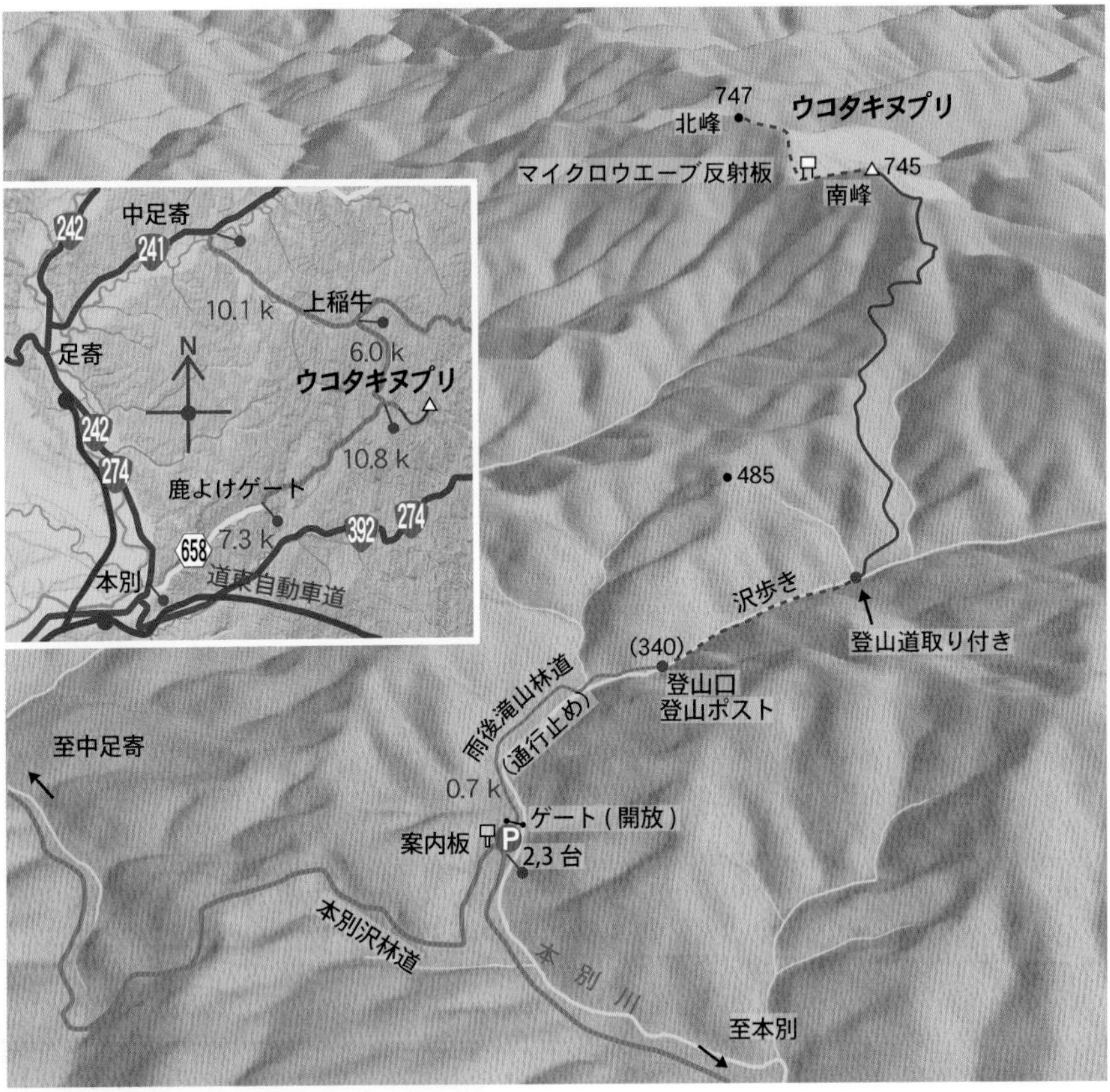

■**本別公園静山キャンプ村**

本別町郊外にある。

▼期間＝6月1日〜10月31日

▼使用料＝無料（バンガローは有料、要予約）

▼管理・問い合わせ先＝義経の館

☎0156・22・4441

■**里見が丘公園キャンプ場**

足寄町郊外にあり、バンガローもある。

林道ゲート付近のスペースに駐車し出発

上：林道終点の登山口から本別川へ入る
左：沢を離れ作業道跡の広い道を登る

序盤は本別川沿いの沢歩き。道は特にないので歩きやすい所を進む

▼期間＝5月1日～10月31日
▼使用料＝有料
▼管理・問い合わせ先＝現地☎0156-25-6325、あしょろ観光協会（期間外）☎0156-25-6131

■**コースタイム**（日帰り装備）

林道ゲート ―0:15↓ 0:15↑― 登山口 ―1:00↓ 0:45↑― 登山道取り付き ―0:20↓ 0:20↑― 南峰 ―0:20↓ 0:20↑― 北峰

累積標高差　約525メートル
登り　1時間55分
下り　1時間40分

■**ガイド**（撮影　10月17日）

林道ゲートから荒れぎみの林道を歩き、終点が登山口。すぐに本別川に入り、函状の暗い谷底を右へ左へと渡りながらゆく。平時の水量は少なく登山靴で大丈夫だが、増水時は登山そのものの中止を。

やがて谷が開けて明るい河原に

一等三角点のある南峰に到着

南峰へ続く稜線を登る。道は明瞭だ

上：北峰からは遮るものなく雌阿寒岳が見える

右：反射板のあるコルから最高点の北峰へ

出たところで、ロープと標識に導かれて右岸（進行方向左側）の広い道に取り付く。結構な斜度でたんたんと登った後、しばし平坦となる。途中、枝道もあるが道なりに進めばよい。再び前方に迫ってきた壁のような急斜面を折り返しながら高度を稼ぎ登り切る。

いったん尾根の南側に回り込んでからその尾根上に出て登ってゆくと、急に前方が開け白糠丘陵の山並みが目に飛び込んでくる。ここは南北に伸びるウコタキヌプリの稜線で、左に折れ明るい尾根を登ればほどなく南峰だ。

最高点の北峰へは北へ進んで反射板の立つコルへ下り、登り返す。膝から腰程度のササ藪こぎだが、うっすらと踏み跡もあり、視界が利けば特に難しくない。北峰からは雌阿寒岳がよく望まれる。

1256m

北稜岳《ほくりょうだけ》

斗満川コース

山小屋を起点に清流に沿って歩く

■交通

起点となる陸別までは、ＪＲ北見駅から北見バス（☎０１５７－23－２１８１）または帯広駅から十勝バス（☎０１５５－23－５１７１）を利用する。陸別から登山口までは、陸別ハイヤー（☎０１５６－27－２５１５、要予約）が利用できる。

■マイカー情報

足寄方面からは国道２４２号を走り、大誉地《およち》から道道７７２号に入って上斗満へ（陸別市街からは道道５０２号経由で）。以降の経路はイラストマップを参照してほしいが、北斗満を経由し約３・３キロ先の「北稜岳10・５キロ」の小さな標識から右の奥斗満林道方面（未舗装）に入る。すぐに鹿よけゲート、さらに１キロ先で開放された林道ゲートを通過。そこから10キロ弱で林道終点となり、広い駐車場と北稜岳山小舎のある登山口と

陸別町上斗満付近から

陸別市街の西方約23km、喜登牛《きとうし》山と東三国山を結ぶ稜線上にある山で、地形図に山名の記載はない。山頂は標高1200m台とまだ樹林帯のため、西方はトドマツに覆われてほとんど展望が利かないが、東側は開けて阿寒方面がよく見える。

1973年に地元の陸別北稜山岳会によって斗満《とまむ》川の奥に登山道が開かれ、以来毎年町民登山会が行われるなど、地元の人に親しまれている。

山名の由来はその山岳会にちなんだものである。

■体力（標高差）	35点
■登山時間加算	D
■高山度（標高）	B
■険しさ	B
■迷いやすさ	C
総合点50点［初級］	

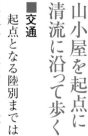

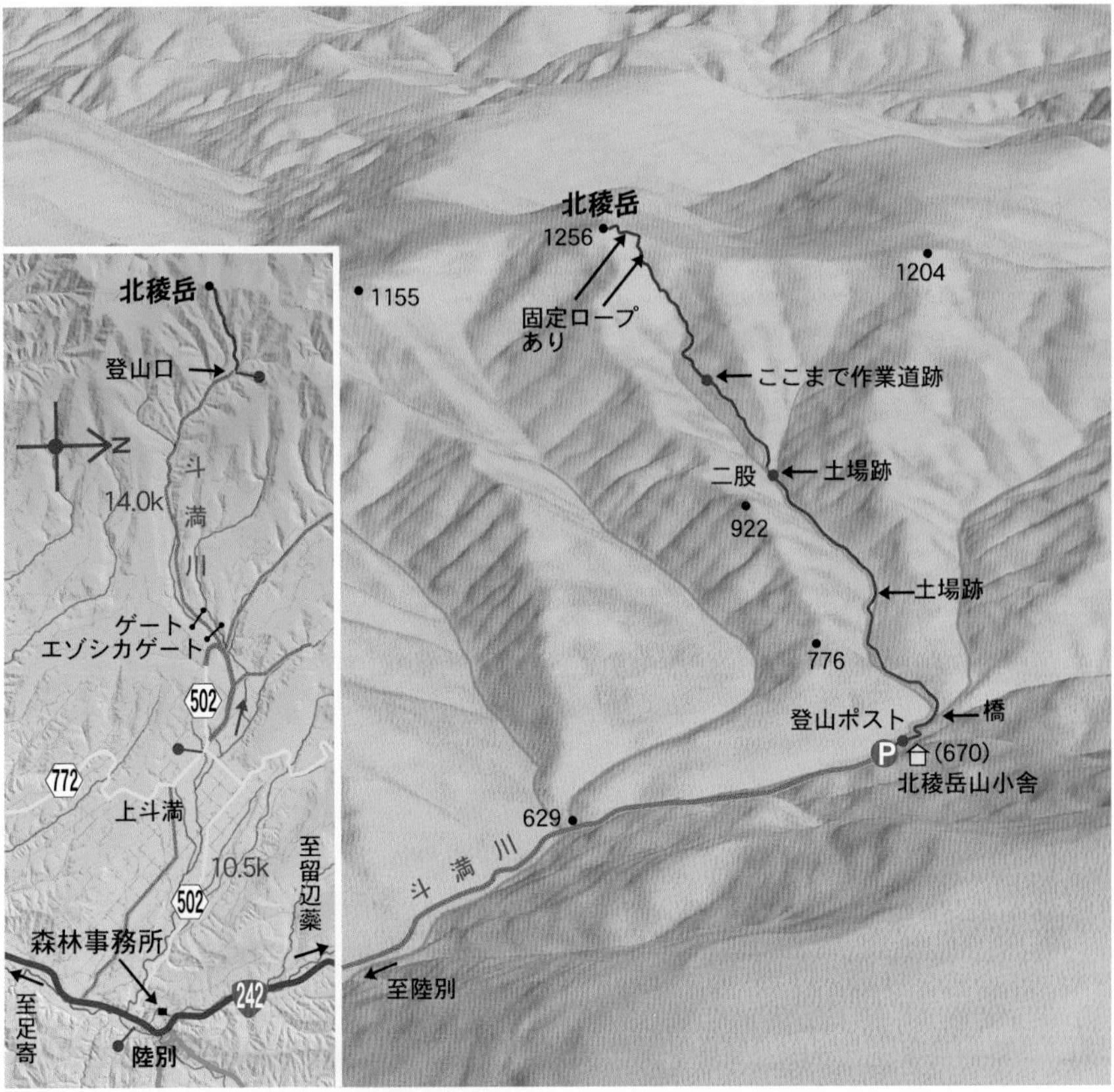

奥斗満林道につながる未舗装路に入る

なる。林道状況の確認は十勝東部森林管理署（☎0156−25−3161）まで。

■コースタイム（日帰り装備）

登山口 0:35↓ 0:25↑ 二股土場跡

1:00↓ 0:45↑ 北稜岳

標高差　約585メートル

登り　1時間35分

下り　1時間10分

上：未舗装路に入って1kmで開放ゲート
左：林道終点には北稜岳山小舎と広い駐車場、登山ポストがある

前半はなだらかな作業道跡を歩く

山小舎の奥から頑丈な橋で対岸に渡る

■ガイド（撮影　9月29日）

北稜岳山小舎から沢沿いの林道を歩き始め、立派な歩道橋で斗満川右岸に渡る。道の半分以上は造林道跡を利用したもので、この先、沢は何度か左右に移るものの、道の下にコルゲート管（パイプ）を通しているため、いつ渡ったのか気づきにくい。一帯は人工林ゆえに、原生の姿を留めていないのが少々残念だ。

沢沿いの荒れた林道を登ってゆくと、傾斜がややきつくなってくる。沢にはエゾノリュウキンカの群生が見られ、アイヌワサビもふんだんに生えている。

そんな沢を右下に見ながら単調な道をたどると沢は二股となって広い土場跡に出る。コースは右股沿いから間の尾根を登る。この土場から傾斜がきつくなって高度を

沢音を聞きながら、造林道跡の歩きやすい道を進む

北稜岳山小舎

登山口にある洒落た山小屋。管理人不在で自由に利用できるが、それだけにマナーを守って大切にしたい。ストーブと薪あり。水は沢水を使うか持参する。

▶収容人数＝約 30 人
▶期間＝夏山シーズン中開放
▶使用料＝無料
▶管理・問い合わせ先＝陸別町産業振興課☎ 0156-27-2141

二股土場跡。進路に道標が立っている

稼ぎはじめ、道端にはツバメオモトやミツバオウレンなどが見られるようになる。

なおも作業道跡を利用した道は左下に沢を見ながら高度を上げてゆき、やがて林を縫う歩道となって源頭部へと移る。が、すぐ左の急斜面をロープを伝って登り、再び沢の源頭に移ってそのまま稜線へと詰め登る。

源頭が近づきようやく歩道となる

二股を過ぎてもしばらく作業道跡が続く

山頂は樹木のない東側だけが見渡せる。阿寒の山が近い

急登から飛び出した山頂は広々としている

後は針葉樹に覆われた稜線の急斜面をロープを掴みながら登り切れば山頂である。

平坦な山頂は東側しか展望が利かないが、阿寒の山や斜里岳、知床連山までが望まれる。また、この山にはナキウサギが生息し、鳴き声を聞けるときがある。

道北の山

利尻山九合目付近から長官山、鴛泊を見下ろす

花咲く礼文島桃岩歩道から利尻山を望む。まったく対照的な地形だ

道北の山のあらまし

■道北の山の特徴

本書では大雪山系、増毛山地より北を道北の山として扱う。具体的には北見山地、天塩山地、そして利尻・礼文の両島が代表的な山域となる。前者ふたつの山域については全般に標高が低く、また山容は比較的穏やかである。やや個性に欠ける面は否めず、登山道のある山も限られている。しかし、見方を変えれば奥が深い山域ともいえ、山懐に抱かれるような山歩きが味わえる魅力がある。

　気候は北に寄っているため全般に冷涼であり、標高６００メートル程度からハイマツ帯が発達していたり、標高３５０メートルの沢に8月でも豊富な残雪があったりする。ただし、山そのものの標高が低いことから、登山シーズン自体は道内の他の山域と比べて特に短いということはない。概ね6月中旬頃から歩くことができ、10月上旬ころには初雪の便りを聞くことになる。

■利尻・礼文

　先に道北は低く山容の穏やかな山が多いと書いたが、道北の最高峰、利尻山（１７２１メートル）は唯一の例外と言える。コニーデ型火山ならではの端正な円錐形とそこに刻まれた険しい浸食地形の威容は、訪れる人の脳裏に深く焼き付くに違いない。固有種のリシリヒナゲシをはじめ多くの花々が咲き、山麓にはポン山、姫沼などの手軽なハイキングコースもある。

山岳というより丘のような山が広がる天塩山地。ピッシリ山登山道から朱鞠内湖を望む

一方、礼文島はたおやかな丘陵が広がり、やはり特産種のレブンアツモリソウやレブンウスユキソウを筆頭に花の島として有名だ。本書では登山対象として礼文岳を取り上げているが、その他にも花の名所として名高い北部のゴロタ山周辺や南部の桃岩歩道、また4時間コース、８時間コースといったトレイルがあり人気が高い。

■北見山地

天塩川の東側に広がり、北大雪と接する北見峠付近から函岳にかけて南北１００キロ余りにおよぶ山域である。最高峰は山域南部の天塩岳で１５５８メートルあるが、北にゆくほど標高は低くなる。雪崩地形による急峻な谷もあるが、全般には緩やかなラインを描く山が多く、浮島湿原やピヤシリ湿原などの山岳湿原も点在する。

しかし登山道のある山は限られ、天塩岳、ウェンシリ岳、ピヤシリ山などが代表的な所だ。そのほか函岳は山頂直下まで車道がある。

なおやや紛らわしいが、天塩岳は北見山地にある「天塩川源流の山」であり、次項の天塩山地は「天塩地方の山地」である。

■天塩山地

天塩川の西側に広がる山域で、増毛山地との境からサロベツ原野南端まで南北約１３０キロにわたって広がる。北見山地以上に低い山が多く、１０００メートルを越えるのは最高峰のピッシリ山と三頭山のみ。そしてこれだけ広い山域ながら、登山道があるのもこの2座のみだ。ダムは多いものの、幌加内町を除いて山中に集落はほとんどなく、山上からはどこまでも波打つような山並みを望むことができる。

利尻島・礼文島

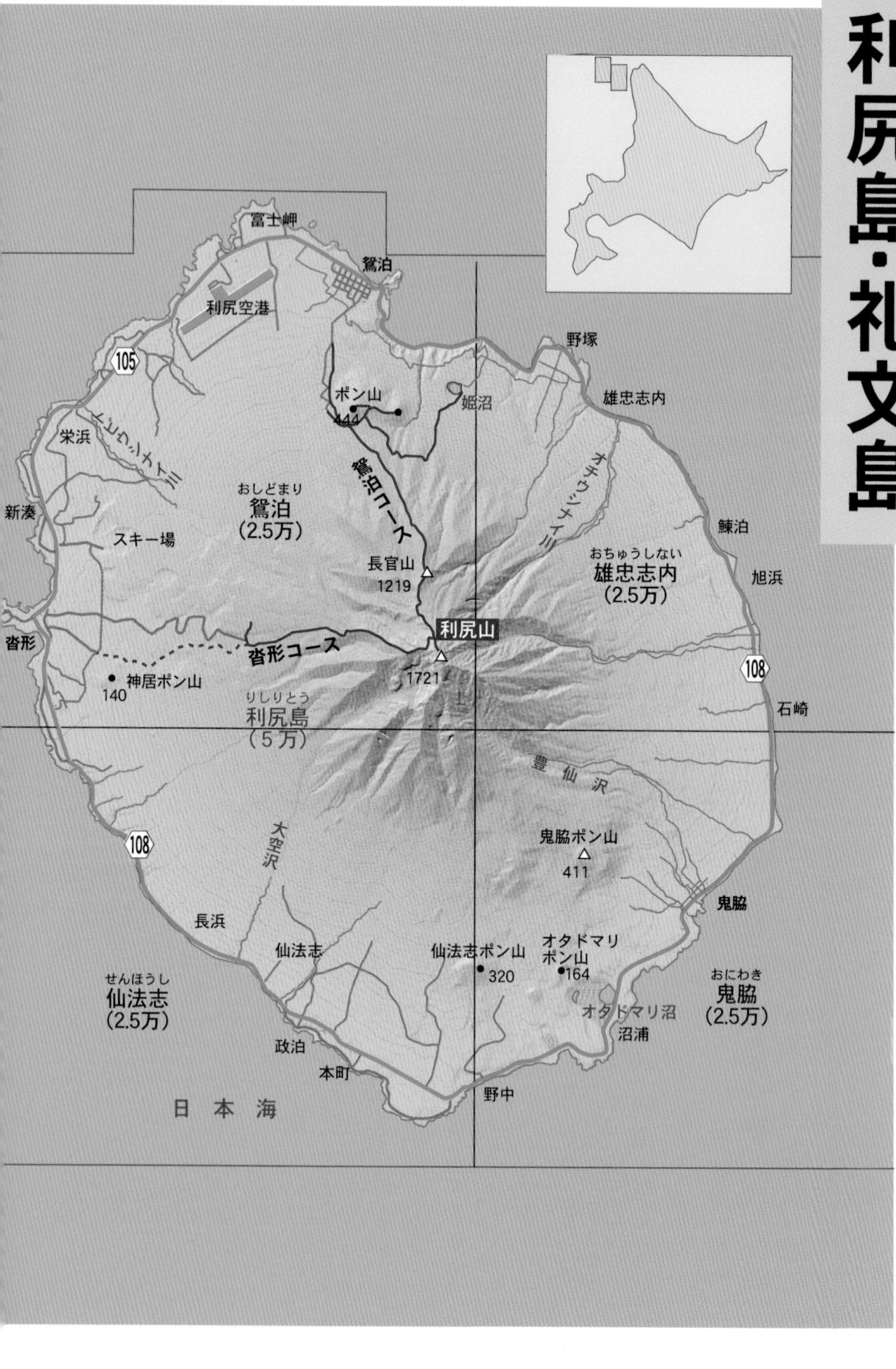
富士岬
鴛泊
利尻空港
105
野塚
ポン山
444
姫沼
雄忠志内
栄浜
オタドマリ川
鴛泊コース
オチウシナイ川
鴛泊《おしどまり》
(2.5万)
新湊
スキー場
鰊泊
長官山
1219
雄忠志内《おちゅうしない》
(2.5万)
旭浜
利尻山
沓形
沓形コース
108
神居ポン山
140
1721
石崎
利尻島《りしりとう》
（5万）
豊仙沢
大空沢
鬼脇ポン山
411
108
鬼脇
長浜
仙法志
仙法志ポン山
320
オタドマリ
ポン山
164
仙法志《せんほうし》
(2.5万)
オタドマリ沼
鬼脇《おにわき》
(2.5万)
沼浦
政泊
本町
野中
日本海

郵 便 は が き

料金受取人払郵便

札幌中央局
承　　　認

6244

差出有効期間
2025年 12 月
31 日まで
（切手不要）

0 6 0 - 8 7 5 1

6 7 2

（受取人）
札幌市中央区大通西3丁目6

北海道新聞社 出版センター

愛読者係
行

お名前	フリガナ		
ご住所	〒□□□-□□□□　都道府県		
電話番号	市外局番（　　　） —	年　齢	職　業
Eメールアドレス			
読書傾向	①山 ②歴史・文化 ③社会・教養 ④政治・経済 ⑤科学 ⑥芸術 ⑦建築 ⑧紀行 ⑨スポーツ ⑩料理 ⑪健康 ⑫アウトドア ⑬その他（　　　）		

★ご記入いただいた個人情報は、愛読者管理にのみ利用いたします。

愛読者カード

新 夏山ガイド６道東・道北・増毛

本書をお買い上げくださいましてありがとうございました。内容、デザインなどについてのご感想、ご意見をホームページ「北海道新聞社の本」の本書のレビュー欄にお書き込みください。

このカードをご利用の場合は、下の欄にご記入のうえ、お送りください。今後の編集資料として活用させていただきます。

〈本書ならびに当社刊行物へのご意見やご希望など〉

■ご感想などを新聞やホームページなどに匿名で掲載させていただいてもよろしいですか。（はい　いいえ）

■この本のおすすめレベルに丸をつけてください。

高（ 5 ・ 4 ・ 3 ・ 2 ・ 1 ）低

〈お買い上げの書店名〉

都道府県　　　市区町村　　　書店

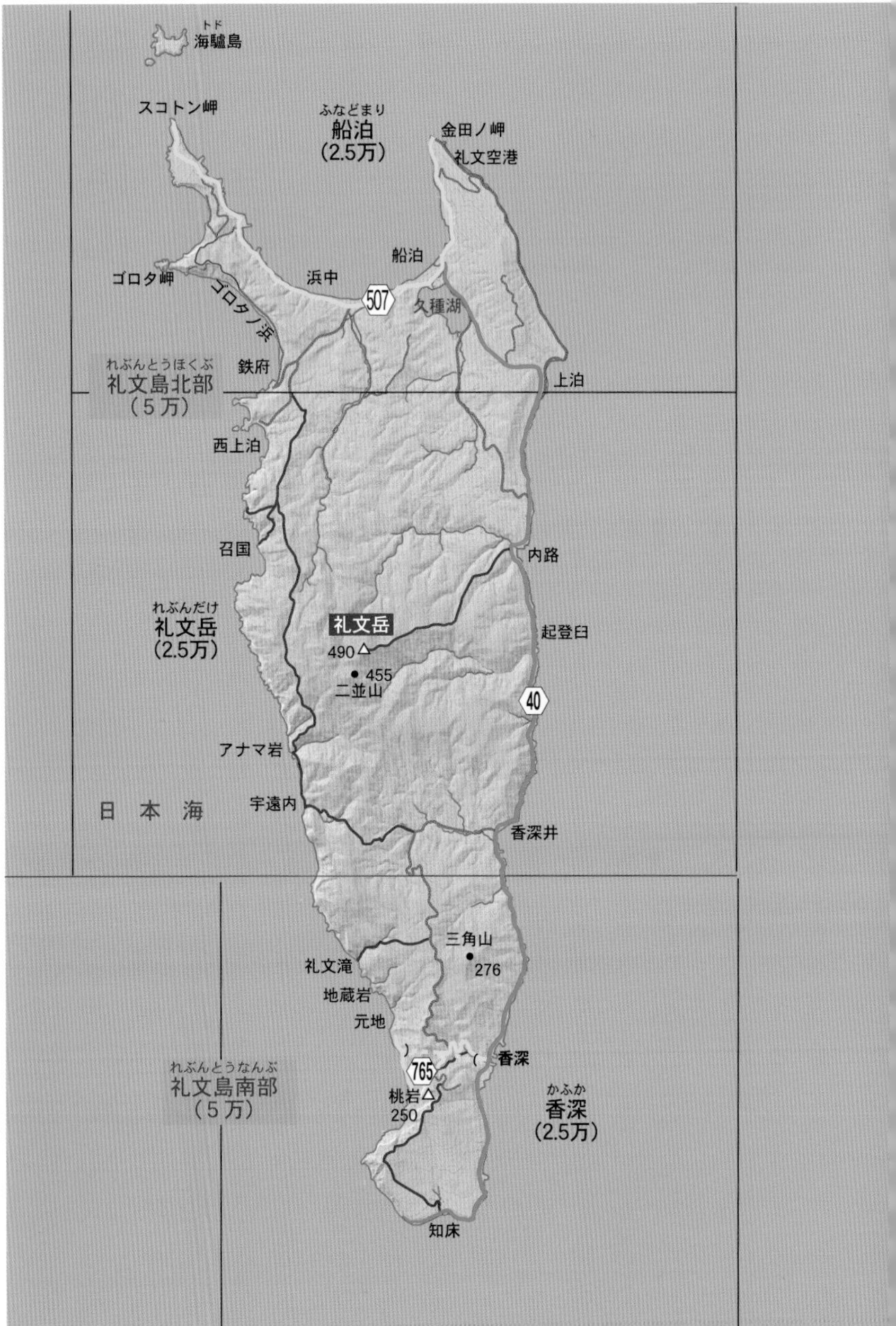
海驢《トド》島
スコトン岬
船泊《ふなどまり》
(2.5万)
金田ノ岬
礼文空港
船泊
浜中
ゴロタ岬
ゴロタノ浜
507
久種湖
鉄府
礼文島北部《れぶんとうほくぶ》
（５万）
上泊
西上泊
召国
内路
礼文岳《れぶんだけ》
(2.5万)
礼文岳
490
455
二並山
起登臼
40
アナマ岩
日 本 海
宇遠内
香深井
三角山
276
礼文滝
地蔵岩
元地
香深
765
桃岩
250
礼文島南部《れぶんとうなんぶ》
（５万）
香深《かふか》
(2.5万)
知床

1721m

利尻山《りしりざん》

鴛泊コース

峻険な地形にお花畑　遥か遠くサハリンも

■交通

起点となる利尻島鴛泊《おしどまり》へは、稚内港からハートランドフェリー（☎0570-09-8010）、または丘珠空港と利尻空港を結ぶ日本航空便（☎0570-006-007）、新千歳空港と利尻空港を結ぶ全日空便（☎0570-029-222）がある。

鴛泊（フェリーターミナル）から登山口となる北麓《ほくろく》野営場までは徒歩約3・5キロ、1時間強。または、宗谷バス（☎0163-84-2550）で「温泉」下車、そこから徒歩約2・2キロ、約40分。

タクシー（富士ハイヤー☎0163-82-1181）は早朝営業をしていない。

また、多くの宿泊施設が登山口への送迎を実施しており、これを利用する人が多い。

■マイカー情報

登山口の北麓野営場の駐車場を利用する。トイレ、水あり。

利尻富士町には複数のレンタカー会社がある。問い合わせは利尻富士町観光案内所（☎0163-82-2201）へ。

■利尻北麓野営場

登山口にあり、シャワー、バンガローもある。

礼文島起登臼(きとうす)から

利尻富士とも呼ばれるコニーデ型火山。道北日本海側から見る洋上の端正なシルエットが有名だが、晴れた日には道北内陸部の山々や増毛山地などからも遠望できる。上部は侵食と崩壊による険しい地形を成し、最高点の南峰は危険なため登山禁止、三角点のある北峰が実質的な頂上となる。3本あった登山道も、現在は鴛泊、沓形の両コースのみが登山可能だ。

山名の由来はアイヌ語の「リィシリ＝高い島（山）」から。そのものずばりである。

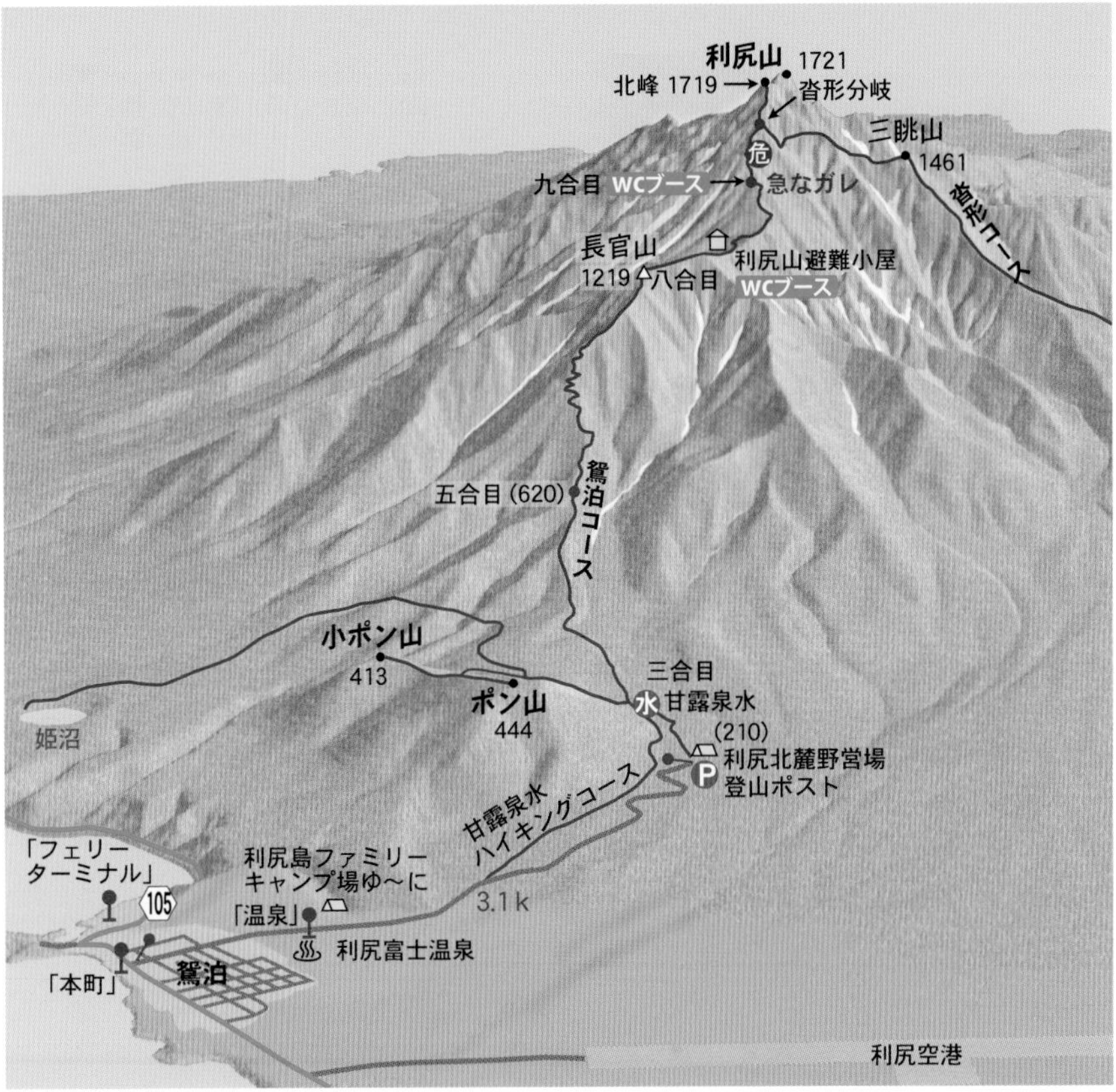

▼期間＝5月15日〜10月15日
▼使用料＝有料
▼管理・問い合わせ先＝現地管理棟☎0163-82-2394、利尻富士町商工観光係（期間外）☎0163-82-1114

■ファミリーキャンプ場　ゆ〜に
利尻富士温泉向かいにあり、登山口までは約2・2キロ。バンガローもある。
▼期間＝5月1日〜10月31日
▼使用料＝有料

北麓野営場へ。途中から林間のハイキングコースがある

▼管理・問い合わせ先＝現地管理棟☎0163－82－2166、利尻富士町商工観光係（期間外）☎0163－82－1114

■**コースタイム**（日帰り装備）

鴛泊フェリーターミナル 1・10↓ 0・50↑ 北麓野営場 2・50↓ 2・20↑ 長官山 1・40↓ 1・15↑ 利尻山

＊鴛泊フェリーターミナルから
累積標高差　約1740メートル
登り　5時間40分
下り　4時間25分

＊北麓野営場から
累積標高差　約1530メートル
登り　4時間30分
下り　3時間35分

■**ガイド**（撮影　8月6日）

利尻山は20年以上前から携帯トイレの普及に取り組み、今やすっかり定着している。大小問わず正しく使用し、環境汚染の防止に努めたい。島内の宿泊施設や商店など幅広い場所で購入可能だ。

また、利尻山避難小屋の利用は緊急時のみに限られている。登山は日帰りとし、避難小屋泊を前提とした計画は立てないこと。

海抜0メートルから八合目長官山へ

登山者の多くは車道終点の北麓野営場を出発点とするが、ここでは海抜0メートルからガイドしよう。

鴛泊フェリーターミナルを後に鴛泊市街地を抜け、北麓野営場に

登山口となる北麓野営場の管理棟

●**鴛泊フェリーターミナルから**

■体力（標高差）	55点
■登山時間加算	B
■高山度（標高）	A
■険しさ	B
■迷いやすさ	D
総合点80点［上級］	

●**北麓野営場から**

■体力（標高差）	55点
■登山時間加算	C
■高山度（標高）	A
■険しさ	B
■迷いやすさ	D
総合点75点［上級］	

まろやかで美味しい甘露泉水

上：四合目の針葉樹林。各合目には標柱が立っている
左：雪の影響か低く曲がったダケカンバ

六合目からはハイマツ帯の急登となる。コニーデ型火山の常で高度が上がるほど斜度が増す

向けて車道を歩く。利尻富士温泉の先約700㍍で左に入るハイキングコースは、直接三合目の甘露《かんろ》泉水《せんすい》に至る歩道である。野営場に用がなければ、若干の近道であり、車道の喧騒とも無縁だ。

　北麓野営場を経由する場合はそのまま車道を直進。駐車場を右手に見、登山ポストのある管理棟前

長官山手前から鴛泊方面を見下ろす

八合目長官山から山頂を望む。山名と石碑は昭和８年にここを訪れた北海道長官にちなむ

利尻山避難小屋。利用は緊急時のみ。
裏に携帯トイレブースがある

を通過。約５００メートル先の甘露泉水まで整備された遊歩道を進む。甘露泉水は日本銘水百選の一つで、この先、水場はないので充分に補給していこう。

　このすぐ先が三合目で先のハイキングコースが合流し、さらにすぐポン山への道を左に分ける。あとは九合目先の沓形コース分岐まで一本道である。序盤は平坦な針葉樹林だが、五合目の手前あたりからダケカンバが目立ってくる。もっとも、大きな木は見られず、ミヤマハンノキやナナカマドなどとともに茂みを作っている感じだ。視界は開けず、黙々と距離と高度を稼ぐ。

　しかし、そんな悶々とした気分も六合目の第一見晴台まで。一気に展望が開け、足元のポン山や利尻空港、その先の海岸線が見渡せるようになる。と同時に、道はぐんと斜度を増し、ハイマツとかん木の中に直登とジグザグを繰り返す。つらい登りだが足元には花が増え始め、高度感ある展望とともに元気をもらえる。

　登り切ると八合目の長官山で、ここでようやく山頂とご対面だ。だが、その頂はまだ高く遠い。気

九合目手前のお花畑から長官山、鴛泊方面を望む

リシリヒナゲシ

シュムシュノコギリソウ

リシリブシ

を引き締めて再出発である。

急登に耐え、孤島の絶頂へ

尾根上を緩く下り、避難小屋を通過するとコースは左に大きくカーブし、再び傾斜が増してくる。左手はエゾイブキトラノオやシュムシュノコギリソウなどのお花畑、右手には大きく抉《えぐ》れた崩壊地が広がっている。固有種のリシリヒナゲシが好む環境だが、近年は数が減りなかなか見られない。

小広場となった九合目からはますます斜度が増し、最後の踏ん張りどころとなる。沓形コース分岐からは、道は雨と登山靴によって激しく浸食され、滑りやすく歩きにくくなる。懸命な整備が続いているが、登山者も地面をいたわりながら歩くことを心がけたい。

リシリゲンゲ、リシリオウギ、リシリリンドウなどこの山ならで

上：山頂はもう目前。斜面右下には沓形コースがあるので落石を起こさないように

人の背丈以上に浸食した登山道

右：さまざまな手法で登山道の維持管理が試みられている

はの花を見、右に深く切れ落ちた崩壊地を回り込めば北峰山頂だ。

　海に浮かぶ島らしく、北海道本土や礼文島はもちろん、天売《てうり》・焼《やぎ》尻《しり》島、また空気が澄んでいればサハリンやモネロン島まで見える。

　一方、足元から切れ落ちるルンゼや断崖、岩塔なども凄まじい光景だ。西側直下は沓形コースが横切っており、滑落や落石には最大限の注意を払ってほしい。

利尻山神社奥宮が祀られた北峰山頂

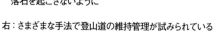

頂上から沓形コースの三眺山方面を見る。浸食、崩壊は今も続いている

太古に火口に上がった溶岩が冷え固まったローソク岩。奥は最高点の南峰(立入禁止)

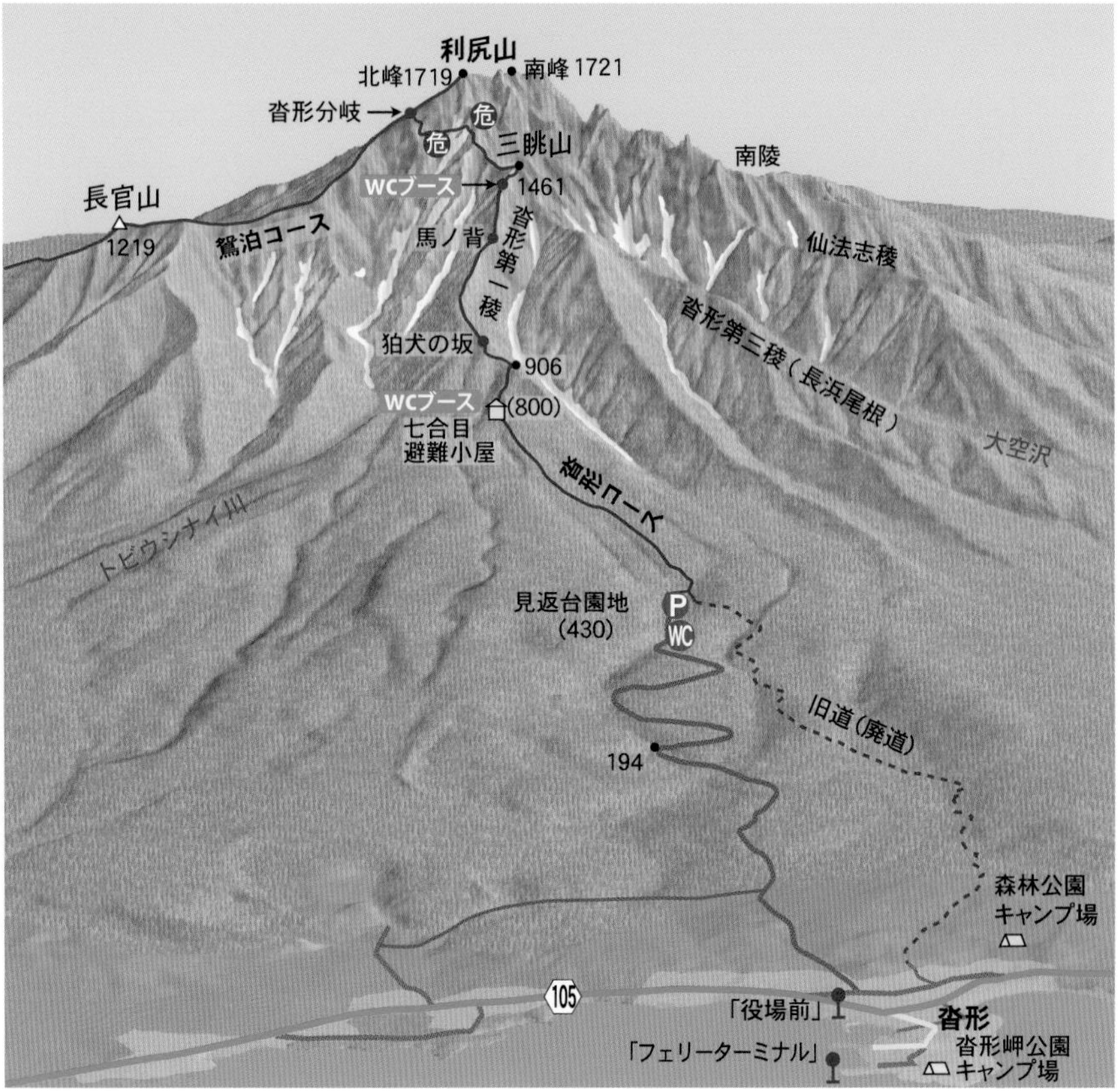

沓形コース

三眺山から望む頂上岩壁の絶景

■交通

利尻島鴛泊へは、152㌻「鴛泊コース」を参照。起点となる沓形へは、鴛泊から宗谷バス（☎0163-84-2550）のBコース便で「国保中央病院前」下車（降車専用）。復路の乗車は「役場前」から。そこから登山口の見返《みかえり》台《だい》園地までりしりハイヤー（☎

■体力（標高差）	50点
■登山時間加算	C
■高山度（標高）	A
■険しさ	A
■迷いやすさ	C
総合点80点［上級］	

登山口には各種の情報も

見返台園地駐車場とトイレ。飲用水はない

上：小さく湿っぽい避難小屋
右：序盤は見通しの利かない樹林帯。降雨後などは泥道になりやすい

0163-84-2252、要予約、朝7時～18時）が利用できる。

■マイカー情報

沓形市街から利尻登山線に入り、約5・5キロで終点の見返台園地。全線舗装。広い駐車場とトイレがある。

■沓形岬公園キャンプ場

海に囲まれ、沓形市街も近く人気が高い。温泉まで徒歩3分。

▼期間＝5月1日～10月31日

▼使用料＝有料

▼管理・問い合わせ先＝利尻町まち産業振興課☎0163-84-2345

■利尻町森林公園キャンプ場

利尻町郊外の森林公園入り口にあり、バンガローもある。

▼期間＝5月1日～10月31日

▼使用料＝有料

▼管理・問い合わせ先＝現地管理

上：七合目の先にある礼文岩
左：狛犬の坂を登ると沓形稜の末端近く。展望も開けてくる

棟☎０１６３–84–３５５１、利尻町まち産業振興課（期間外）☎０１６３–84–２３４６

■コースタイム（日帰り装備）

見返台園地 —1:10↓ 0:50↑— 避難小屋
—1:20↓ 0:50↑— 三眺山《さんちょうざん》 —1:00↓ 0:40↑—
沓形分岐 —0:20↓ 0:15↑— 利尻山

累積標高差　約１３８０㍍
登り　３時間50分
下り　２時間35分

■ガイド（撮影　8月6日ほか）

本コースは三眺山と沓形分岐（鴛泊コース合流点）の間の崩壊が激しく難所も多い。融雪期や視界不良時は落石事故などの危険があるため、初心者のみの利用は避けるべきだろう。また、鴛泊コース同様に避難小屋の利用は緊急時のみに限られている。

水場は登山口の見返台園地を含めて途中にない。十分に用意を。

登山口は五合目近くの見返台園地。沓形からの旧道（登山道）は廃道化しているため、麓から歩く場合は車道経由で。

登山口は駐車場から車道を50㍍ほど戻った所で、登山ポストや携帯トイレ回収ボックスがある。すぐ先で旧道が合流し、傾斜が緩めの針広混交林を登っていく。道は雨水の通り道でもあり、滑りやすい石と土とで歩きにくい。

六合目付近からハイマツが現れ、徐々に斜度が増してくる。ブロック積みの避難小屋、続いて七合目標識を過ぎると９０６㍍標高点付近の「礼文岩」。この先、こうしたユニークな標識がいくつも出てくるが、由来なども知りたいものである。

八合目付近から歩いてきた尾根と沓形方面を見る。右奥には礼文島も（9 月上旬）

七合目から三眺山にかけては緩急の変化はあるものの、長く感じられる行程だ

可愛らしい住民が現れた

そのひとつ、急な「狛犬の坂」を登って顕著な稜線、沓形稜に立つ。ここから三眺山までは緩急繰り返しながら——大きく見れば登るほど急傾斜になるが——ハイマツやミヤマハンノキ、低いダケカンバの尾根道が続く。八合目半で最後の携帯トイレブースを過ぎると、ほどなく三眺山だ。

三眺山から望む利尻山西壁。この光景を見るために三眺山まで登るのもいいだろう

　三眺山は一般登山者にとって利尻山がもっとも険しい表情で見られる地点といえるだろう。仰ぎ見る頂上岩壁とローソク岩が、今にも倒れてきそうな迫力である。

　さて、冒頭で触れた通り、ここから先は厳しい状況が連続する。まずはロープの掛かった不安定な岩場「背負子《しょいこ》投げの難所」。続いて右側が急峻なザレとなったヤセ尾根を通過し、頂上岸壁の直下で左にトラバース。「親《おや》不知《しらず》子《こ》不知《しらず》」と名付けられた大規模なガレ場を

三眺山に祀られた祠

「親不知子不知」のトラバース

「背負子投げの難所」。浮き石に注意

難所の一帯には大規模なお花畑も広がるが、気を緩めずに

鴛泊コースに合流。山頂へもうひと頑張り

横切る。ここは岩雪崩地帯なので、上部に注意しながら素早く渡ってしまいたい。

　最後は両手両足を使って崖のような急斜面を登る。草付のため恐怖心は小さいが、足元がよく見えず、特に下山時は注意したい。

　これを抜けると鴛泊コースとの合流点、沓形分岐である。以降は157ページ「鴛泊コース」を参照。

490m

礼文岳《れぶんだけ》

内路コース
北の果ての島が描く穏やかな山稜へ

■交通

起点となる礼文島香深《かふか》へは、稚内港からハートランドフェリー（☎0570-09-8010）で渡る。空路は礼文空港が休港中のため使えない。

登山口までは、香深フェリーターミナルとスコトン岬を結ぶ宗谷バス（☎0163-86-1020）で「内路」下車。バス停前が登山口。または礼文ハイヤー☎0163-86-1320）、イシドウハイヤー（☎0163-86-1148）が利用できる。

■マイカー情報

香深フェリーターミナルから道道40号を北に約11キロで登山口のある内路。道路沿いの「内路」バス停前に5、6台程度の駐車場、東屋、道路を挟んでトイレがある。

■緑ケ丘公園キャンプ場

登山口から南へ約6・5キロの香《か》深井《ふかい》地区にある。洗濯機あり。

■体力（標高差）	35点
■登山時間加算	D
■高山度（標高）	D
■険しさ	D
■迷いやすさ	D
総合点35点［初級］	

礼文島久種湖（くしゅこ）畔から

垂直方向に聳《そび》える利尻島に対し、平坦な地形が広がる礼文島。礼文岳もまた島の最高峰あるいは岳と呼ぶには少々気後れする優しい山容だ。ちなみに『夏山ガイド』シリーズに収録される中で最北の山である。

登山道は東海岸の内路《ないろ》と起《き》登臼《とうす》からのほか、西側の8時間コースと結ぶ道があったが、現在は内路コースのみが残る。

礼文はアイヌ語の「レブンシリ=沖の島」が由来と思われ、北海道本土から見て利尻島の沖にあることによるのだろう。

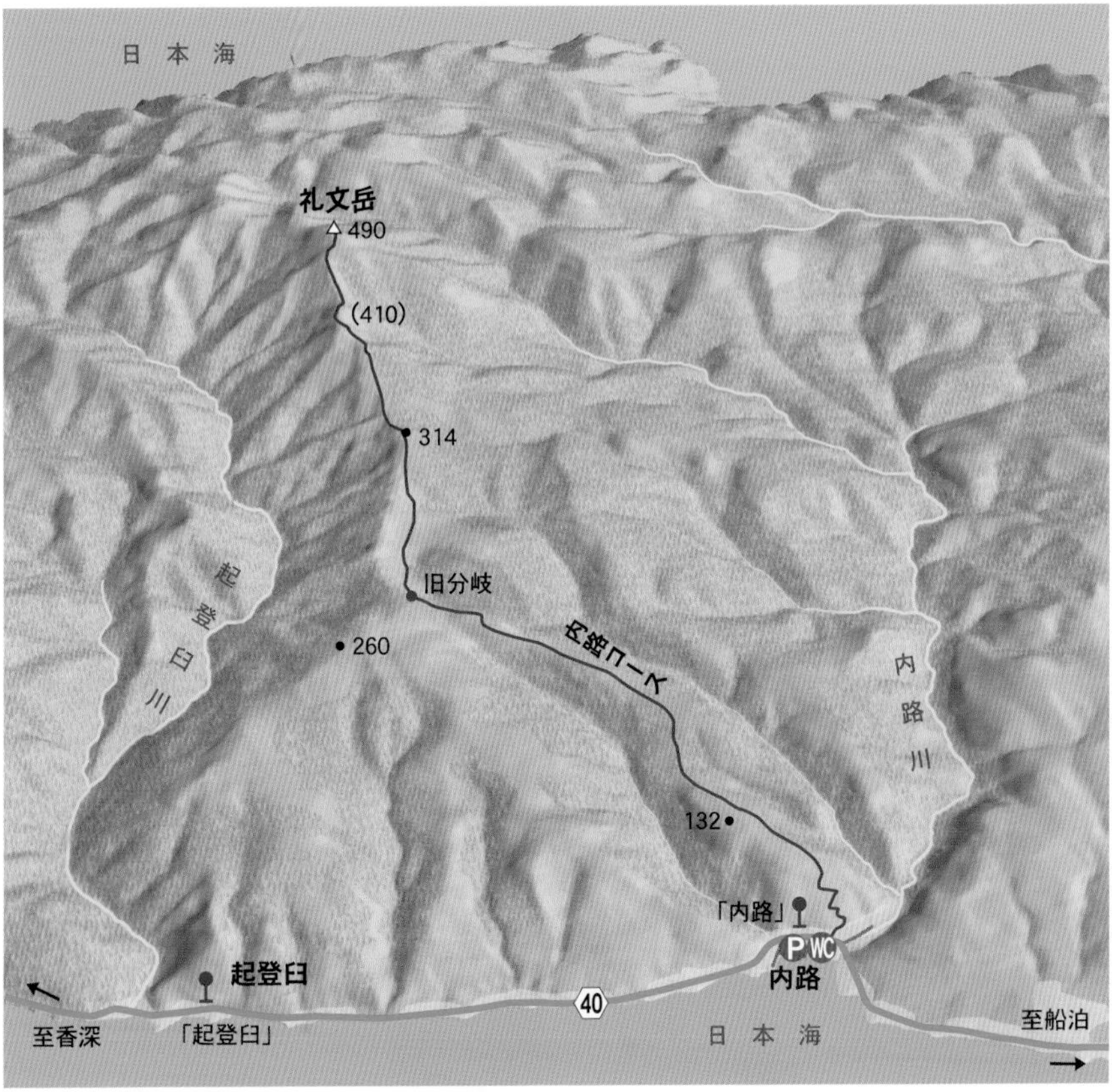

▼期間＝5月1日〜10月31日
▼使用料＝有料
▼管理・問い合わせ先＝現地管理棟☎0163-85-7131、礼文町建設課（期間外）☎0163-86-1001

■**久種《くしゅ》湖畔キャンプ場**
島北部の船泊《ふなどまり》地区にある。シャワー、洗濯機、バンガローなどがある。

バスを降りたら登山口。駐車場も併設

ひと登りで北方面の展望が開ける

内路漁港を背に登山スタート

上：林間に咲くアリドオシラン。米粒ほどの可愛らしい花だ

左：314 m コブからニセピークと山頂(右奥)を見る

▼期間＝5月1日〜9月30日

▼使用料＝有料

▼管理・問い合わせ先＝現地管理棟☎0163-87-3110、礼文町産業課（期間外）☎0163-86-1001

■コースタイム（日帰り装備）

登山口 1:00↓ 0:40↑ 旧分岐 1:00↓ 0:40↑ 礼文岳

累積標高差　約520メートル

登り　2時間

下り　1時間20分

■ガイド（撮影　8月6日）

駐車場右奥の階段を登り、ササの斜面をジグザグに登る。標高差100メートルほどで斜度が緩み、一瞬北方向の展望が開けた後、ダケカンバ林に入る。以降はしばしたんたんと森の中を進む。

「花の浮島」と呼ばれる礼文島

随所で利尻山が存在感を見せる

上：最後は急斜面を直登。大きく見えるが、最後のコルから標高差 100 m 弱
左：一等三角点のある山頂

だが、ここ礼文岳ではあまり期待はできない。それでも足元にはネジバナやアリドオシランなど小さな花を見つけることができる。

やがて現れる小広場は、かつてあった起登臼コースとの旧分岐。コースのほぼ中間点でもある。

進路を西に変え、前方がにわかに明るくなってくると314《メートル》コブである。正面の高みはニセピークで右奥に本当のピークが覗く。さらに左に利尻山、右にスコトン岬方面も見え始め気分がいい。

ニセピーク背後の410《メートル》コブは露岩になっていてちょっとしたお花畑の様相。すでに山頂は目の前で、小さなコルを経てハイマツの斜面をひと頑張りである。

開けた山頂の展望は素晴らしく、これまでの景色が一段と大きいほか、西に8時間コースも見える。

中頓別周辺

至浜頓別
ポロヌプリ山
841
ポロヌプリ山《やま》
(2.5万)
枝幸《えさし》
(2.5万)
枝幸
オホーツク海
枝幸町
中頓別《なかとんべつ》
(5万)
枝幸《えさし》
(5万)
歌登《うたのぼり》
(2.5万)
238
12
パンケナイ
北見幌別川
下幌別《しもほろべつ》
(2.5万)
120
歌登
至紋別
徳志別
12
歌登山
573
中央
本幌別《ほんほろべつ》
(2.5万)
220
764
志美宇丹《しびうたん》
(2.5万)
120
徳志別川
乙忠部《おっちゅうべ》
(2.5万)
志美宇丹
本幌別
音威子府《おといねっぷ》
(5万)
上徳志別
豊沃
大奮
乙忠部《おっちゅうべ》
(5万)
尾根棟山《おねむねやま》
(2.5万)
坊主山
955
上徳志別《かみとくしべつ》
(2.5万)
上音標《かみおとしべ》
(2.5万)
尾根棟山
大曲
120
函岳
1129
熊野岳
954

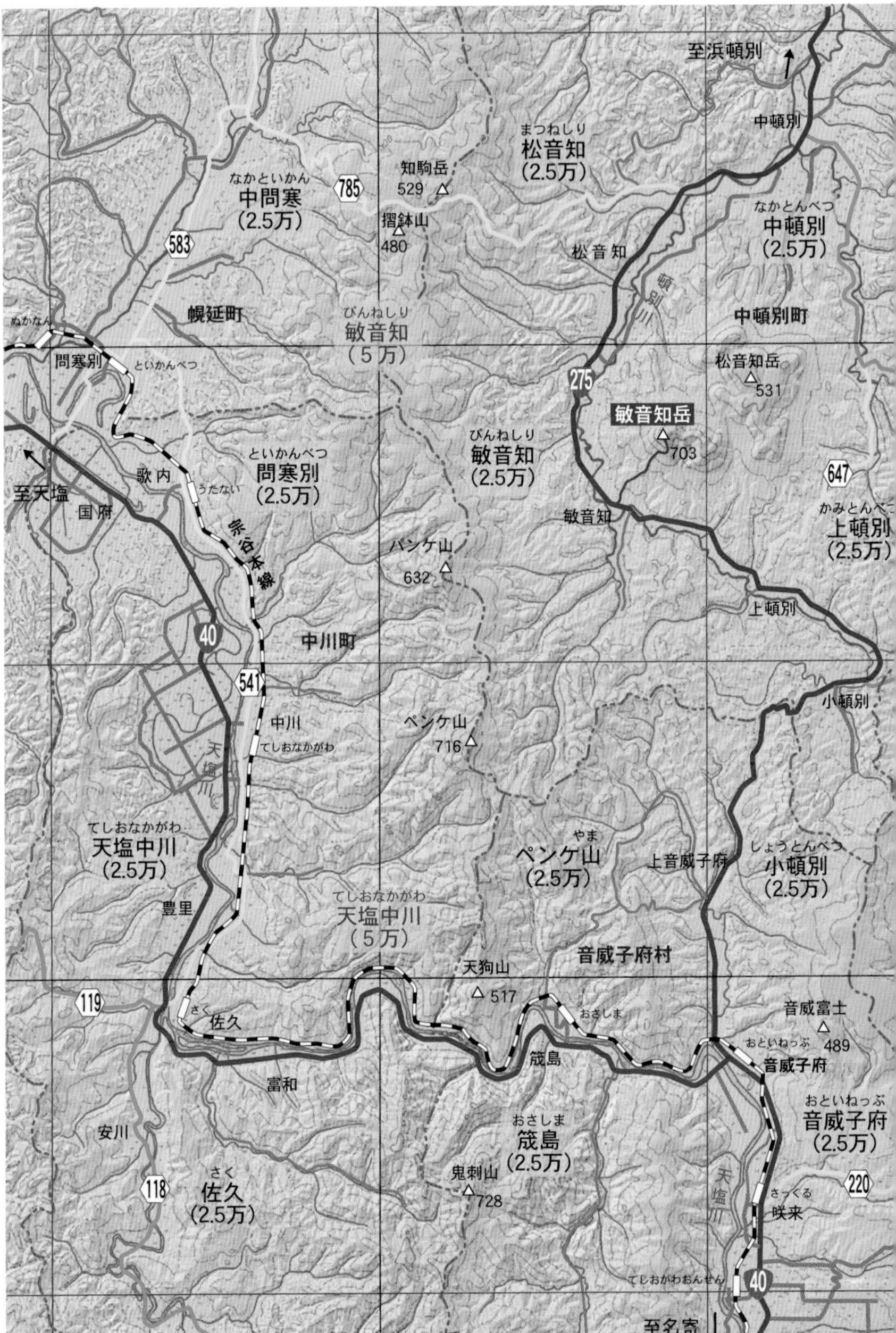

至浜頓別
中頓別
松音知《まつねしり》
(2.5万)
知駒岳
529
785
中問寒《なかといかん》
(2.5万)
摺鉢山
480
583
松音知
頓別川
中頓別《なかとんべつ》
(2.5万)
幌延町
敏音知《びんねしり》
(5万)
中頓別町
ぬかなん
問寒別
とといかんべつ
275
松音知岳
531
敏音知岳
703
至天塩
歌内
うたない
問寒別《といかんべつ》
(2.5万)
敏音知《びんねしり》
(2.5万)
647
国府
宗谷本線
敏音知
上頓別《かみとんべつ》
(2.5万)
パンケ山
632
上頓別
40
中川町
541
中川
てしおなかがわ
ペンケ山
716
小頓別
天塩川
天塩中川《てしおなかがわ》
(2.5万)
ペンケ山《やま》
(2.5万)
上音威子府
小頓別《しょうとんべつ》
(2.5万)
豊里
天塩中川《てしおなかがわ》
(5万)
音威子府村
天狗山
517
119
さく
佐久
おさしま
音威富士
489
おといねっぷ
音威子府
筬島
富和
音威子府《おといねっぷ》
(2.5万)
安川
筬島《おさしま》
(2.5万)
鬼刺山
728
118
佐久《さく》
(2.5万)
220
さっくる
咲来
天塩川
てしおがわおんせん
40
至名寄

703m

敏音知岳《ぴんねしりだけ》

敏音知コース

本土最北の夏道から利尻サロベツを望む

■交通

JR音威子府駅と浜頓別を結ぶデマンドバス（中頓別町政策経営課☎01634-8-7671、予約専用ダイヤル☎0120-050-2004、前日18時までの予約制）で「ピンネシリ温泉」と伝え下車。またはJR旭川駅と鬼《おに》志別《しべつ》を結ぶ都市間バス「特急天北号」（道北バス☎0166-23-4161、宗谷バス☎01634-2-2298、予約制）で「敏音知」下車。ただし便数は限られる。

■マイカー情報

国道275号、道の駅「ピンネシリ」の駐車場を利用する。トイレ、水あり。

■ピンネシリオートキャンプ場

道の駅に隣接。コテージあり。ピンネシリ温泉まで徒歩3分。

▼期間＝5月～10月中旬
▼使用料＝有料
▼管理・問い合わせ先＝道の駅

■体力（標高差）	40点
■登山時間加算	D
■高山度（標高）	C
■険しさ	D
■迷いやすさ	D
総合点45点［初級］	

中頓別町上頓別から

ピンネシリ（男山）とマチネシリ（女山）のペアの山は多い。ここも鋭角的で標高の高い敏音知岳と、隣のなだらかな松音知《まちねしり》岳が並んでいる。全山が植物に覆われた古い火山で、平坦な裾野から一気にそそり立つ山容は標高の割に存在感がある。

登山道は南西の敏音知地区から登る１本のみ。それでも登山対象の山が少ない道北地方において、姿がよく、オホーツク海と日本海に挟まれた天北《てんぽく》地方を望める山として貴重な存在といえるだろう。

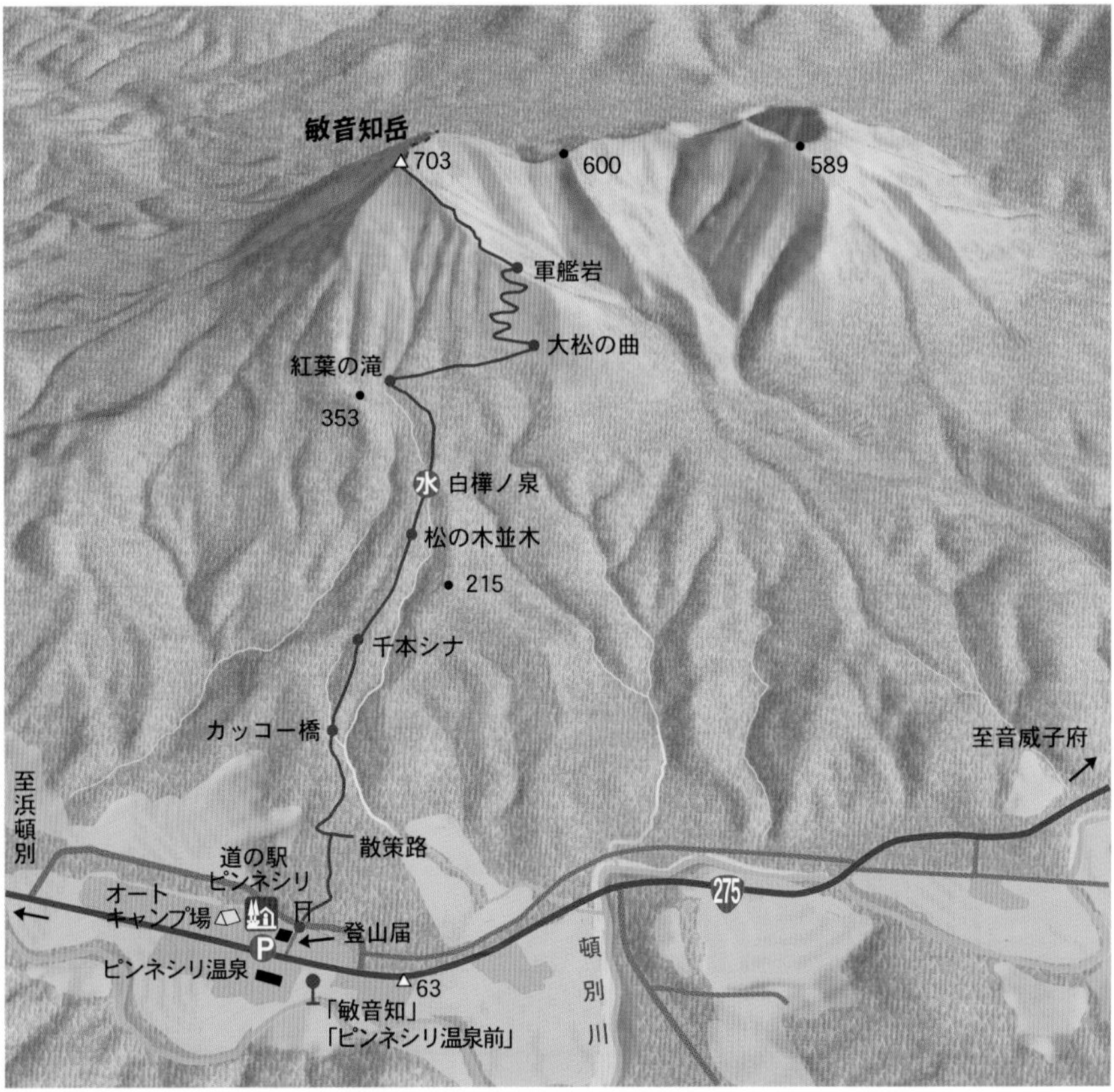

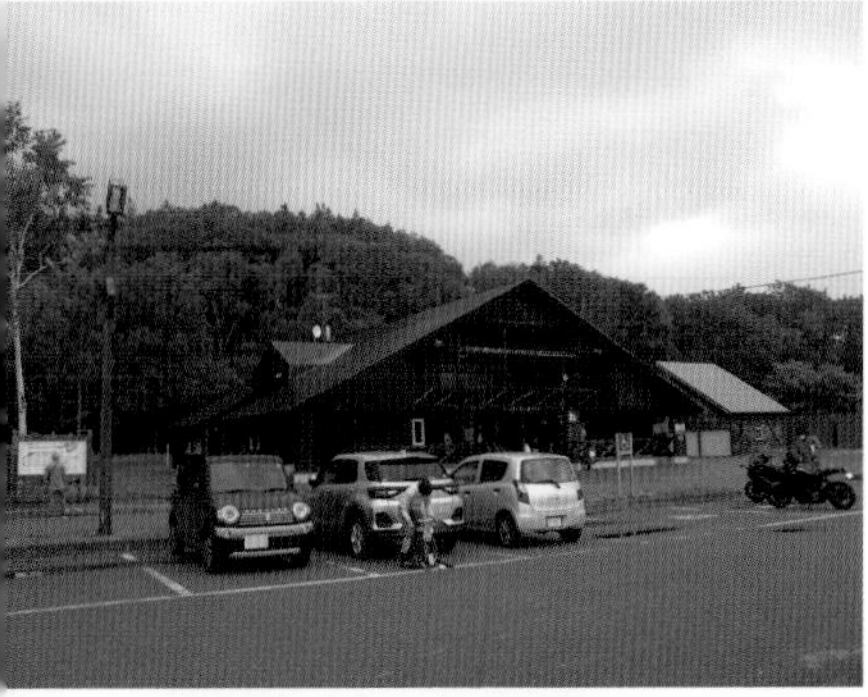
道の駅「ピンネシリ」と駐車場

「ピンネシリ」☎01634−7−8510

■コースタイム（日帰り装備）

登山口 0:40↓ 0:25↑ 白樺ノ泉 1:00↓ 0:40↑
軍艦岩 0:20↓ 0:15↑ 敏音知岳

標高差　約640メートル
登り　2時間
下り　1時間20分

はじめは平坦な森の中をゆく

道の駅の建物裏手の鳥居が入り口

元は 10 本の株に分かれていたという千本シナ

沢には橋が架けられ安心

■**ガイド**（撮影　6月26日、8月8日）

旧JR天北線敏音知駅跡にできた道の駅「ピンネシリ」が登山口。登山ポストのある建物の右手から裏にまわり、鳥居をくぐって登山開始となる。コースは全体的に前半はなだらか、後半は急斜面にジグザグを切って登る。

最初にウッドチップを敷き詰めた階段を登り、学習林を過ぎて左に直角に曲がると本格的な山道となる。トドマツ林の緩やかな斜面を登ってゆくと「千本シナ」の案内板があり、根本から多数に枝分かれしたシナノキの大木が現れる。もっとも近年、その本数は減少の一途をたどっているようで寂しい。さらに進むと「白樺ノ泉」があり、道端のパイプから水が湧き出ている。

四合目の標柱を見るあたりから

上：ジグザグを切りながら高度を上げる
左：軍艦岩には梯子が架かり登ることができる

稜線上に出ると展望が開け、山頂が見えてくる

いよいよ山本体の急斜面にさしかかる。「紅葉の滝」からトラバース道を経て「大松の曲」となり、そこからジグザグを切って登ってゆく。斜面は急だが道自体の傾斜はそれほどでもない。ただゴロゴロとした岩が多く、苔むして滑りやすいところもあるので気をつけよう。「軍艦岩」でようやく尾根上に出る。

　このあたりから眺望を遮るものがなくなり、また周囲に高い山もないため、畑と林の丘陵地帯が広がりを見せ始める。同時に遠くの展望も開け、サロベツ原野やその中のペンケ沼、パンケ沼、さらに利尻山も見られる。目指す敏音知岳から尾根続きに見える山は589メートル峰で、松音知岳はその陰に隠れて見えない。

　ここまで来ると山頂は近いよう

山頂から道北屈指の好展望を楽しもう

上部にはロープのある急斜面も

山頂から南西の眺め。パンケ山(632 m、右)とペンケ山(716 m、左)

な気がするが、実際にはまだ距離がある。右に深く侵食された沢地形を見ながら細く急な尾根道をたどってゆく。足元には特筆すべき植物はないものの、エゾカンゾウやハクサンチドリ、マルバシモツケなどが目を楽しませてくれる。ロープの掛かった岩の急斜面を抜ければまもなく頂上だ。

山頂には二等三角点とともに小さな祠が祀られている。展望は素晴らしく、前述のサロベツ原野や利尻山はもちろん、北に向かって立つと日本海とオホーツク海、その間に挟まれてうねるように続く宗谷丘陵の周氷河《しゅうひょうが》地形が目に入り感動ものである。条件がよければサハリンまで見えるそうだ。

また頂上のヤセ尾根越しに見える山は８４１メートルのポロヌプリ山で、その左の珠文《しゅぶん》岳（７６１メートル）とと

山頂先のコブまで稜線伝いに伸びる踏み跡をゆくと…(↓)

松音知岳(手前)の全貌のほか、ポロヌプリ山(中央左)、珠文岳(左端)が見える

もに、この山域では高い山である。

なお、頂上の奥にはさらに踏み跡が続いており、３００メートルほど先のコブまで行ける。そこからはポロヌプリ山などとともに、敏音知岳と対を成す松音知岳の全貌を見ることができる。

南に見える鬼刺山(728 m、右)も目を引く存在だ

ウェンシリ岳・ピヤシリ山周辺

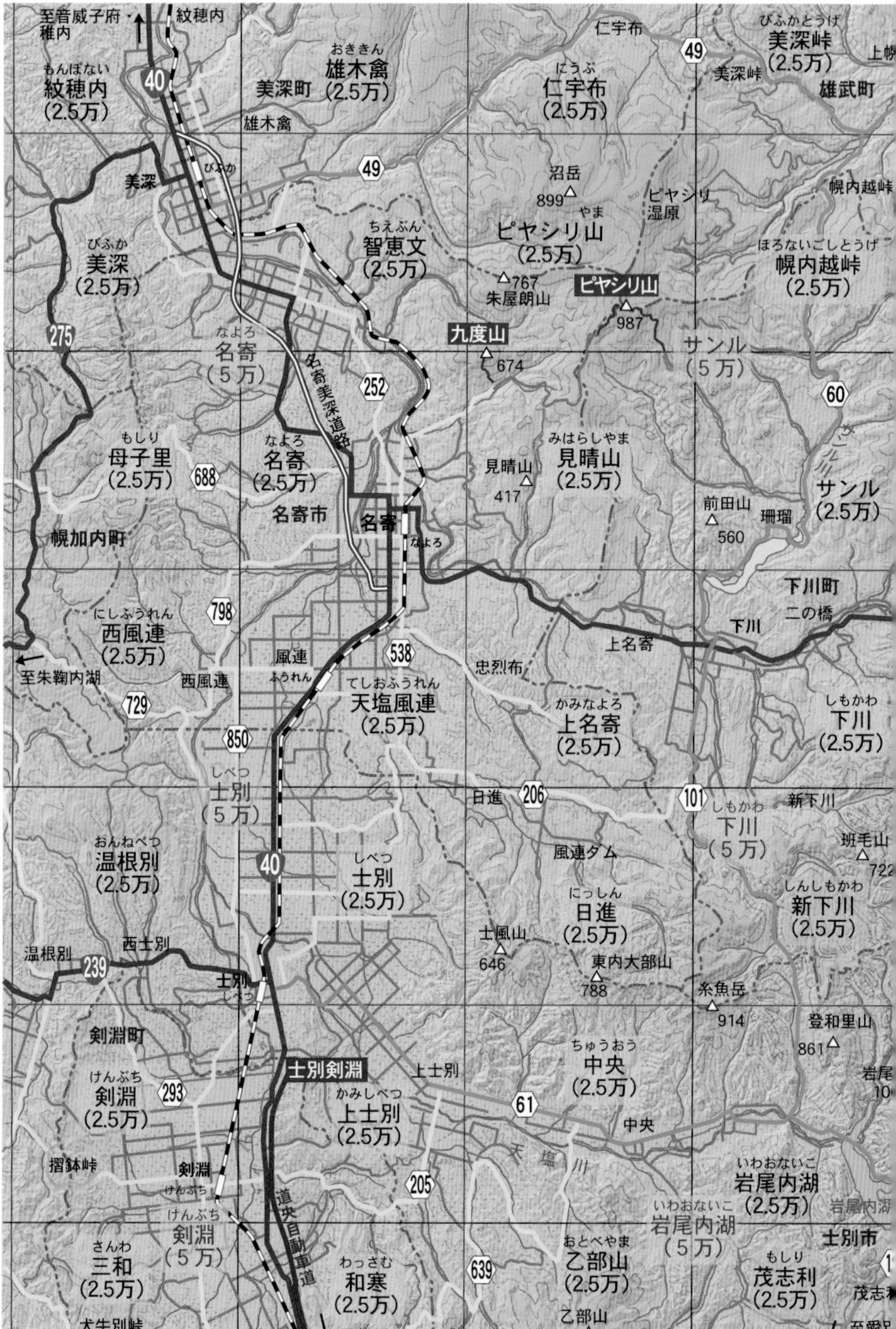
至音威子府・稚内
紋穂内
40
紋穂内《もんぽない》
(2.5万)
美深町
雄木禽《おききん》
(2.5万)
雄木禽
仁宇布
仁宇布《にうぶ》
(2.5万)
49
美深峠
美深峠《びふかとうげ》
(2.5万)
雄武町
美深
びふか
49
沼岳
899
ピヤシリ湿原
幌内越峠
美深《びふか》
(2.5万)
智恵文《ちえぶん》
(2.5万)
ピヤシリ山《やま》
(2.5万)
幌内越峠《ほろないごしとうげ》
(2.5万)
767
朱屋朗山
ピヤシリ山
987
275
名寄《なよろ》
(5万)
九度山
674
サンル
(5万)
名寄美深道路
252
60
母子里《もしり》
(2.5万)
688
名寄《なよろ》
(2.5万)
見晴山
417
見晴山《みはらしやま》
(2.5万)
サンル
(2.5万)
名寄市
名寄
なよろ
前田山
560
珊瑠
幌加内町
下川町
798
二の橋
西風連《にしふうれん》
(2.5万)
下川
上名寄
至朱鞠内湖
風連
ふうれん
538
忠烈布
西風連
天塩風連《てしおふうれん》
(2.5万)
729
上名寄《かみなよろ》
(2.5万)
下川《しもかわ》
(2.5万)
850
士別《しべつ》
(5万)
日進
206
101
新下川
下川《しもかわ》
(5万)
温根別《おんねべつ》
(2.5万)
風連ダム
班毛山
722
40
士別《しべつ》
(2.5万)
日進《にっしん》
(2.5万)
新下川《しんしもかわ》
(2.5万)
温根別
239
西士別
士風山
646
東内大部山
788
士別
しべつ
糸魚岳
914
登和里山
861
剣淵町
士別剣淵
上士別
中央《ちゅうおう》
(2.5万)
剣淵《けんぶち》
(2.5万)
293
上士別《かみしべつ》
(2.5万)
61
中央
天塩川
摺鉢峠
剣淵
けんぶち
205
岩尾内湖《いわおないこ》
(2.5万)
剣淵《けんぶち》
(5万)
道央自動車道
岩尾内湖《いわおないこ》
(5万)
士別市
三和《さんわ》
(2.5万)
639
乙部山《おとべやま》
(2.5万)
和寒《わっさむ》
(2.5万)
茂志利《もしり》
(2.5万)
犬牛別峠
至旭川
乙部山
837
至愛別
旭川

987m

ピヤシリ山《やま》

下川・サンルコース

滝に湿原、奇岩と見どころいろいろ

■特記事項

登山口へと通じる御車山《おぐるまやま》林道は2015年の台風で甚大な被害を受け通行止めが続いている。復旧工事は進行中だが開通時期は未定。詳しくは上川北部森林管理署（☎01655－4－2551、下川町緑町21番地4）まで。以下のコースガイドは通行止め前の取材をもとにしたものである。

名寄市日進から

名寄市の北東、下川町との境界にある山で、広範囲から見えているにも関わらず、丘のような山容で目立ちにくい。同名のスキー場があったり、山頂近くまで道路があることから名寄市の山のイメージが強いが、登山対象となるメインコースは下川町にあり、滝や湿原、奇岩を巡ったりと魅力にあふれている。

ピヤシリの語源はアイヌ語で「岩の山」あるいは「岩の立つ山」を意味するという。広い稜線上に立つ奇岩を指してのことかもしれない。

突き当たりが登山口。手前に駐車

■交通

起点となる下川町までは、JR名寄駅から名士バス（☎01654－2－4151）下川線を利用する。そこから登山口までの公共交通機関はない。タクシー（下川ハイヤー☎01655－4－3103、要予約）はどこまで入れるかは道路状況による。

■マイカー情報

下川市街から道道60号を約13キロ

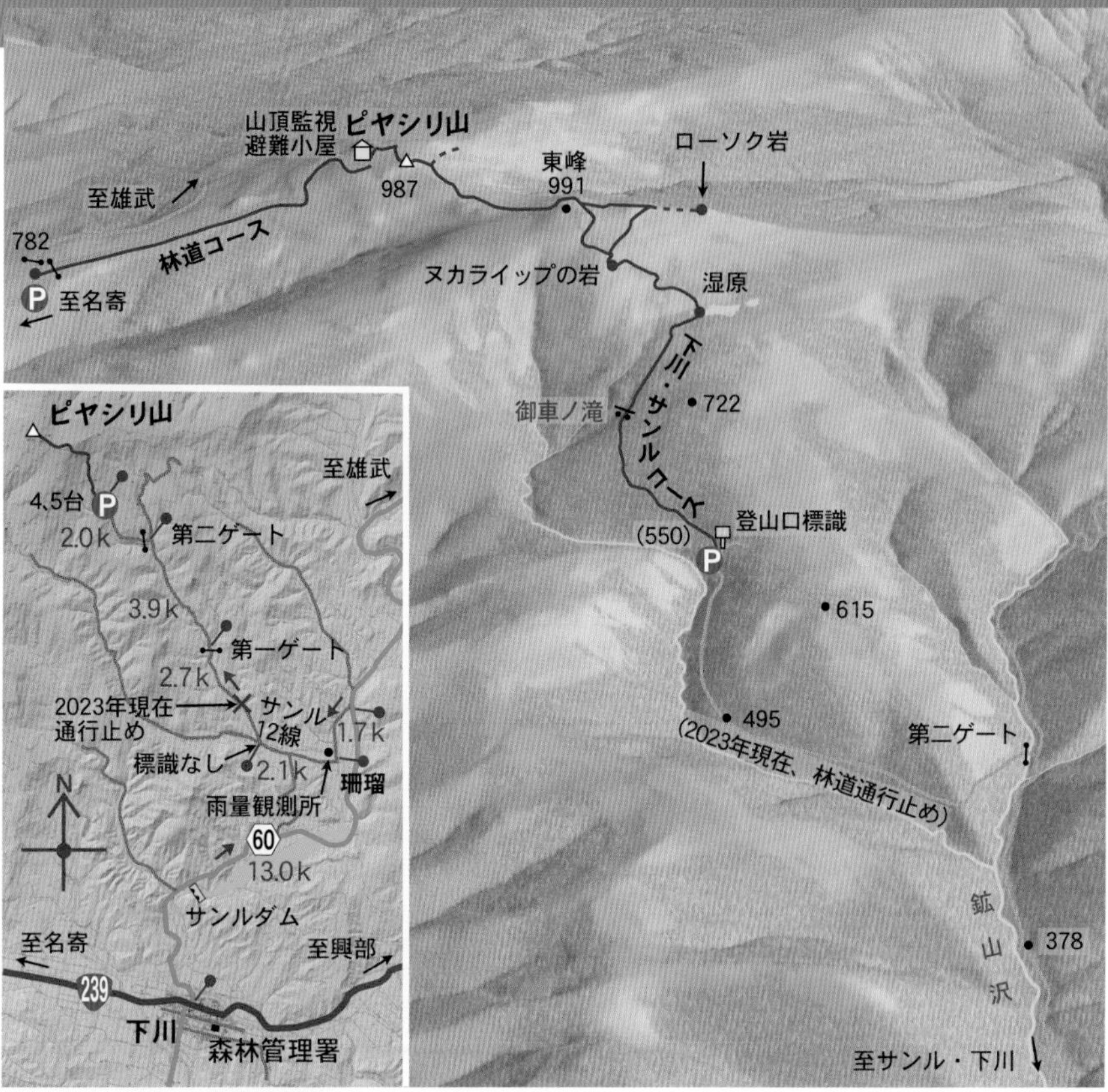

岩を伝う御車ノ滝

■体力（標高差）	35点
■登山時間加算	D
■高山度（標高）	C
■険しさ	D
■迷いやすさ	C
総合点40点［初級］	

走った先を左折、以降の経路はイラストマップを参照のこと。最後の9キロ弱は未舗装。登山口手前に数台分の駐車スペースがある。

入林に際しては上川北部森林管理署に事前申請（方法は「北海道森林管理局、国有林への入林」で

開放的な湿原。徐々に乾燥化が進んでいるようだ

検索)、または森林管理署入り口の名簿に記帳し、ゲートの鍵番号を確認する。なお、エゾシカ猟が解禁となる10月からは入林禁止。

■コースタイム(日帰り装備)

登山口 1:10↓ 0:40↑ 湿原 1:40↓ 1:10↑ ピヤシリ山

累積標高差　約470メートル

登り　2時間50分

下り　1時間50分

見ようによっては人の顔に見える
ヌカライップの岩

■ガイド(撮影　7月21日)

登山口から造林作業道跡を利用した山道に入る。傾斜が増してくると、左手に御車ノ滝が現れる。水量は少ないが岩盤を伝う水流が涼し気だ。

急な登りはほどなく終わり、かわって明るく開けた湿原に出る。アカエゾマツに囲まれてエゾカンゾウ、ワタスゲ、チシマノキンバイソウ、タチギボウシなどが風に

東峰を回り込み本峰に向かう。足元にはイワツツジやオオバナノエンレイソウなども

開けた山頂は展望も超ワイド

山頂から望むウェンシリ岳

揺れる気持ちのよい場所だ。

これを横切ると急な斜面となり、標高差100メートルほどを一気に登る。巨大な人の顔を連想させるヌカライ（ネ）ップまたはカヌマップの岩の基部を回り込んだ先で道は二手に分かれる。右はローソク岩経由の道、左はササの斜面をトラバース気味に登る道で、10分ほど先で再び合流する。

合流後は東峰（991メートル）の北側を巻いて緩く下った後、本峰に向かってゆるゆると登り返していく。なお、この東峰は本峰より高いが頂上に至る道はない。

広大なササ原の稜線をたどり、最後は大岩に至る道を右に分けて左に少し登ればピヤシリ山山頂だ。名寄盆地を挟んだ天塩山地、条件がよければその右に利尻山、背後には大雪山が広がるいい山頂だ。

ヨツバヒヨドリが咲く秋の道

林道分丁字路の登山口。ピヤシリ山は右へ

直線の林道は前後の展望がいい

林道コース

歩きやすい林道で簡単に山頂へ

■**交通**

実質的に利用できる公共交通機関はない。

■**マイカー情報**

186ページの「九度山」を参照しピヤシリスキー場へ。ゲレンデを左手に見ながら道なりに進み、ピヤシリ越林道に入る。約10キロ走った先の丁字路が山頂と雄武方面との分岐で、ここが登山口。数台分の駐車スペースがある。なお、6月はタケノコ採りの車で混雑しがちである。

■**コースタイム**（日帰り装備）

登山口 —0・45→ / ←0・30— ピヤシリ山

標高差　約205メートル

登り　45分

下り　30分

■**ガイド**（撮影　9月10日）

イラストマップは181ページ「下川・サンルコース」と共通。

ほぼ全行程が一般車通行止めの林道歩きであり、距離も約2キロ程

頂上下のオオバナノエンレイソウ(6 月下旬)

林道終点の避難小屋。その脇から山頂へ

山頂から名寄方面の眺め。天塩山地もよく見える

■体力（標高差）	30点
■登山時間加算	D
■高山度（標高）	C
■険しさ	D
■迷いやすさ	D
総合点35点［初級］	

度と知れている。登山としてはまことに味気ないが、下川コースが通行止めのときなどは利用価値があるだろう。

道の両側はネマガリダケで、タケノコシーズンには人の声やラジオの音を聞きながら登る。時にヒグマの痕跡を見るので注意のこと。

直線気味の道路が大きく左右にカーブを切るとすぐに終点となり、避難小屋（通年開放）が立っている。そこから山頂へは細い刈り分け道を200メートルほどである。

674m

九度山《くどさん》

ピヤシリスキー場コース

見晴らしのいいゲレンデを登って

■**交通**

JR名寄駅から名士バス（☎01654-2-4151）日進ピヤシリ線で終点下車。またはタクシー（名寄交通☎01654-2-4444、三浦ハイヤー☎01654-2-4321）が利用できる。

■**マイカー情報**

下川市街から道道939号経由で約9キロ、登山口のピヤシリスキー場に着く。広い駐車場あり。

■**なよろ温泉サンピラー**

スキー場下にある宿泊施設。日帰り入浴可。☎01654-2-2131

■**トムテ文化の森キャンプ場**

名寄市郊外、登山口への途中にある。

▼期間＝5月1日～10月31日

▼使用料＝無料

▼管理・問い合わせ先＝森林学習展示館☎01654-3-

■体力(標高差)	35点
■登山時間加算	D
■高山度(標高)	C
■険しさ	D
■迷いやすさ	D
総合点40点［初級］	

名寄市日進から

名寄市の北東に位置し、ピヤシリスキー場が開かれている山。ちなみにピヤシリ山はスキー場と関係ないので少し紛らわしい。山頂部は国指定の史跡名勝天然記念物「ピリカノカ」に登録されている。山頂直下までゲレンデ内に登山コースがあり、ササ刈りなどの整備も行われている。

山名はアイヌ語の「クトゥンヌプリ＝崖がある山」に「九度」の名をあてたようだ。また「チノミシリ＝我が祀る山」という別名もある。

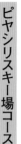

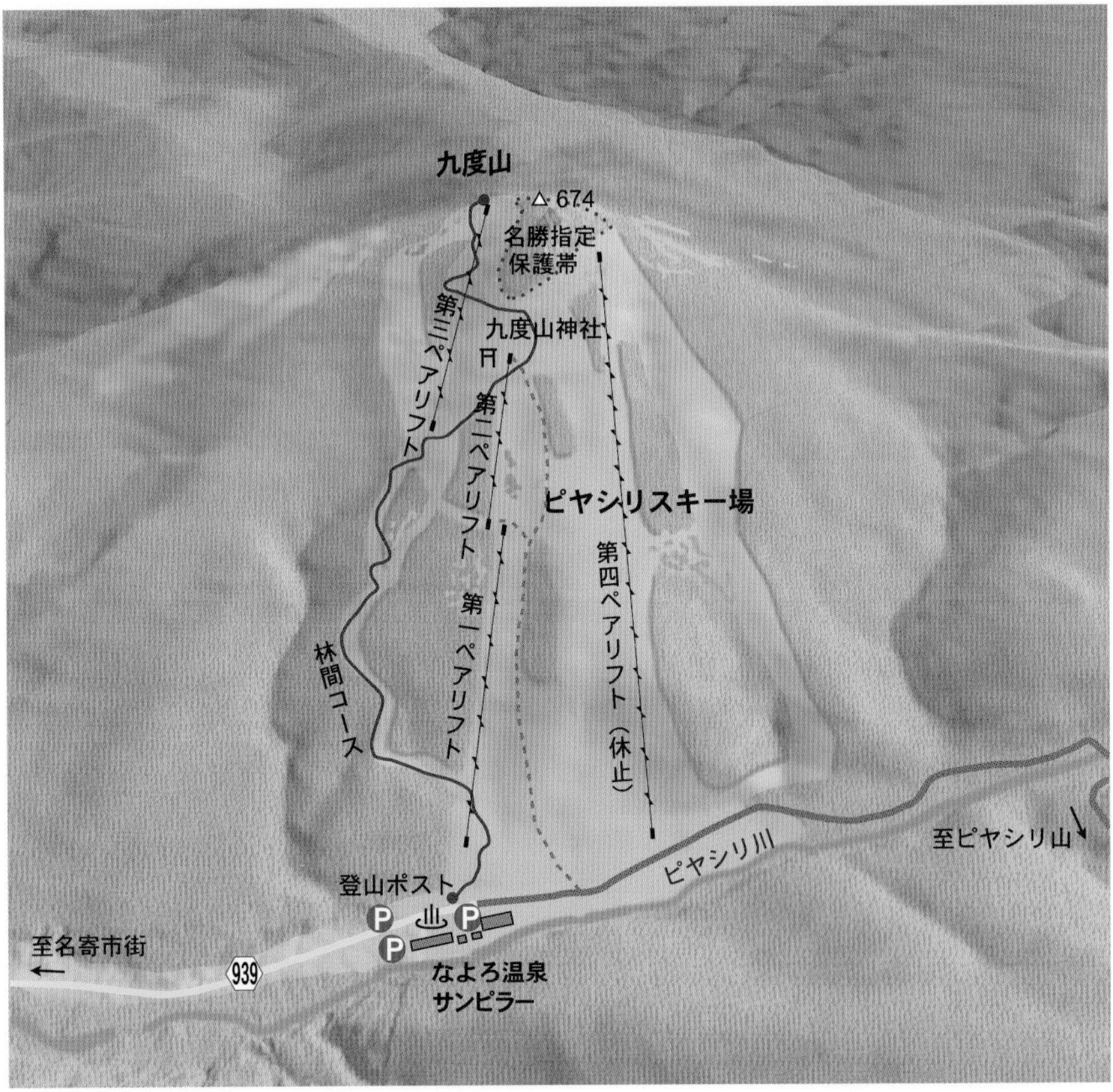

スキー場左手下部が登山口。駐車場から

7400

■道立サンピラーパーク森の休暇村オートキャンプ場

前項のキャンプ場に隣接。通年利用可能なコテージあり。

▼期間＝4月下旬〜10月31日
▼使用料＝有料
▼管理・問い合わせ先＝森の休暇村事務所☎01654−3−9555

リフト線を潜って林間コース方面へ

第1リフト下から登山開始

ピヤシリシャンツェが見える

日当たりが良く時期によっては草が繁り気味かも

■**コースタイム**（日帰り装備）

登山口 ―1:20↓ 1:00↑― 第3リフト降車場

（九度山）

標高差　約450メートル

登り　1時間20分

下り　1時間

■**ガイド**（撮影　9月10日）

登山道はゲレンデを利用したものだが、どこでも登れるわけではなく、設定されたコースを歩く。毎春、草刈りなどの整備が行われ、登山ポスト内にはコース案内図のプリントも用意されている。

スタートはゲレンデに向かって左側、第1リフト乗り場の下。キッカー（ジャンプ台）を右に迂回し、リフトの第3、4支柱下を潜って左の林間コースに入る。

勾配は徐々にきつくなり、ジグザグを切るように高度を上げてゆ

第3リフト降車場が登山の終点。名寄盆地の眺めがいい

上：ササなどの侵出で数が減ったヤマハハコ
左：ゲレンデ下部が近づき間もなく下山。右がなよろ温泉サンピラー

く。第3リフト乗り場下の広場を横切り、その先で第2リフト上部を潜る。そのまま道なりに進んで気付かぬうちに九度山神社横を通り過ぎ、第3リフト下の急斜面をに取り付く。振り返るとピヤシリシャンツェ（ジャンプ競技場）が俯瞰され、サマージャンプの練習に励む選手が見えるかもしれない。このあたりは以前はヤマハハコの群生が見ごとだったが、最近は規模が小さくなったようだ。

斜度が緩むと第3リフト降車場で、ここが実質的な登山の終点である。最高点は東側の崖上にあるが、保護地帯であることに加えて危険なことから、地元では立ち入りを制限している。

板敷きの降車場はさしずめ展望デッキのようであり、天塩山地や名寄市街がよく見える。

1142m

ウェンシリ岳《だけ》

約1112m

ポロナイポ岳《だけ》

■体力（標高差）	40点
■登山時間加算	D
■高山度（標高）	B
■険しさ	B
■迷いやすさ	D
総合点50点［初級］	

東尾根コース

ほどよい緊張感の岩稜を越えて

■交通

実質的に利用できる公共交通機関はない。強いてあげれば、下川町から下川ハイヤー（☎01655-4-3103、要予約）が利用できる。

■マイカー情報

西興部村から道道137号を滝上町方面に約15キロ走り、札久留《さっくる》峠手前で案内板に従って右折。舗装された林道を約5・2キロ走ったY字路を左に入り、さらに約1・3キロで登山口に着く。広い駐車場とトイレがある。

■ウェンシリキャンプ場

登山口にあり、無料バンガローもある。水場はないので持参する。

▼期間＝通年

▼使用料＝無料

▼管理・問い合わせ先＝西興部村産業建設課☎0158-87-2111

■森林公園キャンプ場

西興部村上藻、道道137号から

北見山地の中南部に位置し、一帯の最高峰である。地形は急峻で、随所に見られる雪崩斜面が標高1100m台とは思えないアルペン的な景観を漂わせる。ポロナイポ岳はその南西稜線上にある山だが、地形図に名は記されていない。

登山道は西興部村から2本、下川町から1本がある。

「ウェン・シリ」はアイヌ語で「悪い・山」のことで、沢上部の崖から名付けられたのかもしれない。「ポロナイ」は「大きな沢」を意味するという。

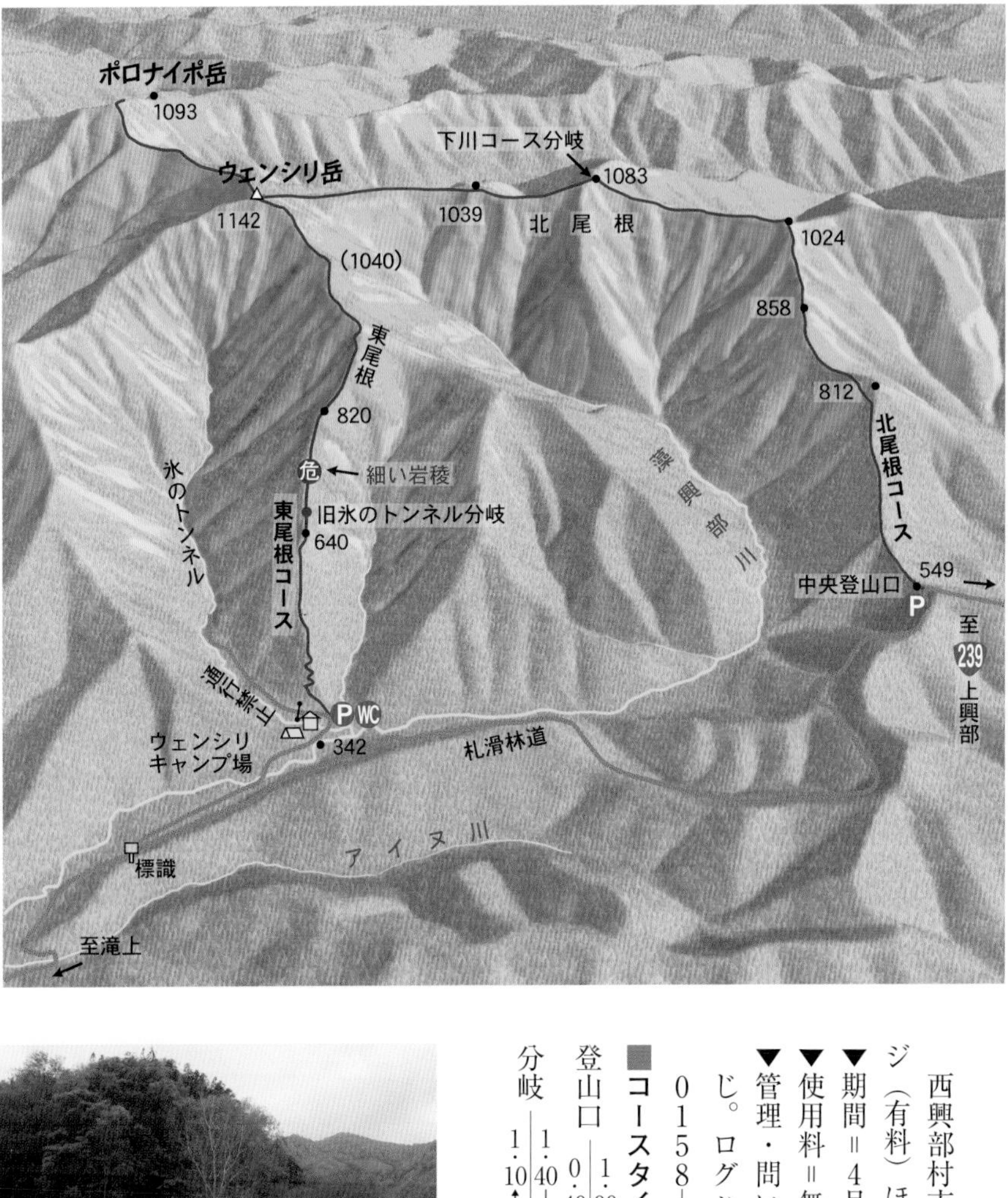

登山口のあるウェンシリキャンプ場

西興部村市街地にあり、コテージ（有料）ほか施設が整っている。
▼期間＝4月下旬～10月中旬
▼使用料＝無料
▼管理・問い合わせ先＝右記に同じ。ログハウスはホテル森夢《りむ》☎01558-87-2000まで。

■コースタイム（日帰り装備）
登山口 1:00↓ 0:40↑ 旧氷のトンネル分岐 1:40↓ 1:10↑ ウェンシリ岳

スタート直後の急登が一番きつい

上、右：旧分岐からしばらく細い岩稜上を歩く。露岩のため眺めはいい。もちろん行動は慎重に。特に岩が濡れているときは要注意！

旧氷のトンネル分岐。廃道だが道標は残っている

累積標高差　約825メートル
登り　2時間40分
下り　1時間50分

■**ガイド**（撮影　7月20日ほか）

本コースは山頂への最短コースだが、途中に岩場の通過がある。後述するようにさほど悪い状況ではないが、不安な人は195ページの「北尾根コース」を選ぶとよい。

キャンプ場の脇に登山口があり、入山ポストも設置されている。初っ端から足を滑らせるような土の急登が続き、一気に標高差100メートル

森林限界を抜けると
山頂が見えてくる

雪崩で木がなぎ倒された雪崩斜面。スキー場のようだ

以上を稼ぐ。尾根に乗ったところで一時緩やかになるが、すぐにまた急になり、その後も緩急を繰り返す。

640メートル標高点の少し先で旧氷のトンネルコースの分岐となる。同所は西興部村を代表する観光名所だったが、崩落事故をきっかけに立入禁止となった。それに伴いこのコースも閉鎖、廃道化した。

ここからコースはにわかに狭まってリッジ状の岩場となる。鎖などはないが岩はカッチリしており、慎重に歩を進めれば心地よい緊張感と高度感を楽しめる。おまけにエゾムラサキツツジが多く見られるのも嬉しい。820メートル標高点までの間にこうした岩場を3カ所ほど通過し、その後はミズナラ混じりのダケカンバ林に入ってゆく。

標高950メートル付近でやや南寄り

天候に恵まれると、はるか遠く利尻山が見える

上：南ー東ー北の展望が開けた山頂
右：山頂から登ってきた尾根を見下ろす。ここもまた雪崩斜面が目立つ

に進路が変わると、右手に北尾根の長い稜線が目に入ってくる。周囲はハイマツ帯で、きれいに刈り分けられた道が歩きやすい。

1040メートルコブまで来ると山頂が目前に大きく迫り、その山肌は大木が無い急な雪崩斜面になっているのがわかる。この斜面一帯に降る雪が集まって、標高わずか400メートルほどの谷間に巨大なスノーブリッジ＝氷のトンネルをつくっているのである。

最後の登りは小規模なダケカンバ林で、これを抜ければウェンシリ岳山頂である。

それほど高い山ではないが、南に天塩岳や大雪山、東にはオホーツク海や鬱《うつ》岳が見渡せる。条件がよければ、これより北で唯一この山より高い山、利尻山を望むこともできるだろう。

東尾根上部から見た北尾根。中央の顕著なピークが下川コース分岐の 1083 m ピーク

北尾根（中央登山口）コース

長いが見晴らしのよい尾根歩き

■**交通、マイカー情報、キャンプ場情報**は、基本的に190ページ「東尾根コース」と同じ。

登山口はウェンシリキャンプ場の手前約1・3キロのY字路を右に進み、札滑《さっこつ》林道を約4・6キロ走った549メートル標高点の峠地点。広くなった路側帯に数台駐車可能。

なお、この林道は国道239号上興部からも入ることができる。全線舗装、国道から約12・5キロ。

札滑林道の峠にある登山口

■体力（標高差）	40点
■登山時間加算	C
■高山度（標高）	B
■険しさ	D
■迷いやすさ	D
総合点50点［初級］	

■**コースタイム**（日帰り装備）

中央登山口 ―1:50↓ 1:00↑― 1024メートルピーク ―0:30↓ 0:30↑― 下川コース分岐 ―1:00↓ 0:50↑― ウェンシリ岳

累積標高差　約800メートル
登り　3時間20分
下り　2時間20分

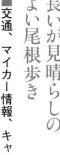

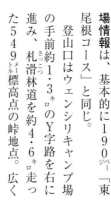

1024 m ピーク付近から頂上(左)を見る

812 m コブの巻き道

毎秋、町民登山会が開かれることもあり、
定期的にササ刈りが行われている

下川コース分岐を後に頂上へ。
気持ちのいい稜線が続く

■ガイド（撮影　9月28日ほか）

登山口は地形図の549メートル標高点地点で、案内板がある。コースはずっと尾根通しで途中に水場はないので、水の準備は十分に。

1024メートルピークまではほぼ樹林の中である。途中、812メートルコブだけは南斜面を巻くが、その他はほぼ忠実に尾根上をたどる。

858メートル標高点前後の急な登りはダケカンバ林からハイマツ帯への

山頂から歩いてきた北尾根を振り返る

移行部分で、木の丈が低くなり北尾根からウェンシリ岳への連なりや背後の鬱岳などが望まれる。その後、小さなコブを一つ越え、１０２４メートルピークに登り詰める。このあたりはチシマザクラが多い。

ここからはアップダウンが少なくなり、気持ちいい稜線歩きの始まりだ。なお、取材時は糞や掘り起こしなどヒグマの真新しい痕跡が随所に見られた。

１０８３メートルピークは下川コース分岐で、西に伸びる尾根に道が開けている。頂上へと続く稜線はさらに展望が利くようになり、道端にはチシマノキンバイソウ、チシマフウロ、ナガバキタアザミなどの高山植物が見られる。

最後はハイマツの中を登り、右にポロナイポ岳への道を分けて頂上に着く。

ポロナイプ林道は左へ。標識はない

奥名寄林道入り口の施錠ゲート

林道から登山道へ。道標は朽ちてしまった

林道終点の駐車スペース

下川コース

奥深い登山口から急登、そして稜線へ

■特記事項

登山口へ通じる奥名寄林道は２０２３年の大雨により通行止め。復旧工事の予定はあるが開通時期未定。詳しくは上川北部森林管理署（☎０１６５５-４-２５５１、下川町緑町21番地４）まで。以下のコースガイドは２０２２年の取材をもとにしたものである。

■体力（標高差）	40点
■登山時間加算	D
■高山度（標高）	B
■険しさ	D
■迷いやすさ	D
総合点45点［初級］	

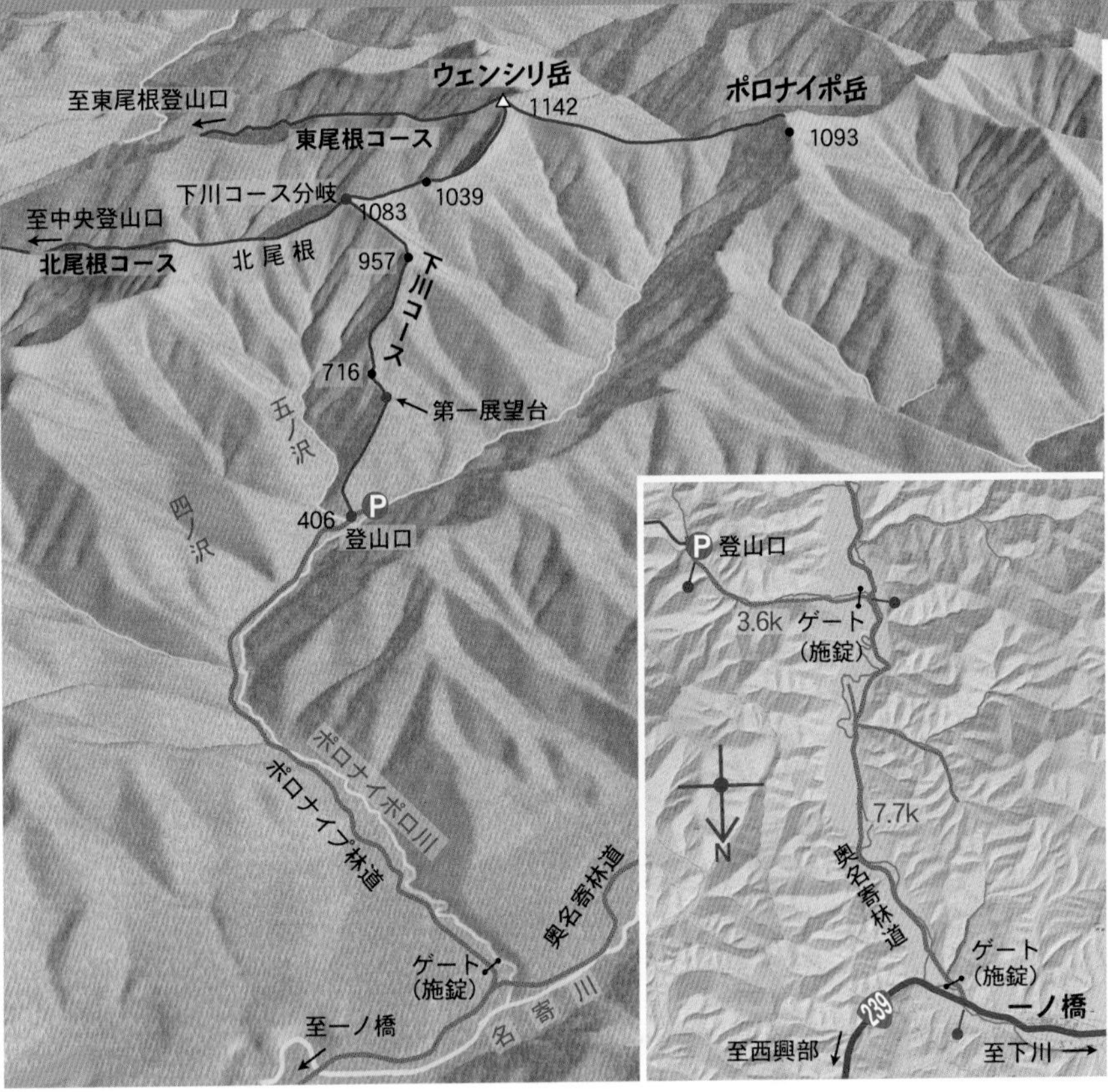

■**交通**

起点となる下川町までは、ＪＲ名寄駅から名士バス（☎０１６５４－２－４１５１）下川線を利用する。そこから登山口までの公共交通機関はない。タクシー（下川ハイヤー☎０１６５５－４－３１０３、要予約）はどこまで入れるかは道路状況による。

■**マイカー情報**

下川市街中心部から国道２３９号を西興部方面に約13・4キロ走り、名寄川に沿う奥名寄林道に入る。未舗装の林道を約７・７キロ走って左に分かれるポロナイプ林道に入り、さらに約３・６キロで終点。途中２カ所に施錠ゲートあり。６、７台分の駐車スペースがある。

入林に際しては上川北部森林管理署に事前申請（方法は「北海道森林管理局、国有林への入林」で

視界の開けた第２展望台から
1083ｍピークを目指す

はじめは急傾斜の道が続く

第１展望台は木々の間に稜線がちらり

検索）、または森林管理署入り口の名簿に記帳し、ゲートの鍵番号を確認する。なお、エゾシカ猟が解禁となる10月からは入林禁止。

■コースタイム（日帰り装備）

登山口 1:10↓ 0:40↑ 957メートル標高点 1:00↓ 0:50↑ 下川コース分岐 0:30↓ 0:20↑ ウェンシリ岳

累積標高差　約835メートル
登り　2時間40分
下り　1時間50分

■ガイド（撮影　9月28日）

登山口は林道終点の手前、五ノ沢出合を過ぎた地点。道標が老朽化し、ややわかりにくい。

コースに入ると鬱蒼とした樹林となり少々不安を抱くが、林床にはほとんどササがなくその美しさに意表を突かれる感じだ。トドマツやエゾマツが混じる広葉樹林の

上：1083 m ピークに着いた
左：同所から東方の眺め。遠方中央に藻岳

1083 m ピークから山頂(左)へ。展望の稜線が続く。右はポロナイポ岳

中、最初からきつい登りが続き、高度はぐんぐん上がる。

　傾斜が落ちてコースがはっきりした尾根上をたどるようになると、第1展望台の標識を見る。ただし、周囲は樹林に遮られてさしたる展望は期待できない。

　緩急を繰り返しつつ尾根上を登るうち、周囲は次第にダケカンバ林に変わる。標高800メートルを越えると周囲の植生はササと低木となる。957メートル標高点は標識が無くなっているが第2展望台といい、今度は見晴らしがいい。

　見上げる稜線上の1083メートルピークへの登りが辛そうだが、実際にはひと汗程度で届く距離だ。秋は紅葉も美しく、周囲の展望とともに楽しめる。

　1083メートルピーク以降は197ページ「北尾根コース」を参照のこと。

分岐を入ってほどなくの場所から見たポロナイポ岳(中央)

ポロナイポ岳

おおらかな山並みに縦走気分を楽しむ

■**交通、マイカー情報、キャンプ場情報**は、ウェンシリ岳の各コースを参照のこと。

ポロナイポ岳への分岐。道標の支柱だけが残っている

■**コースタイム**(日帰り装備)

東尾根登山口 ―2:40↓ 1:50↑― ウェンシリ岳

―1:00↓ 1:00↑― ポロナイポ岳

＊ウェンシリ岳から

累積標高差　約140メートル

行き　1時間

帰り　1時間

＊東尾根登山口から

累積標高差　約965メートル

登り　3時間40分

下り　2時間50分

■**ガイド**(撮影　9月28日)

ウェンシリ岳から南西に伸びる稜線上、直線距離にして約1・5キロの場所にある山。地形図の1093メートル標高点のすぐ東のピークにあたるが、山名表記はない。コースはササ刈りの形跡は見られるが、タイミングによっては部分的に被っているかもしれない。

あまりくつろげない狭い山頂

2022 年取材時は山頂下のササが濃かった

山頂からはウェンシリ岳(右)から続く北尾根がよく見える

体力(標高差)	45点
登山時間加算	C
高山度(標高)	B
険しさ	B
迷いやすさ	C
総合点65点［中級］	

●東尾根登山口から

北尾根コースからは計 60 点[中級]、下川コースからは計 60 点[中級]となる

ウェンシリ岳山頂から北尾根を80《メートル》ほど下った地点が分岐点で、ポロナイポ岳は左の刈り分けに入る。樹林帯をどんどん下り、顕著な尾根上に出ると目指す山がちらりと姿を現す。

コルまで下って小さな起伏を越えるが、このあたりが道中一番見通しが利く。二つ目のコルからササがうるさい急斜面を登り返すと、低木に覆われた稜線の一角といった趣の山頂に着く。どっしりとしたウェンシリ岳が印象的だ。

天塩岳・愛別周辺

名寄川上流《なよろがわじょうりゅう》
(2.5万)
下川町
幾山岳
1031
上札久留《かみさっくる》
(2.5万)
奥札久留
至滝上・紋別
滝上
柵留山
852
岩尾岳
1000
二子森
700
滝上町
茂瀬《もせ》
(2.5万)
藻瀬狩山《もせかりざん》
(2.5万)
61
似峡岳
745
藻瀬狩山
926
渚滑岳《しょこつだけ》
(5万)
上雄柏
渚滑岳《しょこつだけ》
(2.5万)
於鬼頭岳《おきとだけ》
(2.5万)
273
上雄柏《かみゆうはく》
(2.5万)
渚滑岳
1345
617
於鬼頭岳
1176
馬背山
1198
前天塩岳
1540
雄柏山《ゆうはくざん》
(2.5万)
天塩川
士別市
天塩岳
1558
雄柏山
1268
滝上町
天塩岳《てしおだけ》
(2.5万)
宇江内山《うえんないざん》
(2.5万)
浮島湿原
宇江内山
1187
突角山
1060
上川《かみかわ》
(5万)
チトカニウシ山
1446
摺鉢山
1027
天幕山
1052
中越《なかこし》
(2.5万)
至白滝・遠軽
上川《かみかわ》
(2.5万)
上川町
浮島
北見峠
石北本線
273
奥白滝
白滝PA
333
かみかわ
旭川紋別自動車道
北見峠《きたみとうげ》
(2.5万)
上川層雲峡
奔然別
1005
39
273
菊水《きくすい》
(2.5万)
万景壁《ばんけいへき》
(2.5万)
平山《ひらやま》
(2.5万)
天狗岳
1553
有明山
1635
石狩川
至層雲峡

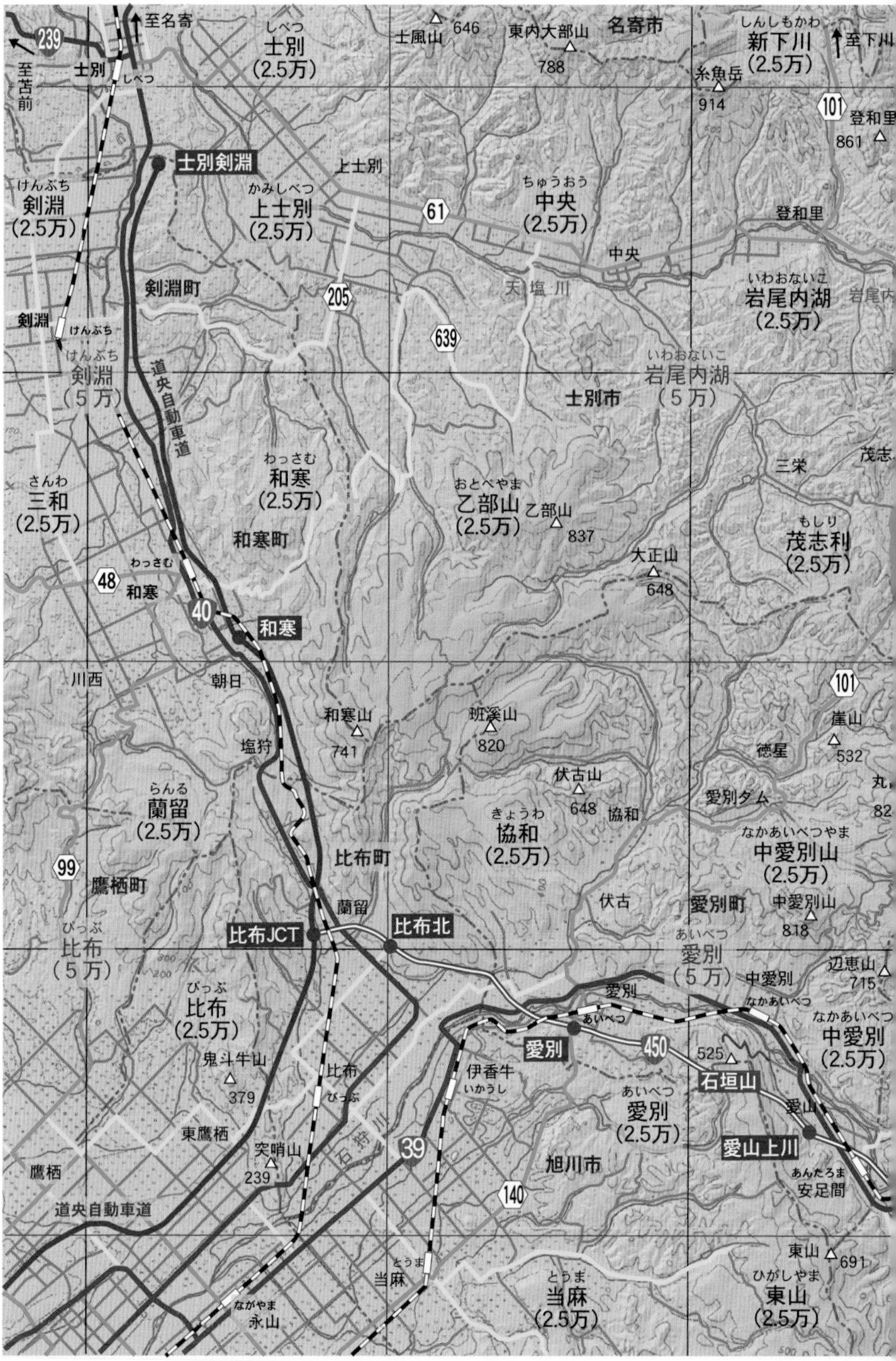

239
至苫前
士別 しべつ
至名寄
士別《しべつ》
(2.5万)
士風山 646
東内大部山 788
名寄市
新下川《しんしもかわ》
(2.5万)
至下川
糸魚岳 914
101
登和里 861
士別剣淵
剣淵《けんぶち》
(2.5万)
上士別
上士別《かみしべつ》
(2.5万)
61
中央《ちゅうおう》
(2.5万)
登和里
中央
剣淵町
205
天塩川
岩尾内湖《いわおないこ》
(2.5万)
岩尾内
639
剣淵 けんぶち
剣淵《けんぶち》
(5万)
道央自動車道
岩尾内湖《いわおないこ》
(5万)
士別市
茂志
三栄
和寒《わっさむ》
(2.5万)
三和《さんわ》
(2.5万)
乙部山《おとべやま》
(2.5万)
乙部山 837
茂志利《もしり》
(2.5万)
和寒町
大正山 648
48
和寒《わっさむ》
40
和寒
川西
朝日
101
和寒山 741
班渓山 820
崖山 532
塩狩
徳星
伏古山 648
愛別ダム
蘭留《らんる》
(2.5万)
協和
協和《きょうわ》
(2.5万)
中愛別山《なかあいべつやま》
(2.5万)
99
鷹栖町
比布町
蘭留
伏古
愛別町
中愛別山 818
比布JCT
比布北
比布《ぴっぷ》
(5万)
愛別《あいべつ》
(5万)
辺恵山 715
中愛別
愛別
中愛別 なかあいべつ
比布《ぴっぷ》
(2.5万)
愛別 あいべつ
中愛別《なかあいべつ》
(2.5万)
450
525
鬼斗牛山 379
伊香牛 いかうし
石垣山
比布 ぴっぷ
愛別《あいべつ》
(2.5万)
愛山
東鷹栖
石狩川
愛山上川
突哨山 239
39
旭川市
安足間《あんたろま》
鷹栖
140
道央自動車道
東山 691
当麻 とうま
当麻《とうま》
(2.5万)
東山《ひがしやま》
(2.5万)
永山《ながやま》

1558m

天塩岳《てしおだけ》

体力（標高差）	45点
登山時間加算	C
高山度（標高）	B
険しさ	C
迷いやすさ	C
総合点60点［中級］	

北大雪・比麻良山から

北見山地の最高峰であると同時に利尻山を除けば道北の最高峰でもある。前天塩岳や西天塩岳を従えた堂々たる山容を誇りながら、山深い所にあるため山麓からも周囲の山からもその全貌を捉えにくい。

コースは士別市側の天塩岳ヒュッテを起点に３本ある。それぞれ違った魅力があり、周回コースで歩く人も多い。

天塩川の水源にある山で、天塩川はアイヌ語の「テシ・オ・ペッ＝梁のような岩がある川」が語源といわれている。

前天塩岳コース

天塩川源流域を一望しながら

■交通

実質的に利用できる公共交通機関はない。タクシーが使える最寄り駅はＪＲ愛別駅だが、登山口まで約40キロの距離がある（愛別ハイヤー☎01658-6-5234、要予約）。

■マイカー情報

道道101号於鬼頭《おきと》峠の北側峠下から、「天塩岳登山口」の標識に従って天塩川本流沿いの市道朝日天塩岳道路に入る。途中、ポンテシオダムから未舗装だが普通車で通行可。約17キロで終点の登山口に着く。天塩岳ヒュッテとキャンプ場、トイレ、水道がある。

■天塩岳ヒュッテ

詳細は209ページの囲み記事を参照。

■岩尾内湖白樺キャンプ場

岩尾内ダム湖のほとりにあり、バンガロー、シャワー、コインランドリーなどがある。登山口まで約28キロ。

▼期間＝４月下旬～10月中旬

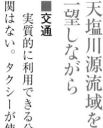

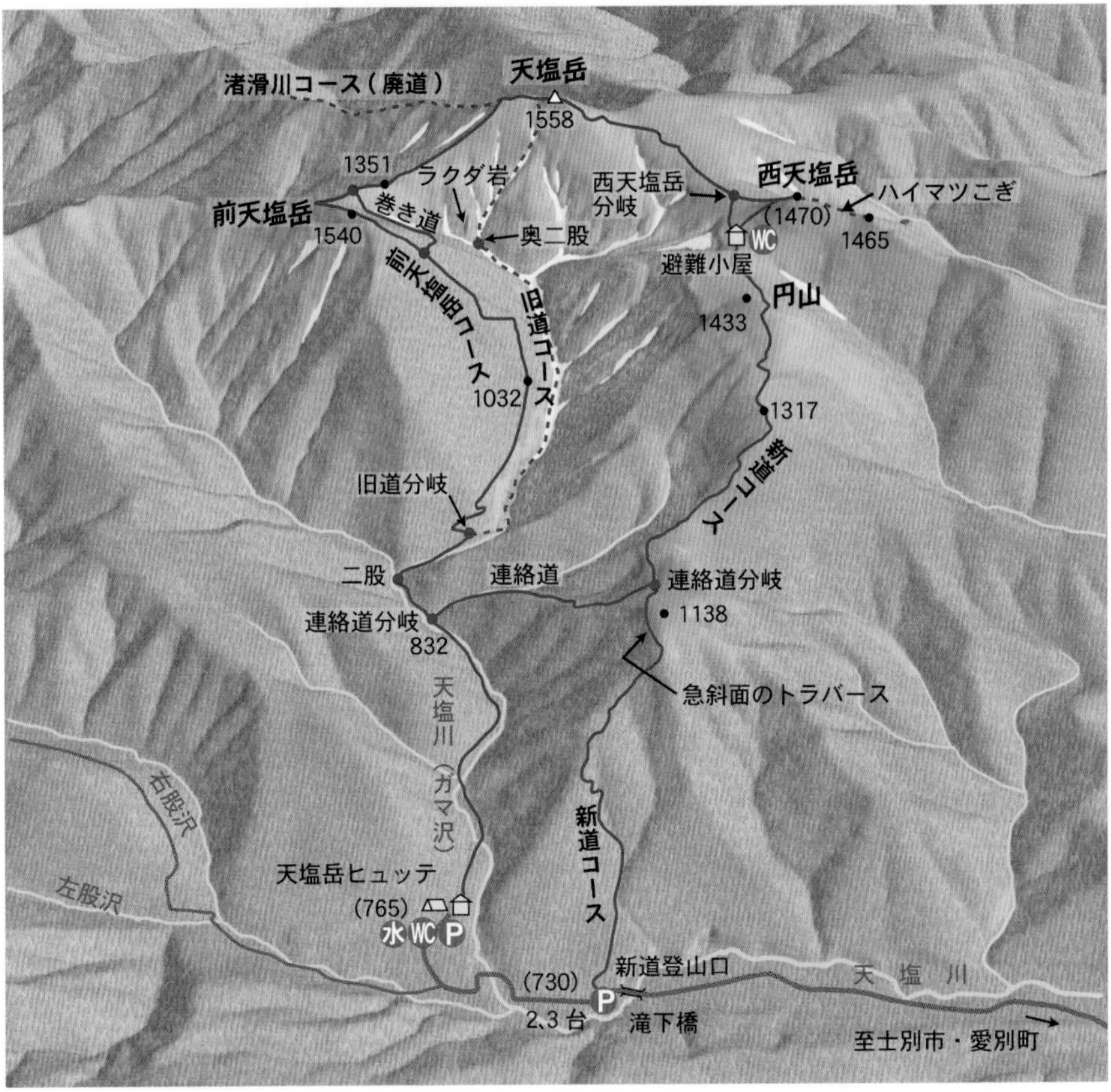

▼使用料＝有料

▼管理・問い合わせ先＝現地管理棟☎０１６５-２８-２８８０、士別市朝日支所地域生活課（期間外）☎０１６５-２８-２１２１

■コースタイム（日帰り装備）

天塩岳ヒュッテ ―0:40↓ 0:30↑― 旧道・連絡道分岐 ―0:20↓ 0:20↑― 旧道分岐 ―1:50↓ 1:20↑― 前天塩岳 ―1:10↓ 1:00↑― 天塩岳

天塩岳ヒュッテと駐車場。登山口は中央奥

新道への連絡道分岐。ここは直進

はじめは造林道跡の平らな道

木の橋で天塩川を渡る。大雨の後は流されることがあるので士別市 HPで確認を

累積標高差　約980メートル
登り　4時間
下り　3時間10分

■ガイド（撮影　9月15日）

前半は天塩川源流に沿って歩き、後半は大パノラマの稜線歩きという変化に富んだコースである。後述の新道コースと結び、周回で歩けばさらに充実した登山となる。

源流から急登を経て前天塩岳へ

天塩岳ヒュッテ玄関の入山ノートや注意事項を確認し、左手の登山口に入る。造林道跡の広い道を進み、すぐに鉄製の踏み板で天塩川を渡る。道内第2位の長さを誇る大河も、ここではまだ渓流の様相だ。この後、旧道分岐までに3回川を渡るが、いずれも木の橋が架かり靴を濡らす心配はない。

旧道・連絡道分岐を沢に沿って直進すると、道はやや狭く山道ら

天塩岳ヒュッテ

登山口にある2階建ての無人小屋。薪ストーブあり。寝具、炊事用具、食料は持参。水は要煮沸。小屋前はキャンプ場で炊事棟や清潔なトイレがある。

▶収容人数＝40人
▶期間＝通年
▶使用料＝無料
▶管理・問い合わせ先＝士別市朝日支所地域生活課☎ 0165-28-2121

天塩岳避難小屋

新道コース上部、円山と天塩岳の間にある。水は残雪利用（7月上旬まで）か持参。収容18人。トイレあり。問い合わせ先は上記に同じ。

しくなる。苔むす沢に朝日が差し込み、エゾワサビやアイヌワサビなどの花も見られて清々しい。

旧道分岐で沢と別れ、電光を切って斜面に取り付く。その後はしばし山腹のトラバースが続く。対岸高くには新道のある稜線が見え、早い時期は雪渓も輝いている。

やがて足元にガラガラとした石が増え始め、１０３２㍍標高点付近から小刻みにジグザグを切る急な登りとなる。この急登は前天塩岳山頂手前まで標高差約４００㍍に渡って続くもので、登るも下るも滑りやすく消耗するところだ。焦らずたんたんと登っていこう。

標高１３００㍍付近でダケカンバ林となり、対岸の稜線に新道の刈り分けや避難小屋が見えてくる。さらに50㍍も登るとハイマツ帯となり、ほどなく前天塩岳に直

足元不安定な急登が続く

旧道と別れ山腹をトラバース

上：主峰にも劣らない展望の前天塩岳
右：前天塩岳山頂下のガレ場。下りも滑落や転倒に注意を

上する道と山腹をショートカットする巻き道とに分かれる。天気がよければ直進の一択だろう。岩れき地の急な直登は実に辛いが、登るほどに大雪山や十勝連峰を見渡すようになり、足元にはイソツツジやコケモモが咲き誇るのが慰めだ。

登り着いた前天塩岳山頂からは南に天塩岳がどっしりと構え、その山頂直下から始まる天塩川源頭部の様子がよくわかる。

前天塩岳から天塩岳へ

前天塩岳だけでもなかなかの達成感だが、眼の前の主峰はさらに18メートル高い。ひと息ついたところで再出発するとしよう。

山頂から下り始めてすぐに目に入る白いハイマツの枯れ枝は、半世紀の時を経てもなお残る大規模な山火事の痕跡である。さらに、コルとのほぼ中間点で合流する巻

前天塩岳山頂手前から円山(右)、西天塩岳(左)を見る。登山道の刈り分けも見える

前天塩岳から見た天塩岳。奥は右に大雪山、左にニセイカウシュッペ山

前天塩岳を背に天塩岳へ向けて登り返す

上：稜線上にはイソツツジが多い(7月)
左：天塩岳山頂。御影石の立派な山頂標柱が待っている

き道はその時の防火帯の名残だそうだ。このあたりの稜線は、西側（右側）は冬の季節風を受けるハイマツ帯、東側は雪が溜まり落ちる急な草付きとなっている。

ややだらだらしたコルを通過し、徐々に斜度が増して天塩岳へと登り返す。標高差は約２００《メートル》。肩まで登ると滝上側への道標があり、尾根上には踏み跡らしきものも見えるが、コースはすでに廃道化している。そこから西へ進路を変え、小規模なお花畑を抜けると山頂はもう目の前だ。

山頂からは南に表大雪、東大雪、北大雪の山々が一望でき、少し距離はあるが大雪山系の展望台として申し分ないだろう。その左には浮島《うきしま》湿原の台地が印象的だ。さらに遠く利尻山まで見えればラッキーのひと言だろう。

新道コース

おおらかな山並みを闊歩する爽快コース

■交通、マイカー情報、キャンプ場情報は、基本的に206ページ「前天塩岳コース」と同じ。

新道登山口は天塩岳ヒュッテ（旧道登山口）の手前約1キロにあり、周辺に2、3台分の駐車スペースがある。林道走行車の邪魔にならないよう駐車すること。ヒュッテからは徒歩約15分。

■コースタイム（日帰り装備）

天塩岳ヒュッテ　0・40↓　0・30↑　旧道・連絡道分岐　0・40↓　0・25↑　新道・連絡道分岐

新道登山口　1・00↓　0・50↑　新道・連絡道分岐　1・20↓　0・50↑　避難小屋　0・50↓　0・30↑　天塩岳

＊新道登山口から
累積標高差　約945メートル
登り　3時間10分
下り　2時間10分

＊天塩岳ヒュッテから連絡道経由で
累積標高差　約890メートル
登り　3時間30分
下り　2時間15分

■ガイド（撮影　9月15日ほか）

新道を登るといっても、多くの人は何かと便利な天塩岳ヒュッテ（旧道登山口）から入山し、連絡道を経由して新道に合流する。前

林道沿いの新道登山口。見過ごさないように

1138 m コブ下で一瞬、山頂方面が見える

■体力（標高差）	45点
■登山時間加算	C
■高山度（標高）	B
■険しさ	D
■迷いやすさ	C
総合点60点［中級］	

●新道登山口から

旧道登山口から連絡道経由の場合は、体力=40点となり、総合点は55点[中級]となる

付け変わった急な連絡道を登る

旧道・連絡道分岐を右へ

項の前天塩岳コースと結んで周回で歩く場合も、ヒュッテを起点としたほうがスムーズである。

　とはいえ、新道登山口も静かでしっとりとした森が続き、行程も若干短いなどメリットがある。

　ここではまず双方の登山口から合流点の新道・連絡道分岐までをそれぞれガイドし、続いて天塩岳までの行程をガイドする。

新道登山口から

　登山口を含めて途中に水場はないので事前に用意しておこう。登り始めは平坦なアカエゾマツの林をゆく。やがて右手の小さな沢に沿うが、ほどなく離れて傾斜がきつくなってくる。直登部分が多く、高度が上がるペースも早い。

　いつしか道は尾根に乗り、なおも緩急つけながら登ってゆく。1138メートルコブは急斜面の狭いトラバース道で巻く。木々の間に前天塩岳や本峰がチラリと見えると、新道・連絡道分岐となる。

天塩岳ヒュッテから連絡道経由で

　登山口から旧道・連絡道分岐までは208ページ「前天塩岳コース」を参照のこと。

　分岐から右の連絡道に入る。以前はしばらく沢に沿って登っていたが、数年前からすぐに尾根に取り付くルートに変わっている。結

新道・連絡道分岐。二つの登山口からの道はここで合流して山頂方面へ向かう

1317 m コブ(背後)から円山への斜面を登る

左前方に天塩岳、右前方に西天塩岳を見ながら、円山から避難小屋へ

ササの刈り分け道を山頂に向かう

構な斜度で高度を上げる道は、部分的にまだ馴染み切っていない感もあるが、テープなどの目印は多く迷うことはないだろう。

　標高９９０メートル付近でかつての道に合流し、なおも尾根上を登ってゆく。やがて斜度が緩んで山腹を斜上するようになると、左手に前天塩岳や天塩岳が見え、ほどなく新道・連絡道分岐に着く。

新道・連絡道分岐から天塩岳へ

　分岐からしばらく平坦な道を歩いた後、尾根に取り付く。ササ原にダケカンバがまばらに生えた急な登りにひと汗絞られ、傾斜が緩んだところで１３１７メートルコブとなる。周囲はハイマツ帯となって視界が利き始め、正面にはジグザグ道が刻まれた円山《まるやま》の斜面が大きい。もっとも標高差は１３０メートルほどで、取り付いてしまえば広がる展望に心が踊るほどだ。足元にはガンコウランやウラシマツツジ、そして高山帯ではこの山だけに分布するエゾゴゼンタチバナなどが見られる。

花が黒紫色を帯び、葉が対生するエゾゴゼンタチバナ(7月上旬)

山頂直下から歩いてきた円山(右)、西天塩岳(左)を眺める

　円山は地形図に山名表記はないが、１４３３メートル標高点のなだらかなコブである。天塩岳の全貌に加えてこれまで見えなかった西天塩岳の展望が一気に開け、その真っ只中を緩く下りながら三角屋根の避難小屋へ向かう。小屋前は開け、トイレもあるので一息入れるのにいいところだ。傍らには西天塩岳への道が分かれているが、その案内は２１８ページで。

　避難小屋からは背の高いササが密生した広く緩やかな尾根をたどる。西天塩岳のもう一つの登り口を過ぎると、次第にきれいな三角すいを描く山頂部が近づいてきて、沢の源頭部を回り込むようにその斜面に入っていく。歩いてきた雄大な稜線を見ながらハイマツ斜面にジグザグをきれば東西に細長い山頂の一角である。

上：天塩岳寄りの登り口分岐
右：避難小屋から西天塩岳へ。広い岩れき帯を登る

西天塩岳

　避難小屋の背後にあるピークで、小屋の横からと250メートルほど山頂寄りの2カ所に登り口がある。どちらも下部は深いネマガリダケの刈り分け道、上部は岩れき帯を経てハイマツ帯となる。岩れき帯にはペンキ印があるが、視界不良時や残雪時は道迷いに注意のこと。

　頂稜はいくつもコブが連なるが、道があるのは一番手前のピークまでで標高もここが一番高い。山頂からは天塩岳と前天塩岳が双耳峰のように並び、新道上からとはまた違った趣で望むことができる。

西天塩岳から見た天塩岳（右）と前天塩岳（左）

■コースタイム

西天塩岳分岐 ―0・15↓ 0・10↑― 西天塩岳

山頂標識も立ってます

旧道コース

本コースは天塩川源流を遡行《そこう》するものである。登山道というより沢沿いの踏み跡と認識すべきで、経験者同行の沢登り入門によいかもしれない。いずれにせよ初心者のみでは入らないこと。本書ではこれまで一般コースとして紹介してきたが、雪渓踏み抜きや高巻きの危険性などを考慮し、本改訂版から概要のみを紹介する。

コースは旧道分岐から中盤までは草刈りがされ歩きやすい。しかしその後は巻き道が不明瞭になり、また危険な高巻きなども増える。最後の二股は水流の少ない左に入る。正面にラクダ岩が見えてくると源頭部は近く、ハイマツの急斜面をダイレクトに突き上げて山頂に飛び出る。所要時間は旧道分岐から山頂まで約3時間。

中盤までは踏み跡もある程度明瞭で、渓相も美しい

天塩川源頭を見られるのは魅力だが…

進むほどに徐々に不安定な高巻きが増えてくる

525m

石垣山《いしがきやま》

中愛別コース

松浦武四郎ゆかりの岩壁をめぐって

■交通

JR中愛別駅から登山口まで、徒歩約1・7キロ、約30分。または JR旭川駅と層雲峡を結ぶ道北バス（☎0166-23-4161）で「中愛別発電所前」下車、徒歩約20分。愛別市街からは愛別ハイヤー（☎01658-6-5234）が利用できる。

■マイカー情報

国道39号を愛別市街から上川方面に約8・6キロ走り、石狩川に架かる中愛別橋を渡って直ぐに右折。あいべつオートキャンプ場前を通過して愛別発電所へ。発電所左横が登山口で、約10台分の駐車スペースがある。

■きのこの里あいべつオートキャンプ場

国道から発電所へ行く途中にあり、シャワーやコインランドリーなど施設が充実。

▼期間＝7月上旬〜9月下旬

国道 39 号中愛別橋から

石狩川中流域、旭川―上川間の左岸にあるが、一般的には大雪山系に含まないので道北の山として扱った。山とはいうものの、層雲峡などで見られる柱状節理の岩壁上の台地といった感じである。クライミングエリアとしても有名で、クラック系を中心に多くのルートが開かれている。登山道はそのアプローチを兼ねるとともに、霊場巡りにもなっているが、三角点のある最高点には通じていない。

山名は岩壁を石垣に見立てて名付けたものであろう。

■体力（標高差）	30点
■登山時間加算	D
■高山度（標高）	D
■険しさ	D
■迷いやすさ	D
総合点30点［初級］	

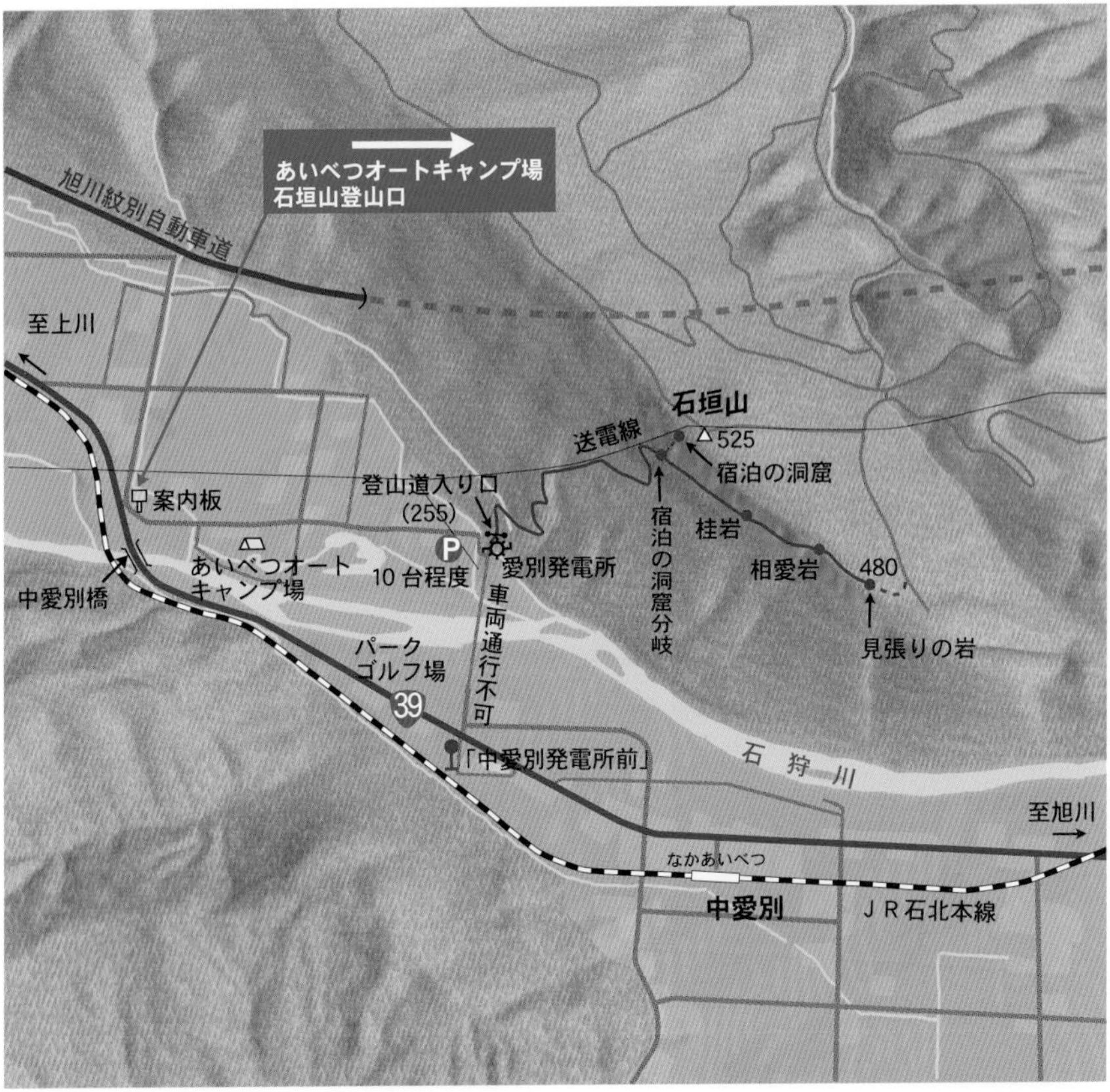

発電所横の駐車場と登山口

▼使用料＝有料

▼管理・問い合わせ先＝現地管理棟（期間内）☎01658−7−2800、NPO法人もりいく団（期間外）☎080−5831−9039

■コースタイム（日帰り装備）

登山口 —0・40↓ 0・25↑— 宿泊の洞窟分岐 —0・25↓ 0・20↑— 見張りの岩

八十八箇所巡りの霊場でもある

発電所裏手の送水溝を渡って登山道へ

カプセルホテルのような？洞窟

「宿泊の洞窟」分岐。コースは直進

標高差　約225メートル
登り　1時間5分
下り　45分

■ガイド（撮影　7月19日、9月10日）

発電所の左横から鎖のゲートを通過して車道を少し登り、送水溝の走る広場に出る。その奥にある金網に囲まれた木の橋を渡ると登山道が始まる。

コースはジグザグを描きながら落葉樹林の中に続いている。ミズナラ、センノキ、シナノキなどの大木が木陰を作るいっぽう、足元に積み重なる石が滑りやすい。

斜度が増し、岩壁に行き当たったところで右に避けるようにその基部を進む。カツラの大木から左上に入る踏み跡は明治時代の探検家松浦武四郎が泊まったとされる「宿泊の洞窟」に続いている。

その後もコースは岩壁の下をた

見張りの岩からの眺め。山城のような趣だ

カツラが生えた「桂岩」

台地上に続く広く平らな道

道中に点在する石仏

どりながら北へ北へと進むが、高度はほとんど上がらない。岩場に咲くダイモンジソウやヤマハナソウ、霊場巡りの石仏、岩の割れ目に生えたカツラの木などを見ながら、物見遊山気分の行程が続く。

九合目の相愛岩を過ぎたところで岩壁が途切れ、道はその隙間を突くようにするすると斜面を登って台地上に抜け出る。再び平坦な道となるが、今度は岩壁の上を歩くので、随所で展望が開ける。

霊場の記念碑がある小広場に行き着くと、本コースの終着点「見張りの岩」である。眼下に石狩川が望まれるが、足元は絶壁なのでくれぐれも注意を。

なお、この先の林道を経由して三角点のある頂上を目指す人もいるようだが、藪に覆われ東側は岩場が切れ落ちていて危険である。

天塩山地

遠別町
相志内向岳
638
至美深
ピッシリ山《やま》
（5万）
688
688
ピッシリ山《やま》
（2.5万）
ピッシリ山
1032
朱鞠内湖北部《しゅまりないこほくぶ》
（2.5万）
母士里
275
天
塩
山
地
朱鞠内岳
448
528
朱鞠内湖
白地畝山
580
729
朱
鞠
内
耶似様内岳
448
羽幌岳《はぼろだけ》
（2.5万）
羽幌岳
649
朱鞠内《しゅまりない》
（2.5万）
添牛内《そえうしない》
（5万）
士別市
幌加内町
251
上古丹別山
512
相雲内岳
608
摺鉢山
626
大曲
温根別《おんねべつ》
（2.5万）
白頭山
487
添牛内
霧
立
峠
239
士別峠
添牛内《そえうしない》
（2.5万）
霧立峠《きりたちとうげ》
（2.5万）
自動車
試験場
温根別
至士別
新富
239
天
塩
山
地
小平蘂山
960
雨
竜
川
釜尻山
913
政和
剣淵《けんぶち》
（2.5万）
三頭山《さんとうざん》
（2.5万）
742
政和《せいわ》
（2.5万）
小平蘂山
878
251
三頭山
1009
275
温根別ダム
小平町
長留内岳《おさるないだけ》
（2.5万）
雨煙別
犬牛別山
746
坊主山
743
幌加内《ほろかない》
（5万）
幌加内《ほろかない》
（2.5万）
三和《さんわ》
（2.5万）
至沼田・深川

至天塩
築別
有明ダム
天塩有明《てしおありあけ》
（5万）
羽幌《はぼろ》
（5万）
羽幌《はぼろ》
(2.5万)
高台
羽幌
曙
羽幌貯水池《はぼろちょすいち》
(2.5万)
朝日
曙《あけぼの》
(2.5万)
羽幌ダム
中央
羽幌町
上羽幌
愛奴沢
羽幌川
苫前
旭
苫前《とままえ》
(2.5万)
上羽幌《かみはぼろ》
(2.5万)
香川
幌別山《ほろべつやま》
(2.5万)
小川
上平
古丹別
朗音山
424
苫前《とままえ》
（5万）
三渓《さんけい》
（5万）
力昼
東川
苫前町
古丹別川
錐立山
307
豊浜
力昼《りきびる》
(2.5万)
三渓《さんけい》
(2.5万)
三渓
白頭山《はくとうざん》
(2.5万)
港町
小平町
大天狗岳《だいてんぐだけ》
(2.5万)
広富
港町《みなとまち》
(2.5万)
大天狗岳
567
富岡
ルペシュペナイ川《かわ》
(2.5万)
港町《みなとまち》
（5万）
達布《たっぷ》
（5万）
天狗山
376
大椴
達布《たっぷ》
(2.5万)
小平ダム
滝下
小平《おびら》
(2.5万)
至留萌
達布
232
239
708
356
747
762
437
1063
1049
741
126

1032m

ピッシリ山《さん》

蕗の台コース

朱鞠内湖を背に歩く長大な尾根コース

■交通

実質的に利用できる公共交通機関はない。

■マイカー情報

国道275号幌加内町母子里《もしり》から道道688号に入り、約11・6キロ先の「朱鞠内」の標識から左の道道528号（未舗装）に入る。約400メートルで丁字路を右折し、さらに600メートル先の通行止めゲート手前を右折して滝ノ沢林道に入る。林道入り口に登山口の標柱あり。そこから3・3キロで登山口となる林道終点に着く。路面状況は悪くなく、普通車でも特に問題ない。5、6台駐車可能なスペースと登山ポストがある。

なお、道道528号は前述のゲートから朱鞠内の最終人家間が通行止めとなっており、母子里経由でぐるっと回らなければならない。また、商店等は約40キロ離れた名寄市街または約70キロ離れた幌加

■体力(標高差)	45点
■登山時間加算	C
■高山度(標高)	C
■険しさ	C
■迷いやすさ	D
総合点55点［中級］	

国道275号朱鞠内湖から

北海道北西部を南北130キロに渡って広がる天塩山地だが、全体に高山は少なく、1000mをわずかに越えたこの山が最高峰となる。特徴に乏しい山容は遠方から指呼しにくいが、歩けば道北ならではの深くたおやかな山並みが印象的だ。

登山道は羽幌側と朱鞠内湖側にあるが、前者は林道が崩壊し入山不可能な状態が続く。

「ピッ・シリ」はアイヌ語で「石の山」の意味で、岩や石のある場所はあるが、山名に結びつくほどの印象はない。

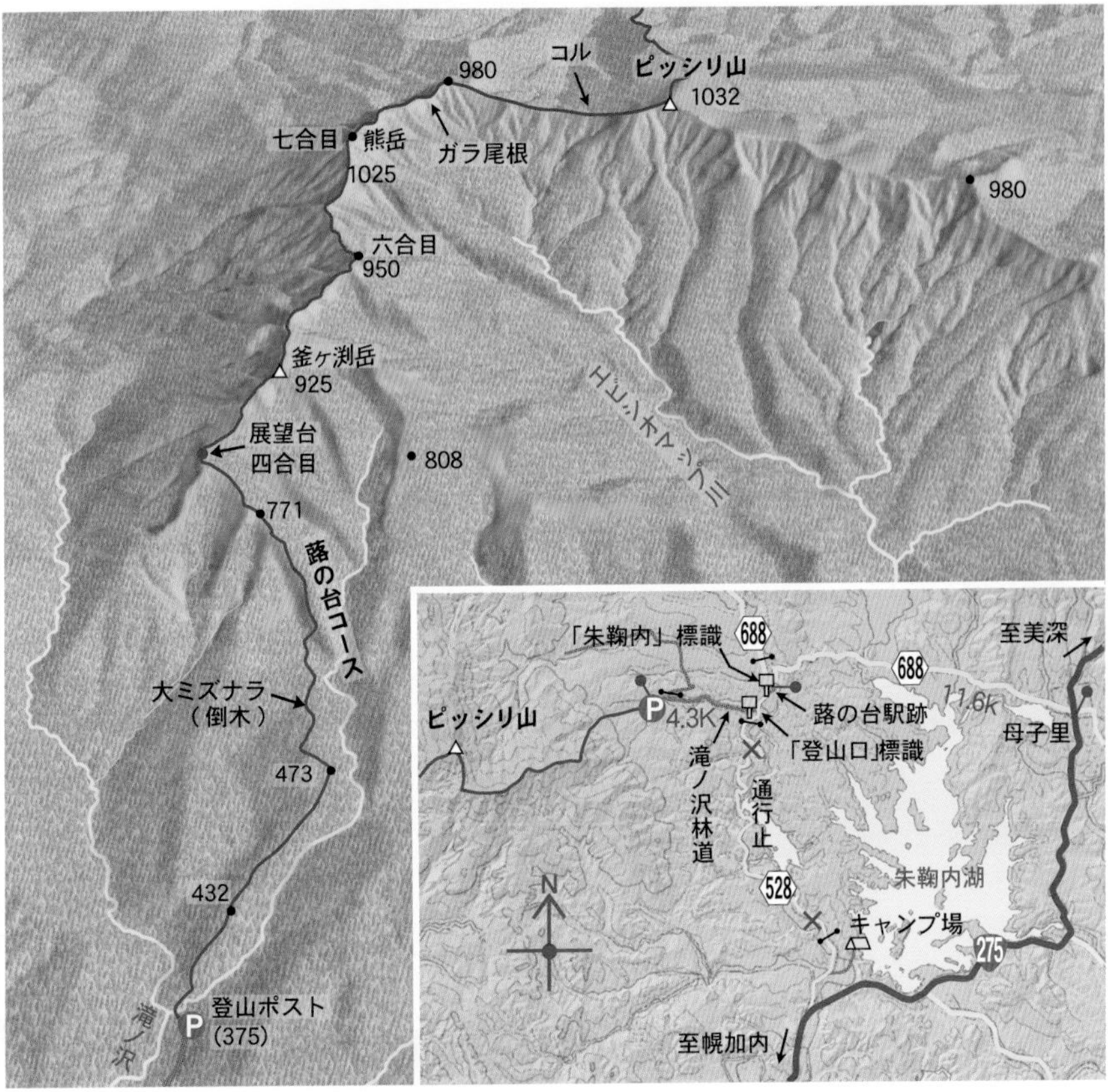

道道 528 号から滝ノ沢林道へ

内市街までない。

■朱鞠内湖畔キャンプ場

朱鞠内湖のほとりにあり、自然に恵まれ人気が高い。コテージ、シャワー、コインランドリーなどがある。登山口まで約36キロ。

▼期間＝5月上旬～10月下旬

▼使用料＝有料

▼管理・問い合わせ先＝現地☎0165-38-2101

前半の平坦な道ではダケカンバが美しい

林道終点の登山口。登山ポストもある

出発してすぐに渡渉がある

根本だけが残るミズナラの株。倒れる前はどれほどの巨木だったのか

頑張りどころの急登を登る

■コースタイム（日帰り装備）

登山口 ―1:40↓ 1:20↑― 釜ヶ渕岳 ―1:00↓ 0:50↑― 熊岳 ―1:10↓ 1:00↑― ピッシリ山

累積標高差　約965メートル

登り　3時間50分

下り　3時間10分

■ガイド（撮影　8月21日）

コースの大部分は起伏のある長い尾根道で片道約8・6キロある。一度稜線に出てしまえば激しい

釜ヶ渕岳付近は国内で一番広い人造湖、朱鞠内湖の全域が見渡せる

釜ヶ渕岳から熊岳(左奥)に向かう

広く展望が開ける釜ヶ渕岳

アップダウンは少なく、またササ刈りなど道の整備状況もいいのでペースははかどるが、帰りの所要時間もそれなりに長い。体調や天候によっては、途中の釜ヶ渕岳、熊岳で引き返すことも考えておくとよい。また、途中に水場はないので十分に用意しよう。

登山は渡渉からスタートする。ひと跨ぎとはいかないが、通常は水量が少なく靴のままで大丈夫だ。その後しばらく沢に沿って進み、ひとつ急な登りを越えた後、再び平坦な道が1・5キロほど続く。

アカエゾマツの植林がダケカンバに変わり、所々ミズバショウの咲く湿地など見るうちに、巨大なミズナラの株跡が現れる。倒れて久しいが今なお大きな存在感だ。

そんな穏やかな道も標高550メートル付近を境ににわかに斜度が増し

熊岳を後にピッシリ山(右)へ。左前方はガラ尾根

てくる。滑りやすい土斜面もあり、コース随一のキツい区間だ。それでも黙々と頑張るうちに朱鞠内湖が見えだし、さらにひと登りで斜度が無くなって展望台状の場所に出る。そこから進路を右に変え、目前の高みを登ったところが標高925メートルの釜ヶ渕岳である。

前方にこれから向かう熊岳への稜線が続き、木々に隠れがちだが遠くピッシリ山も見える。朱鞠内湖の展望はこのあたりが一番よく、利尻山が見えることもある。

ここから先は小刻みなアップダウンが続く。個々は息が切れるほどではないが数が多い。周囲は樹海と呼ぶにふさわしい森が広がり、ダム湖の朱鞠内湖以外、人工物は何も見えない。

1025メートルの熊岳は遠くからは目立つピークだが、着いてみると標識等もなく気付かずに通過してしまうかもしれない。続く980メートルコブにかけてはガラ尾根と呼ばれる崖状のヤセ尾根が続き、強風時は注意したい。いっぽうで、ハクセンナズナやチシマフウロなどが咲く花の見どころでもある。

そこから大きくコルへと下り、いよいよ最後の登りに取り付く。といっても標高差は120メートルほど。右側が切れ落ちたヤセ尾根を通過し、急登の先に見えるニセピークを越えれば、長かった尾根

山頂まであとわずか。背後には歩いてきた尾根が大きい

歩きもゴールを迎える。

広く刈り払われた山頂は、道北ならではの低い山並みが果てしなく広がり、遠く鬼刺山《おにさしやま》のシルエットが目を引く。朱鞠内湖は尾根に隠れて一部しか見えないが、大雪山やニセイカウシュッペ山、天塩岳が遠望でき、振り返れば日本海に天売・焼尻島が浮かんでいる。

存分に楽しんだら、長い帰途に着くことにしよう。

達成感もひとしおの山頂

1009m

三頭山《さんとうざん》

政和コース

道の駅を起点に登る正統派コース

■交通

起点となる道の駅「森と湖の里ほろかない（せいわ温泉ルオント）」へは、ＪＲ深川駅と名寄駅を結ぶジェイ・アール北海道バス（☎０１６４−22−２９０１）深名《しんめい》線で「ルオント前」下車。そこから登山口は国道２７５号を深川方面に約２００メートル進み、右手の林道に入って約３００メートル。徒歩約10分。

幌加内町幌加内郊外から

天塩山地ではピッシリ山に次ぐ標高の山である。山深い同山地の中では比較的里に近く、幌加内町内からも望むことができる。アクセスに公共交通機関が使えるのも貴重な存在だ。

山頂部は小さな三つのコブからなっており、これが山名の由来となっている。

登山口は幌加内町の政和温泉と雨煙別《うえんべつ》の２カ所にあり五合目で合流している。しかし、後者はその五合目まで林道が伸びていることもあって短縮路的な使い方をする人が多い。

■体力（標高差）	45点
■登山時間加算	C
■高山度（標高）	C
■険しさ	C
■迷いやすさ	D
総合点55点［中級］	

■マイカー情報

国道２７５号沿いの上記道の駅駐車場が利用できる。トイレ、水あり。登山口付近にも駐車可能でスペースは数台分。

■キャンプ場情報は２２７ページ「ピッシリ山」を参照。

■コースタイム（日帰り装備）

登山口 0:40↓ 0:30↑ 三合目水場 0:20↓ 0:15↑ 五合目丸山分岐 0:50↓ 0:30↑ 七合目深山オンコ 1:10↓ 0:40↑ 三頭山

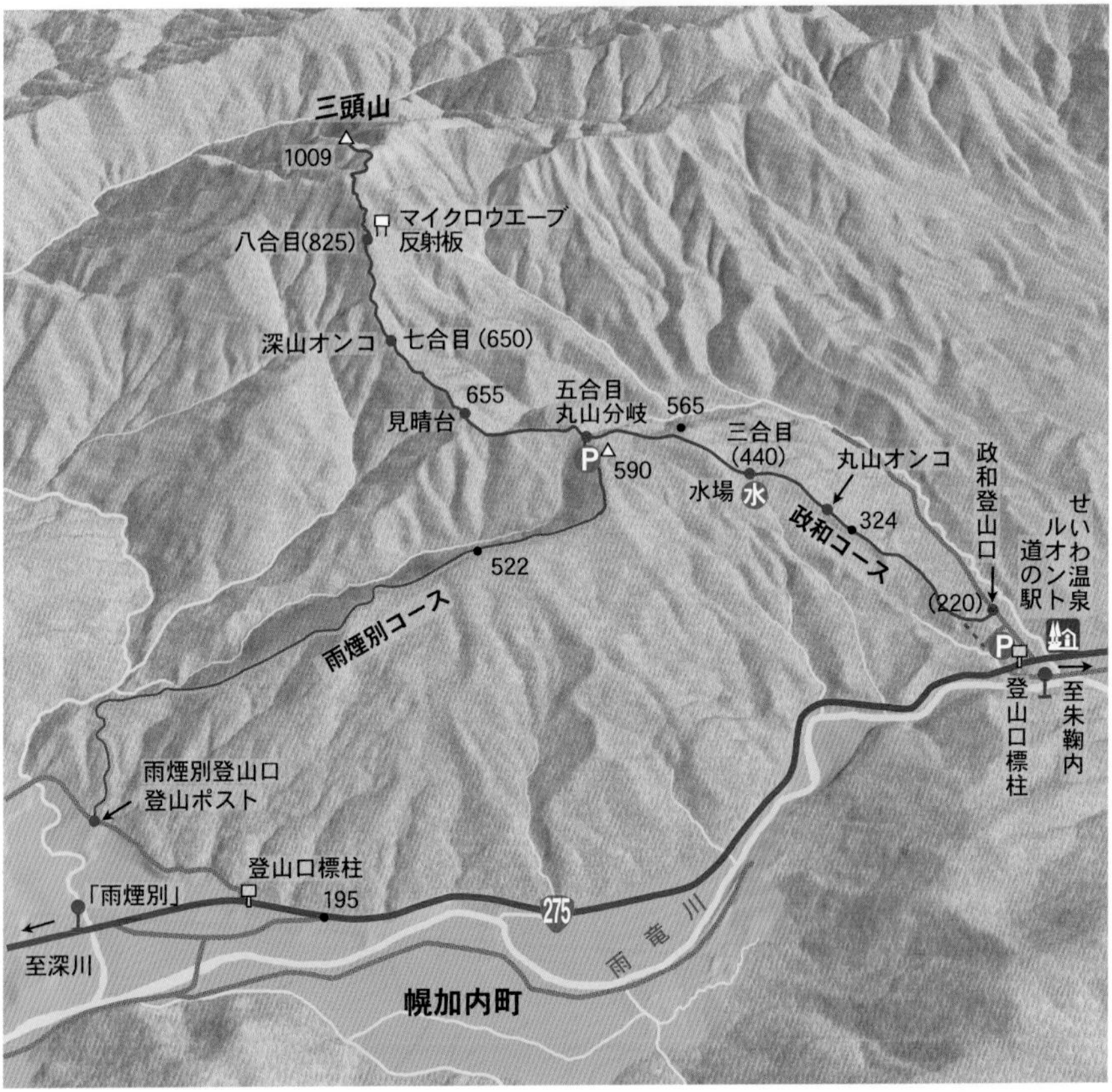

道の駅(☎ 0165-37-2070)には日帰り温泉、そば料理レストラン、コテージなどもある。右奥が三頭山

累積標高差　約920メートル
登り　3時間
下り　1時間55分

■**ガイド**（撮影　8月18日）

交通欄に記した通り、登山口は国道から林道に入ったところにあるが、最近、その入り口が付け変わった。従来は国道から300メートル

国道から登山口へ。点線は従来の登山口へ。新登山口はチェーンゲートを直進する

上：二合目にある「丸山オンコ」。ふた抱えほどもある立派な木だ
右：チェーンゲートから 100 m ほど入ると新登山口が開かれている

ほど入ったチェーンゲート手前を左折した奥で、登山ポストもそこにあった。新たな登山口はゲートを直進して100メートルほど進んだ左手に開かれている。これにより旧登山口から入山直後の滑りやすい急登を回避できる。2022年の取材時はまだ旧登山口を利用する人が多い模様だったが、今後周知されていくことだろう。

登山口から丸山分岐へ

新登山口を入り、針葉樹の緩斜面を進んでゆくと、ほどなく従来の登山道に突き当たるのでこれを右折。あとは五合目まで緩やかな道と小さな登りを繰り返しながらの一本道である。周囲は暗めの樹林帯とササ薮で視界は利かないが、各号目には行程の目安になる標柱が立っている。

二合目で出合う風格あるイチイ

広い駐車場がある五合目「丸山分岐」

三合目に道中唯一の水場がある

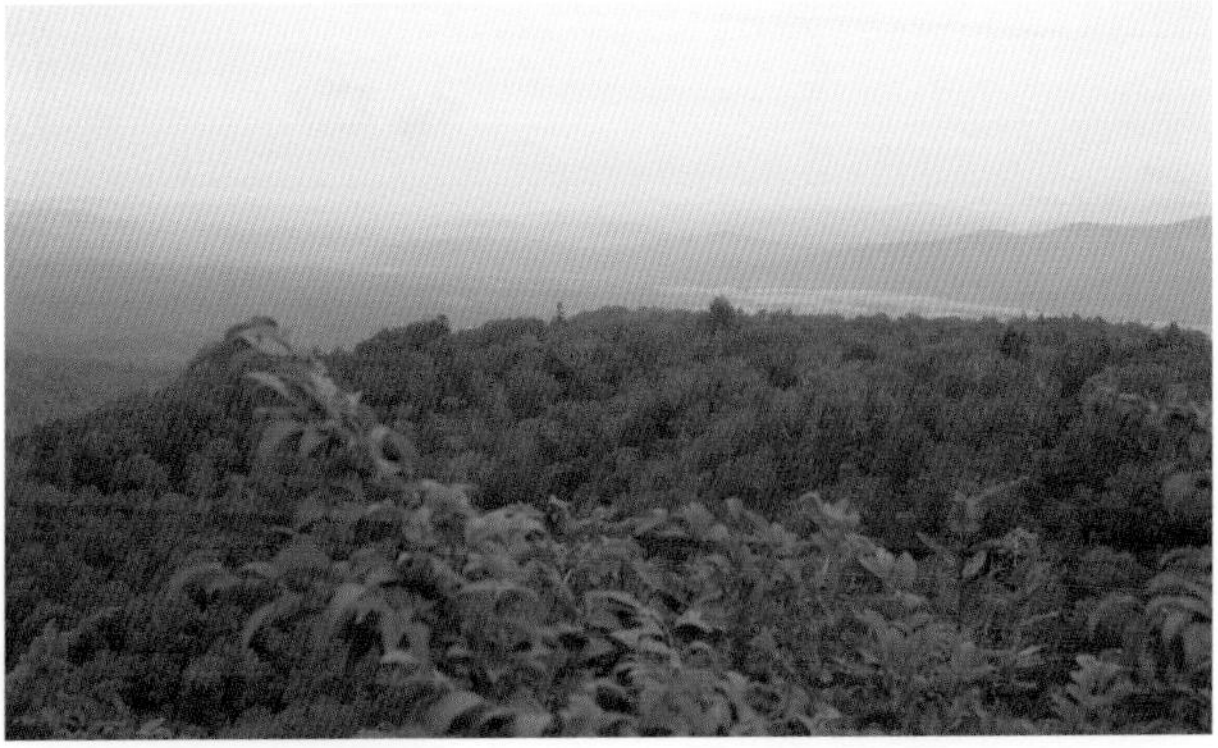

「見晴台」から政和地区方面を望む。まだあまり高度感はない

折れてしまった「深山オンコ」

の大木は「丸山オンコ」の名がついており、続く三合目は右手に1段下ると小川が流れる水場がある。また初夏はタケノコも多く〝花より団子〟的な喜びもある。単調になりがちな樹林帯だが、程よい楽しみもあるのである。

　三合目の先でやや斜度が増すものの、565メートル標高点を過ぎると再び平坦になり、やがて五合目の

辛い「胸突き八丁」の登りだが、周囲の展望は急速に開けてくる

「丸山分岐」に出る。

丸山分岐から三頭山へ

丸山分岐は雨煙別登山口からの林道終点で十数台が駐車できる広場になっている。コースはその手前と奥いずれも右側に入り口があり、入った所に立派な木の標柱が立っている。距離、標高差とも全行程のほぼ中間点だが、この先急登や足元が荒れ気味の部分もあり、感覚的にはまだ3分の1程度といったところだ。気を引き締めて再出発するとしよう。

「一頭山」を過ぎ、残りは二頭山(右)、そして山頂(左奥)だ

小さく起伏しながら六合目の「馬ノ背」を過ぎ、急な登りで655メートル標高点「見晴台」に立つ。北側の政和方面のほか、すぐ先からは目指す山頂方面――見えているのは〝三頭〟の一番手前のピークだが――の眺めがいい。

なおも起伏を繰り返し、急斜面が目前に迫ってくると七合目「深山オンコ」。オンコは一歩上がったところにあるが、厳しい風雪によるものか折れた姿が痛々しい。

ここからコースは加速度的に斜度を増し、ジグザグと急登を繰り

山頂からの広さを感じさせる展望。季節ごとに変わるそば畑の色も一興

丸太を生かした山頂標柱が特徴的

利尻山も見える！　距離は約 140ｋm

返しながら高度を上げてゆく。ガレ気味で斜めになった路面は繁った草やササで足元が見えにくく、スリップや踏み外しに注意が必要だ。途中、八合目「展望台」の標識を右に入ると反射板があり、幌加内の盆地や大雪山がよく見える。

急登はなおも続き、最後は手を使うほどの「胸突八丁」を登り切ってようやくひと息つく。ネマガリの刈り分けを進むと九合目「一頭山」で、奥に残り二つのコブも顔をのぞかせている。それらを巻いたり乗り越えれば頂上である。

広く刈り払われた山頂からは、周囲に高い山がないこともあって大雪山系や天塩岳など遠くの山々が見渡せる。また、山頂の先にある刈り分けを入ると、日本海に浮かぶ天売・焼尻島、さらに利尻山まで望むことができる。

雨煙別コース

登山道というよりアクセス道か…

■**交通**

ジェイ・アール北海道バス（232ページ「政和コース」参照）で「雨煙別」下車。国道を朱鞠内方面に約1キロ歩き、標柱に従って左の林道へ。約900メートルで登山口。

■**マイカー情報**

幌加内町中心部から国道275号を朱鞠内方面に約7・7キロ、雨煙別地区の先で「雨煙別登山口」の標識に従い左の林道へ入る。約900メートル先の丁字路が登山口でこれを右折し、さらに約4キロで終点の五合目丸山分岐に着く。十数台分の駐車スペースあり。林道は部分的に急勾配もあり4WD推奨。

登山口には案内板と登山ポストがある

■**コースタイム**（日帰り装備）

登山口 ―1：20↓／0：50↑― 五合目丸山分岐 ―2：00↓／1：10↑― 三頭山

●**雨煙別登山口から**

体力（標高差）	45点
登山時間加算	C
高山度（標高）	C
険しさ	C
迷いやすさ	D
総合点55点［中級］	

●**五合目丸山分岐から**

体力（標高差）	35点
登山時間加算	D
高山度（標高）	C
険しさ	C
迷いやすさ	D
総合点40点［初級］	

＊雨煙別登山口から

累積標高差　約910メートル

登り　3時間20分

下り　2時間

＊五合目丸山分岐から

累積標高差　約505メートル

登り　2時間

下り　1時間10分

■**ガイド**（撮影　9月4日）

本コースは利用者の大半が五合目まで車で入り、事実上政和コースの短縮登山口的な位置付けとなっている。また、国道―五合目間には駐車スペースがないため、途中に停めて歩くことも難しい。公共交通利用の場合も距離が長いうえに終始林道歩きのため利用者は少ない。コース自体は林道歩きなので特に注意する点はない。徒歩も車も登山口で登山ポストの記入を忘れずに。

増毛・樺戸の山

雨竜沼湿原を流れるペンケペタン川

神居尻山から見る増毛山地の山々。6月上旬でもまだ残雪が多い

増毛山地・樺戸山地のあらまし

石狩市と当別町の北から留萌市の南にかけて、日本海にせり出すように広がる山域が増毛山地と樺戸山地である。道北の山として紹介されることもあるが、増毛山地の緯度は大雪山系と大差なく、また樺戸山地は道央からの日帰り登山圏にある。これらを踏まえ、本書では道北とは切り分けて扱う。

■増毛山地

主峰の暑寒別岳（1492メートル）を筆頭に、暑寒別川上流部を囲むように雄冬山（1198メートル）、浜益御殿（1039メートル）、浜益岳（1258メートル）、群別《くんべつ》岳（1376メートル）などの山が並んでいる。これらのうち、登山道があるのは暑寒別岳だけであったが、近年、復元された増毛山道を利用することで条件付きながら浜益御殿、雄冬山も登れるようになった。

暑寒別岳の南東には南暑寒岳（1296メートル）と、道内最大規模の山岳湿原・雨竜沼湿原がある。湿原の東端には恵岱《えたい》岳、群馬岳があるが平坦で山の体を成しておらず、登山道もない。

山域の南端には、低いながらも天を突くような山容で存在感を示す黄金山（739メートル）がある。なかなか険しい岩山だが人気は高い。

増毛山地は日本海に面していることから降雪量が多く、それを象徴する太いチシマザサの群落が山腹を覆っている。一方で雨竜沼湿原や遅くまで残る雪渓跡には多彩

雪田植生のお花畑が広がる暑寒別岳上部（7月上旬）

な湿原植生、雪田植生が見られるのも特徴だ。特に雨竜沼湿原のエゾカンゾウやワタスゲなどの群落は「北海道の尾瀬」と称されるほどに見ごとで、訪れる人が絶えない。暑寒別岳の山頂付近には固有種のマシケゲンゲがあり、登頂の喜びに文字通り花を添えてくれる。

暑寒別岳は6月中旬から花が咲くが、その時期はまだ随所に雪渓が残る。登山道から雪が消えるのは6月下旬以降。雨竜沼湿原はコース途中の橋が設置される6月下旬～10月上旬が事実上の登山シーズンとなる。

なおこの山域は昔からヒグマが多いことで知られ、近年は雨竜沼湿原から南暑寒岳、および暑寒別岳の箸別コースで目撃情報が多い。

■樺戸山地

増毛山地の南に位置し、当別町と月形、浦臼、新十津川町の町界を成す。最高峰のピンネシリ（1100メートル）を除き、1000メートルに満たない山がほとんどだ。

登山道があるのはピンネシリ、隈根尻山（971メートル）、神居尻山（947メートル）の3座。このうち、当別町側から登る道は道民の森事業でつくられたものだが、近年、大雨による崩壊などで何本かが廃道となった。そのほか隈根尻山へ通じる長い尾根上に浦臼山と樺戸山がある。

標高が低い割には高山植物が多く見られ、特に神居尻山の雪崩斜面は特別珍しいものはないものの見ごたえあるお花畑が展開する。

登山シーズンは概ね6月上旬から10月中旬。道民の森は開園時期（5月下旬～10月下旬）以外は閉鎖され、事実上入山できない。

増毛山地

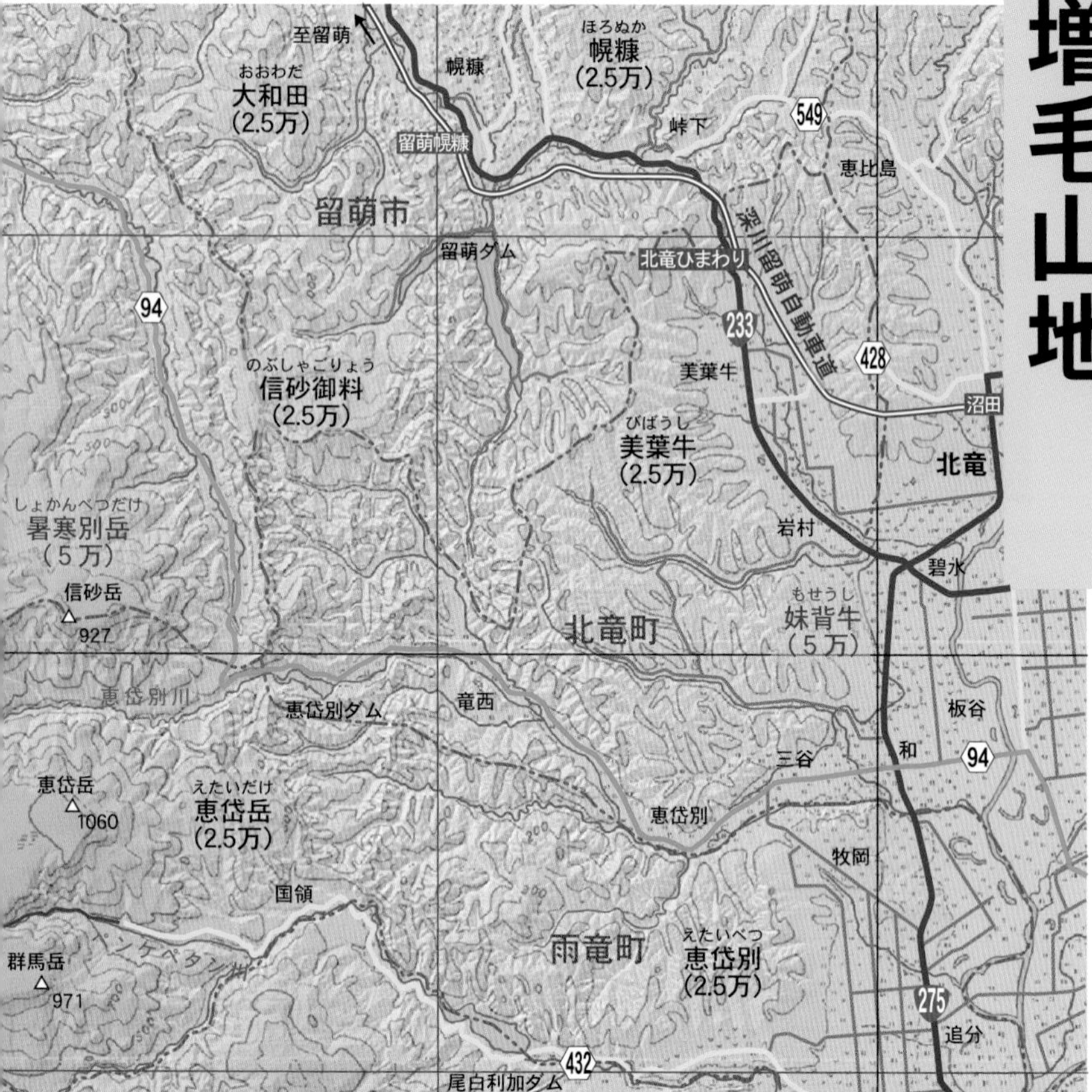

至留萌
大和田《おおわだ》
(2.5万)
幌糠
幌糠《ほろぬか》
(2.5万)
留萌幌糠
峠下
549
恵比島
留萌市
留萌ダム
北竜ひまわり
深川留萌自動車道
94
233
428
信砂御料《のぶしゃごりょう》
(2.5万)
美葉牛
沼田
美葉牛《びばうし》
(2.5万)
北竜
暑寒別岳《しょかんべつだけ》
(5万)
岩村
碧水
信砂岳
927
北竜町
妹背牛《もせうし》
(5万)
恵岱別川
恵岱別ダム
竜西
板谷
和
94
三谷
恵岱岳
1060
恵岱岳《えたいだけ》
(2.5万)
恵岱別
牧岡
国領
ペンケペタン川
群馬岳
971
雨竜町
恵岱別《えたいべつ》
(2.5万)
275
追分
432
尾白利加ダム
新十津川町
雨竜
徳富岳
929
吉野《よしの》
(2.5万)
尾白利加川
尾白利加
石狩大和《いしかりやまと》
(2.5万)
江部乙
鷲峻山《しすん》
505
小鷲峻山
387
富士形山
638
士寸
石狩川
吉野
大和
滝川市
吉野《よしの》
(5万)
留久
西滝川
451
滝川《たきかわ》
(5万)
12
察来山
590
南幌加《みなみほろか》
(2.5万)
留久山
368
徳富川
壮志
総進《そうしん》
(2.5万)
滝川
たきかわ
南幌加

至留萌
増毛
箸別
増毛《ましけ》
(2.5万)
別苅
暑寒沢
増毛町
箸別川
別苅《べつかり》
(2.5万)
暑寒別川
暑寒沢《しょかんざわ》
(2.5万)
天狗岳
973
岩尾
雄冬《おふゆ》
(5万)
雄冬
雄冬山
1198
雄冬岬
雄冬《おふゆ》
(2.5万)
暑寒別岳《しょかんべつだけ》
(2.5万)
浜益御殿
1039
浜益岳
1258
暑寒別岳
1492
南暑寒岳
1296
雨竜沼湿
千代志別
群別岳
1376
奥徳富岳
1346
231
大滝山
1038
石狩市
幌
知来岳
988
群別
黄金山
739
御料地《ごりょうち》
(2.5万)
浜益《はまます》
(2.5万)
浜益
御料地
451
浜益川
浜益《はまます》
(5万)
実田
柏木
柏木《かしわぎ》
(2.5万)
四番川《よんばんがわ》
(2.5万)
至札幌
毘砂別

1296m

南暑寒岳《みなみしょかんだけ》

約850m

雨竜沼湿原《うりゅうぬましつげん》

ペンケペタン川コース

花咲く湿原を抜け増毛山地の展望台へ

■**交通**

起点となる雨竜町までは、札幌と留萌を結ぶ北海道中央バス（☎0570-200-600）の高速るもい号で「雨竜市街」下車。またはJR滝川駅と深川駅を結ぶ空知中央バス（☎0125-24-6191）の深滝線で「雨竜」下車。

そこから登山口の雨竜沼湿原ゲートパーク（以下、雨竜沼GP）への公共交通機関はなく、雨竜ハイヤー（☎0125-77-2206）が利用できる。

■**マイカー情報**

国道275号雨竜市街から登山口への標識に従って道道432号に入り、約12キロで尾白利加《おしらりか》ダムを通過。ここから所々舗装された砂利道を約14キロで雨竜沼GPに着く。駐車場は2カ所に約150台分。トイレ、水あり。

■**雨竜沼湿原ゲートパーク**

詳細は247ページを参照のこと。

■**コースタイム**（日帰り装備）

雨竜沼GP ─ 0:40↓ 0:30↑ ─ 白竜ノ滝
0:50↓ 0:30↑ ─ 湿原入り口 ─ 0:50↓ 0:50↑
展望台 ─ 0:55↓ 0:35↑ ─ 1133メートル標高点
0:40↓ 0:30↑ ─ 南暑寒岳

神居尻山から。左は暑寒別岳

雨竜沼湿原は北海道の高山帯にある湿原の代表格であり、山岳湿原として世界で初めてラムサール条約に登録された。大小の池塘の多くが円形をしているのが特徴で、蛇行して流れるペンケペタン川とともに独特の景観をつくっている。南暑寒岳はその西にある山で、暑寒別岳と登山道で結ばれている。

花を求めて湿原だけ散策する人から南暑寒岳まで足を延ばす人まで体力や目的に応じた楽しみ方ができ、シーズンを通して多くの人が訪れている。

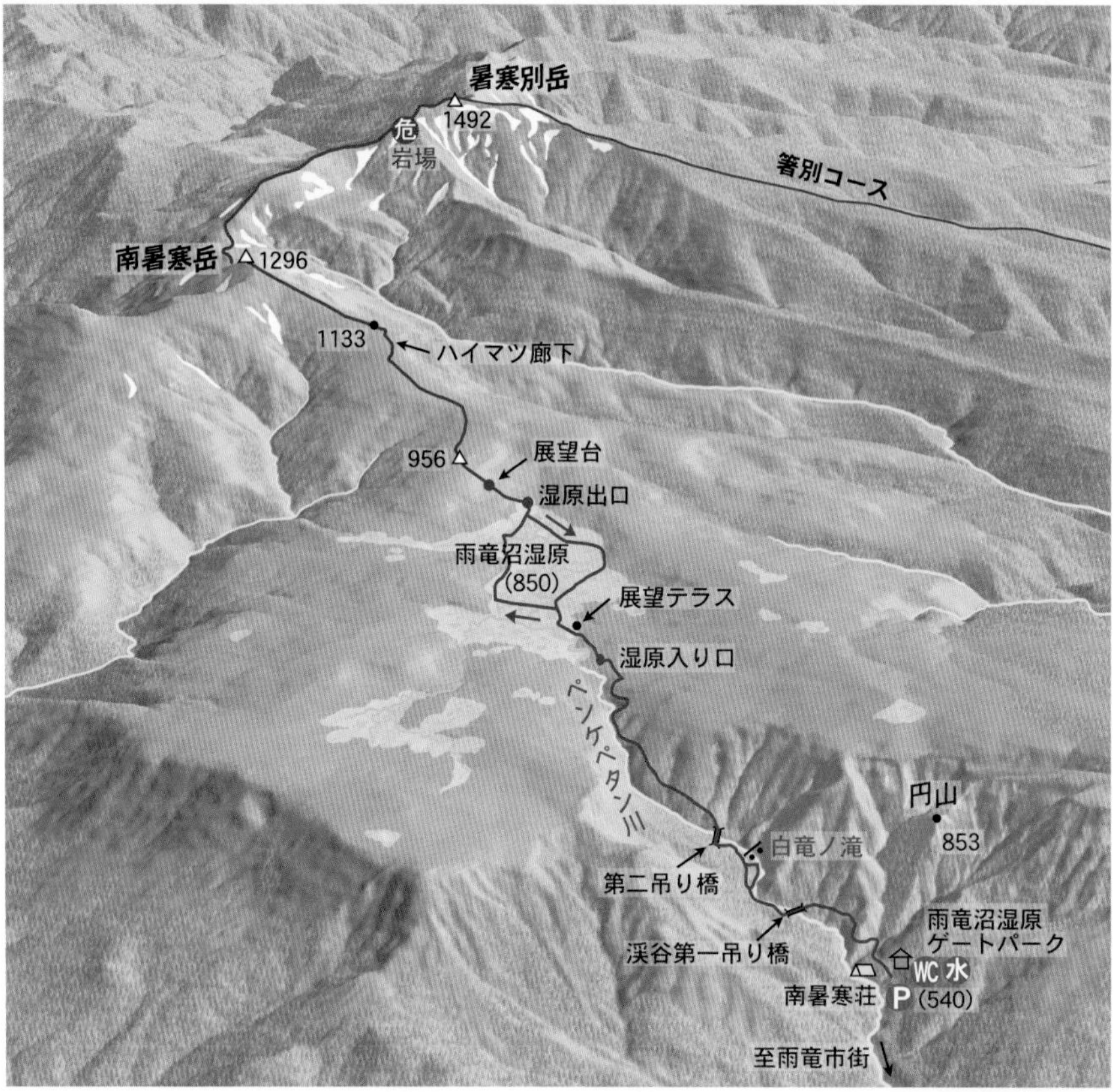

＊雨竜沼湿原展望台まで
標高差　約390メートル
登り　2時間20分
下り　1時間50分
＊南暑寒岳まで
標高差　約735メートル
登り　3時間55分
下り　2時間55分

■ガイド（撮影　7月6日、9月6日）

雨竜沼湿原へ
登山シーズンは例年6月下旬〜

雨竜沼ゲートパーク前の駐車場

渓谷第一吊り橋を渡る

円山を見ながら登山開始

展望台から見下ろす白竜ノ滝。滝壺に降りる踏み跡もある

10月上旬。それ以外の期間はコース上の2カ所の吊り橋が撤去され入山できない。

まずは登山口の雨竜沼湿原管理棟で入山届を提出するとともに環境美化整備協力金を支払う。湿原の花情報なども聞いていこう。

渓谷第一吊り橋まではほぼ平坦な林道をゆく。頭上に見える岩塔のような山は円山といい、標高は雨竜沼湿原とほぼ同じだ。

立派な鋼鉄製の吊り橋を渡ると、ペンケペタン川に沿った山道に変

■体力（標高差）	35点
■登山時間加算	D
■高山度（標高）	C
■険しさ	D
■迷いやすさ	D
総合点40点［初級］	

●雨竜沼湿原展望台まで

雨竜沼湿原ゲートパーク

登山口にある施設群で、入下山届を行なう管理棟、素泊まり小屋の南暑寒荘、キャンプ場、トイレ、駐車場などからなる。南暑寒荘はシャワーや電磁調理器、冷蔵庫などの設備が揃う。寝具と食料は持参。

▶収容人数＝70人（南暑寒荘）
▶期間＝登山道開通期間
▶使用料＝無料
▶管理・問い合わせ先＝雨竜町産業建設課☎0125-77-2213

第二吊り橋を過ぎ、やや斜度のある登り

湿原手前、ペンケペタン川に沿って

湿原入り口に設置されたブラシで靴底をよく洗い流す

■体力（標高差）	40点
■登山時間加算	C
■高山度（標高）	B
■険しさ	D
■迷いやすさ	D
総合点50点［初級］	

●南暑寒岳まで

わる。渓流の爽やかな音を右手に感じながら、ぬかるんだり小さな支沢を横切ったりしながら進む。

やがて道は二分し、右は白竜ノ滝経由、左は直接雨竜沼湿原へと向かう。とはいえ、どちらもすぐ

南暑寒岳(左)、暑寒別岳(右)を見ながら丸い池塘のほとりを歩く

右：湿原入り口近くに設置された展望デッキ
上：湿原内の木道は一方通行

に合流し、展望台から落差36メートルの豪快な滝を俯瞰できる。

続く第二吊り橋は登山口と湿原入り口のほぼ中間点にあたる。橋の上から眺める川はなかなかの渓谷美で、上流に大規模な湿原があるとは思えない雰囲気だ。これを渡ると道は斜度を増し、湿原のある台地に向かって高度を上げていく。このあたりで周囲に注意していると固有種のマシケレイジンソウが見られるかもしれない。

やがて谷が開けて傾斜が緩み、ペンケペタン川のほとりを歩くようになる。まばらに生えたダケカンバ林の先に湿原の気配が感じられるが、道はいったん右手のササ藪に入り、そこから湿原に向けて緩く下ってゆく。湿原入り口の小沢で帰化植物の種などを持ち込まないよう靴底を洗ったら、いよい

初夏の代表的な花、エゾカンゾウを眺めながら

エゾハンショウヅル

ウリュウコウホネ

オオバタチツボスミレ

よ雨竜沼湿原である。

　湿原内での注意点は、まず木道から外れないこと。休憩や食事は木道上を避け、テラスや展望台を利用しよう。また、木道は途中で二手に分かれ、時計回りの一方通行となっている。

　湿原は一見まっ平らなようだが実は小さく起伏し、隣り合う池塘《ちとう》

わずかな登りで湿原を一望できる展望台

南暑寒岳から増毛の山々を見渡す。群別岳や奥徳富岳の険しい山容が印象的だ

1133 m 標高点付近のハイマツ廊下

雨竜沼を背にササの刈り分け道を登る

同士も微妙な高度差があったりして興味深い。正面にはゆったりとした稜線を描く南暑寒岳、その右奥には暑寒別岳が並んでいる。

花は時期を追って次々に咲く。代表的なものを上げてみると――6月＝ミズバショウ、ショウジョウバカマ、ヒメシャクナゲ、オオバタチツボスミレ、ミツバオウレンなど。7月＝コバイケイソウ、エゾカンゾウ、ヒオウギアヤメ、ウリュウコウホネ、ワタスゲ、トキソウなど。8月＝タチギボウシ、エゾハンショウヅル、サワギキョウ、エゾオヤマリンドウなど。

湿原出口で木道は南暑寒岳への登山道と周回コースの往路に分かれる。前者を15分ほど登ると湿原全体を見渡せる展望台があるので、湿原散策が目的の場合もそこまで足を延ばしてみるといい。

「次は暑寒別岳」の声も聞こえる山頂

広々した草原になると山頂は近い

コース上からは見えにくかった大小の池塘の様子もよくわかる。

南暑寒岳へ

展望台からは背の高いチシマザサの刈り分け道となる。急でもないが緩くもないほぼ直登の道が続き、ヒグマの掘り起こしも多い。

やや斜度が増してハイマツ帯に入ったあたりが１１３３メートル標高点。少し先に小さなケルンが積まれている。やがて雪田跡の広い草原となり、右手に日本海の海岸線が見えてくる。沖には平たい天売・焼尻島、条件がよければ利尻島も。開放的で気持ちの良い斜面を登りきると南暑寒岳の山頂である。

山頂からの展望は上の写真の通りで、暑寒別岳を筆頭に群別《くんべつ》岳、奥徳富《おくとっぷ》岳、雄冬山、黄金山など増毛山地のオールスターが揃い踏みといったところだ。

1492m

暑寒別岳《しょかんべつだけ》

■体力（標高差）	50点
■登山時間加算	C
■高山度（標高）	B
■険しさ	C
■迷いやすさ	D
総合点65点［中級］	

暑寒コース

日本海を背に登る定番ロングコース

■交通

起点となる増毛町までは、札幌から沿岸バス（☎０１６４‐42‐１７０１）の特急ましけ号を利用、または札幌から沿岸バスの特急はぼろ号か北海道中央バス（☎０５７０‐２００‐６００）の高速るもい号で留萌まで行き、沿岸バスの留萌別苅《べつかり》線に乗り換える。

そこから登山口までの公共交通機関、および民間タクシー会社はないが、増毛町による有償運送事業「あっぷるハイヤー」（☎０１６４‐53‐１０２２、土日祝日を除く９～17時、予約不可、町内のみ）が利用できる。

■マイカー情報

国道２３１号増毛市街から登山口への標識に従って道道５４６号に入り、約11キロで終点の登山口に着く。駐車場は約20台分。トイレ、水場あり。

■暑寒荘、暑寒野営場

箸別（はしべつ）登山口への林道から

日本海に張り出した増毛山地の最高峰。豪雪地帯で知られ、初夏の頃まで石狩湾越しにあるいは滝川方面から白い山並みを確認できる。残雪期の山スキーの舞台としても人気だ。

登山道は日本海側の増毛町から２本、内陸側から雨竜沼湿原を経由する１本がある。利用者が多いのは登山口に山小屋暑寒荘がある暑寒コース。

山名は暑寒別川の水源にあることに由来し、アイヌ語で「ショカンペッ＝滝の上にある川」を意味するという。

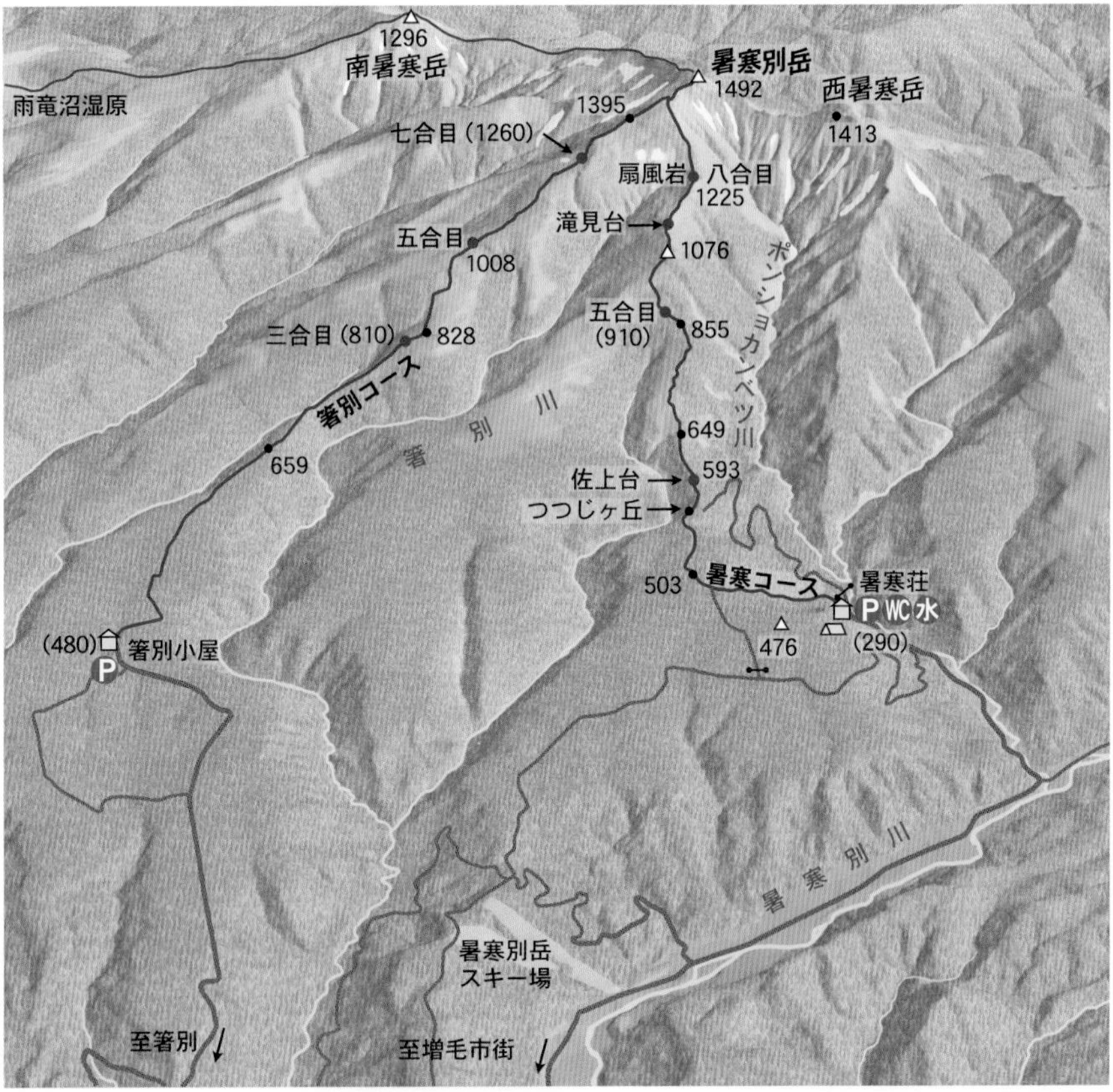

登山口の広い駐車場と暑寒荘

詳細は255ページを参照のこと。

■コースタイム（日帰り装備）

登山口 1:10↓ 0:50↑ 佐上台 1:00↓ 0:50↑

五合目 1:10↓ 0:50↑ 扇風岩 1:10↓ 0:40↑

暑寒別岳

標高差　約1200メートル

登り　4時間30分

下り　3時間10分

大きな標識に見送られてスタート

上：尾根の序盤は森林浴気分の平らな道
右：一合目を通過。各合目には標柱が立っている

■**ガイド**（撮影　7月21日）

暑寒別岳のメインコースだが、片道8キロ強、標高差約1200メートルと歩き応えがある。ずっと尾根通しで途中に水場がないので十分に用意して出発しよう。

中間点の五合目へ

駐車場から階段を上がった所に暑寒荘、その向かいに登山ポストがある。標識に導かれて登山道に入る。周囲は針葉樹に混じってミズナラやシラカンバ、林床にはエゾアジサイが目立つ。

ひと登りして傾斜が緩むと右に大きくカーブして一合目の標柱を見る。暑寒別岳から北に伸びる長い尾根の末端に乗ったことになり、シラカンバの樹肌が美しい広く平坦な道を進む。

つつじヶ丘あたりから前方が少し開けて頂上から西に延びる稜線

暑寒荘

暑寒コース登山口にある3階建ての素泊まり小屋。夏期の日中は管理人が常駐するが、不在時も自由に利用できる。寝具、食料、照明器具は持参のこと。少し離れて靴洗い場があるのも嬉しい。

また隣接して暑寒野営場（30張、無料）もある。

▶収容人数＝60人
▶期間＝4月中旬〜10月中旬
▶使用料＝無料
▶管理・問い合わせ先＝増毛町商工観光課☎0164-53-3332

つつじヶ丘付近から山頂方面を見る。まだまだ遠い印象だ

が目に入り、すぐに二合目を通過。さらに数分で日当たりのいい休憩適地の５９３メートル標高点佐上台《さがみだい》に着く。頭上の木に取り付けられた数字の看板は山スキー用の標識で、積雪の深さを物語る——といった具合に次々と合目や地名の表示が現れ、単調になりがちな行程に目安と変化を与えてくれる。

　四合目からは背後に増毛市街や

低く這うダケカンバを避けながら

上：滝見台から見た大滝。数段に渡る落差のある滝だ
右：七合目先の滝見台

日本海の展望が開けるが、歩いた距離の割には高度感に乏しくややもどかしいところである。再びダケカンバが出てくると五合目の小広場。情報によっては水場の表記もあるが、実質的に涸れており利用できる状況ではない。

急登を越え、暑寒別岳山頂へ

　五合目を後にすると次第に斜度が増してくる。大雪の影響か大蛇のように枝をくねらすダケカンバが多く、頭をぶつけないように上に下にと注意しながら登ってゆく。六－七合目間はとりわけ急で、滑りやすい場所にはロープが張られている。この急登の上が１０７６メートルの三等三角点だ。

　傾斜が緩み眺めがよくなった道をゆくとほどなく七合目、続いて滝見台となる。滝見台はその名の通り、西暑寒岳中腹のポンショカ

高度が上がるに従い、背後の展望が開けてくる。八合目手前にて

扇風岩をコル側に回り込むとチシマギキョウなどの花がたくさん

小高い展望台のような八合目扇風岩

ンベツ川に懸かる大滝を遠望できるポイント。さらに緩急つけながらひと登りすると八合目の扇風《せんぷう》岩《いわ》。ここは露岩のコブで、滝見台以上に大滝や西暑寒岳の眺めがいい。裏側に回ると岩場にチシマギキョウやサマニヨモギが咲き誇り、ちょっとした見ものである。

が、それ以上に目に止まるのは正面に立ちはだかる頂上台地への急斜面だろう。標高差は約250メートル。

先の急登が嘘のような台地に出た

頂上台地への急斜面を登る

雨竜沼湿原（左奥）と南暑寒岳（右手前）を見ながら頂上へ

ササ原のコルを通り抜け、その急登に取り付く。長いロープが張られたガレ場もあり、落石や滑落に注意して登る。途中、九合目を通過し、右手に見える西暑寒岳が肩を並べるようになれば、辛い登りも間もなく終わりだ。

突然、目の前が開けて広々とした頂上台地の一角に出、振り返ればたどってきた長い尾根の先に日本海が望まれて感慨深い。足元にはミヤマオグルマやミヤマアズマギク、リンネソウ、そして固有種のマシケゲンゲが咲き、そのたびごとに足が止まる。

箸別《はしべつ》コースが合流し、左手に雨竜沼湿原や南暑寒岳が見えてくると待望の山頂は近い。台地の奥に一段高くなったそこは、増毛山地のど真ん中にして最高点。３６０度の展望を心ゆくまで楽しもう。

山頂から見た群別岳(右)と奥徳富岳(左)。見事な山容だが夏道はない

上：増毛山地の固有種、マシケゲンゲ。
花期は6月下旬〜7月中旬
左：山頂一帯は雪田植生のお花畑が多い

きれいに管理された箸別避難小屋

広い駐車場。登山口は左奥

斜度の変化はあれどひたすら樹林帯が続く

各種情報や注意事項が記された登山口

箸別コース

七合目過ぎからのお花畑が圧巻

■交通

252㌻「暑寒コース」に準じる。登山口へは増毛町「あっぷるハイヤー」が利用できる。

■マイカー情報

札幌方面から国道231号を走り、増毛市街を抜けた先の箸別こ線橋すぐ手前を右折。約200㍍先で「箸別ルート入り口」の標識

■体力(標高差)	45点
■登山時間加算	C
■高山度(標高)	B
■険しさ	D
■迷いやすさ	D
総合点55点［中級］	

1395ｍコブの登りに取り付く

五合目手前の小規模なミズバショウ群落

七合目のイワイチョウの原。
花の時期や紅葉も素晴らしい

に従って右折。そこから箸別川に沿った道を約3・5キロ走った先の丁字路を左折して林道箸別線に入る。細いが全線舗装の林道を約8・3キロで登山口のある終点に着く。25台程度駐車可能。

■箸別避難小屋

駐車場に隣接して立つブロック造り、内部2階建ての避難小屋。外にトイレあり。寝具、食料、水などは持参。

▼収容人数＝15人
▼期間＝林道開通期間
▼使用料＝無料
▼管理・問い合わせ先＝増毛町商工観光課☎0164－53－3332

■コースタイム（日帰り装備）

登山口 ―2:10↓ 1:40↑― 五合目 ―1:00↓ 0:40↑― 七合目 ―1:10↓ 0:50↑― 暑寒別岳

新しくなった頂上標柱とともに

上：マシケレイジンソウ。増毛・樺戸山地の固有種
左上：山頂下のショウジョウバカマ
左：八重咲き状に変異したエゾノハクサンイチゲ

累積標高差　約1050メートル
登り　4時間20分
下り　3時間10分

■ガイド（撮影　7月4日）

イラスト地図は253ページ参照。

駐車場から避難小屋前を通り過ぎた奥が登山口。登山ポストもここにある。

七合目までは視界の利かない樹林帯の行程である。各合目表示は概ね標高100メートル毎に立っているが、前半は緩斜面が続くため二合目までがずいぶん遠い。

三―六合目間は緩急つけながらの登りとなる。それまで並木状にすっくとしていたダケカンバが低く曲がってくねり始め、油断すると頭を強打する。

六合目からは苔むした岩と泥の滑りやすい急斜面となるが、それもしばしの我慢で、徐々にササ原

エゾノハクサンイチゲとシナノキンバイが咲き誇る九合目付近のお花畑

が広がって明るくなってくる。

　そして七合目！　いきなり周囲が開けて一面イワイチョウの原に飛び出す。この劇的な変わりようこそ本コース最大の魅力だ。

　そこからは花と展望のプロムナードである。シナノキンバイ、エゾノハクサンイチゲ、チングルマ、ミヤマアズマギクなどを中心に、広いお花畑が延々と続く。随所に残る雪田もいいアクセントだ。

　八合目を過ぎて急な１３９５メートルコブを越え、九合目からは平坦な道となる。固有種のマシケゲンゲが多いのはこのあたり。また左手には雨竜沼湿原や南暑寒岳が見える。やがて暑寒コースと合流し、緩く起伏すれば山頂である。

　なお、本コース——特にお花畑に入ってからはヒグマの目撃情報が多い。十分に注意されたい。

南暑寒岳から目指す暑寒別岳(右)を望む

雨竜沼コース

往復するか縦走か体力勝負の長丁場

■特記事項

南暑寒岳−暑寒別岳間は2023年秋に雨竜町がササ刈りを実施したが、想像以上の繁茂で完遂できず通行止めが続いている。24年に再整備を行う予定だが時期は未定。開通時は雨竜町HPで告知されるとのこと。また、右記区間のその後の継続的な整備に

体力(標高差)	50点
登山時間加算	B
高山度(標高)	B
険しさ	C
迷いやすさ	D
総合点70点 [中級]	

*迷いやすさはササ刈りがきれいに完了した場合を想定したもの

太いネマガリに覆われたコル付近

南暑寒岳からコルへの直線的な下り

コル手前より、これから進む稜線とその先の暑寒別岳を見上げる

ついては検討中とのことである。
以下のコースガイドは、通行止め前の取材をもとに23年秋の状況を加味したものである。

■**交通、マイカー情報、山小屋情報**などは244ページの「南暑寒岳、雨竜沼湿原」と同じ。

■**コースタイム**（日帰り装備）

雨竜沼GP ―3・55↓ 2・55↑― 南暑寒岳 ―2・20↓ 2・00↑― 暑寒別岳

累積標高差　約1200メートル
登り　6時間15分
下り　4時間55分

■**ガイド**（撮影　9月15日ほか）

雨竜沼湿原ゲートパーク（以下雨竜沼GP）から往復する場合は往復11時間を超えるロングコースである。疲労やトラブルも考慮した余裕ある計画を立てたい。交通手段の都合が付くならば、雨竜側

コルから尾根に上がるとササにハイマツが混じってくる

上：ヤブに埋もれた中間点を示す道標
左：南暑寒岳がかなり遠くなった。上の道標から 150 m ほど進んだ地点

から増毛側（あるいはその逆）へ縦走したほうが楽である。

　雨竜沼ＧＰから南暑寒岳までのガイドと地図は２４４ページ「南暑寒岳・雨竜沼湿原」を参照のこと。

　南暑寒岳からまず標高差２００メートル弱を一気に下る。相当の急傾斜だがジグザグは切らず、時にロープを頼りにまっすぐである。往復の場合は帰路最大の難所だろう。

　下り切るとネマガリの密生する広い尾根となり、１１２１メートル標高点のなだらかな起伏を越えて最低コルに立つ。東側はイワイチョウの群生するお花畑だ。道はここで左に直角に曲がるが、直進する踏み跡に入らないよう注意を。

　徐々に傾斜を増しながら高度を上げてかん木の狭い尾根の上に出、しばらく緩やかな道をたどる。やがて東に面した小規模な岩場のお

暑寒別岳が近づくと行く手を阻むような崖が見えてくる(6月下旬)

山頂直下に広がるお花畑。あともうひと息だ(7月上旬)

花畑を越し、西側が足元から切れ落ちた崩壊地を慎重に通過。そこから固定ロープのある急な登りで頂上台地へと向かう。

登り切った所はハイマツ帯で、緩い斜面を進んでゆくと岩を積み上げたような頂上は目の前だ。

なお、ササ刈りが終了した区間でも太く鋭い切り株が残っていることがある。転倒や登山靴のソールの踏み抜きには十分に注意してほしい。

あまりに太く濃いネマガリに取材続行を断念(2023年秋)

1198m

雄冬山《おふゆやま》

1039m

浜益御殿《はまますごてん》

増毛山道・幌コース

いにしえの往来を思い浮かべながら

■特記事項

本コースと274ページからの「増毛山道・岩尾コース」は、復元された増毛山道を利用して登るものである。同山道はNPO法人「増毛山道の会」によって復元、維持管理が行われており、自然環境および歴史的価値の保護のために一般への開放をしていない。基本的に入山は山道体験トレッキングなどのイベント参加に限られる。また、無断で入山した際に発生したケガや事故などについて、同会では一切責任を負わないとしている。

なお、上記の目的を支援のうえ、十分な遭難対策を取った山岳団体、登山系旅行会社等の団体に対しては、協議のうえ入山のサポートを行なっている。詳しくは「増毛山道の会」のHPを参照、またはメール（oldis21@kosugi-sp.jp）、Fax0164-56-0003にて問い合わせのこと。

本取材は事前に同会に趣旨を伝え、許可を得たうえで行なった。

■交通

実質的に利用できる公共交通機関はない。

■マイカー情報

国道231号石狩市幌《ぽろ》の信号を山側に入り、イラストマップの経

石狩市浜益から　①雄冬山、②浜益御殿

増毛山地の中で最も海に近い山々だが、海岸線からは険しい断崖に遮られ、また周辺に登山道のある山が少ないことからその全貌は捉えにくい。元々は登山道のない山だったが、廃道化していた増毛山道の復元、整備活動により、近年これを利用して登れるようになった。

雄冬山の山名は雄冬地区にあることによると思われる。雄冬はアイヌ語の「ウフイ＝燃える」が訛ったものとされ、その由来には灯火や落雷による火事など諸説あるようだ。

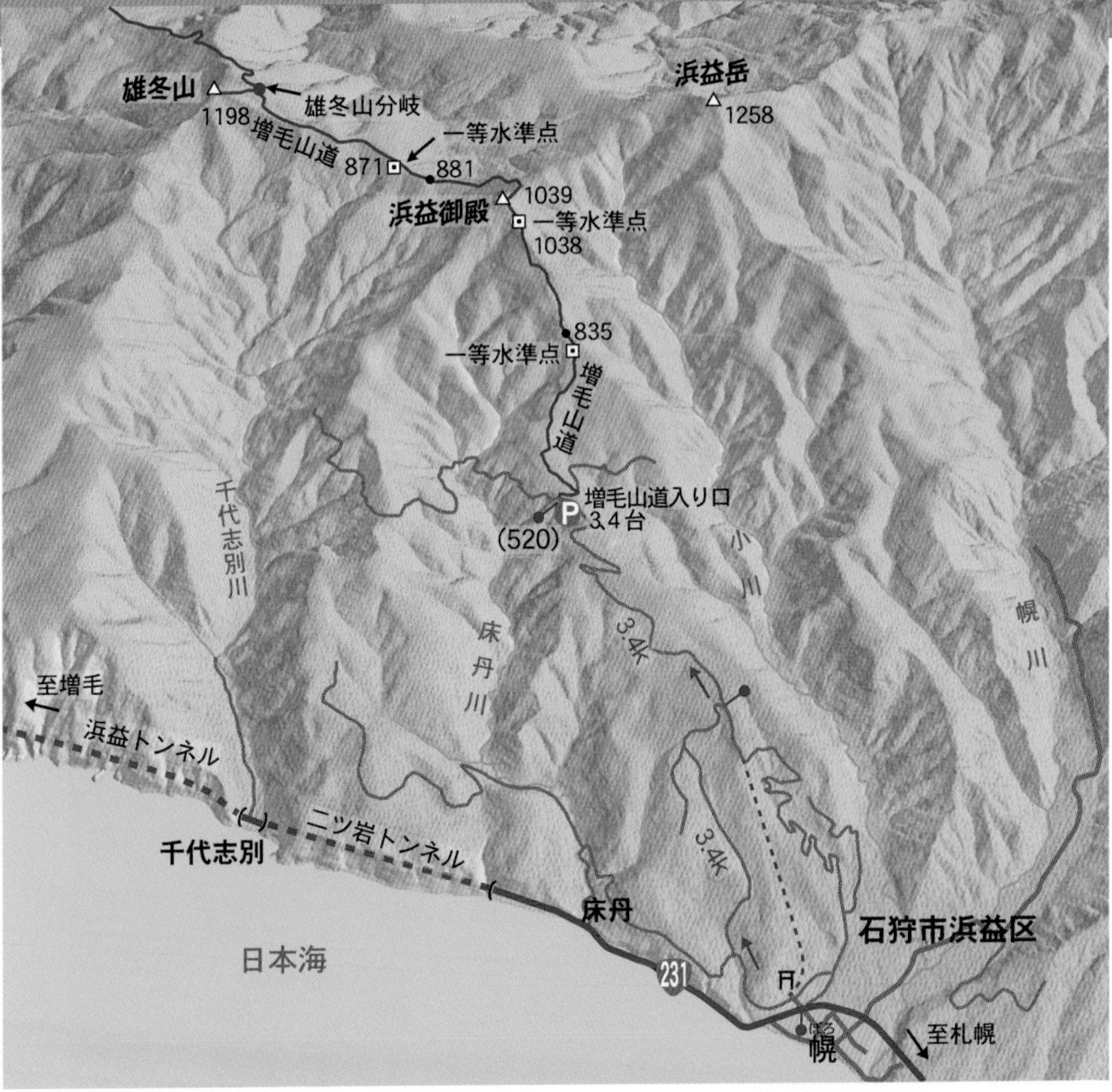

幅広くササ刈りされた
増毛山道の幌側入り口

■体力(標高差)	40点
■登山時間加算	C
■高山度(標高)	B
■険しさ	D
■迷いやすさ	D
総合点50点［初級］	

●雄冬山まで

■体力(標高差)	35点
■登山時間加算	D
■高山度(標高)	C
■険しさ	D
■迷いやすさ	D
総合点40点［初級］	

●浜益御殿まで

上：山道上には200 m毎（岩尾コースは160 m毎）に番号が記されている。「H」は幌コースの略
左：周囲を保護石で囲まれた一等水準点。約139 kgの標石を人が担ぎ上げた

浜益御殿が近づくと、浜益の海岸線や石狩湾方面が見えてくる

路で進む。後半は荒れ気味の未舗装路。国道から約6・8キロでゲートがあり、周辺に3、4台分の駐車スペースがある。なおゲートの開閉状況や鍵番号などは入林申請時に確認のこと。

■**コースタイム**（日帰り装備）

増毛山道入り口 ―1:30↓ 1:10↑― 浜益御殿 ―1:30↓ 1:30↑― 雄冬山分岐 ―0:20↓ 0:15↑― 雄冬山

＊浜益御殿まで
標高差 約530メートル
登り 1時間30分
下り 1時間10分

＊雄冬山まで
累積標高差 約890メートル
登り 3時間20分
下り 2時間55分

■**ガイド**（撮影 9月22日）

まずは浜益御殿へ

増毛山道

増毛から浜益にかけての海岸線は険しい断崖が続き、通行が困難だった。1857年（安政4年）、増毛の商人、伊達林右衛門は自費（今の金額で1億7000万円とも言われる）を投じて山中を越える道を開削。このうち増毛町別苅―石狩市幌間の37kmを増毛山道と呼ぶ。当時、道を検分した松浦武四郎は「蝦夷地第一の出来栄え」と評したという。

明治時代には武好《ぶよし》駅逓が置かれ多くの人が通行したが、昭和に入り利用者が減ると次第に荒廃した。

その後長らく廃道と化していたが、2000年頃から増毛山岳会が調査を開始。08年に「増毛山道の会」が結成され、約10年をかけて全33kmが復元された。現在も同会による道の整備や体験トレッキングなどの活動が続いている。（参考資料＝「増毛山道の会」ホームページ）

浜益御殿から見る浜益岳(右)と暑寒別岳(左)

東側の展望が開けた浜益御殿山頂

ゲートの先の林道Y字路を右に入り5分ほど進んだところが増毛山道入り口である。広い尾根上に開かれた道は幅約2メートルでササ刈りが施され、大きな傾斜の変化もなく緩やかに続く。登頂や展望が目的ではなく、安全かつ歩きやすさを優先して開かれた道であることをうかがわせるもので、早くも昔日の旅人の姿が脳裏をよぎったりと感慨深い。

標高800メートル付近で現れる丸みを帯びた標石は、明治時代に設置された一等水準点。復元された山道に11カ所見つかっているそうで、この先もしばしば目にする。

雪の重みに耐え低く枝を伸ばすダケカンバが目立つ斜面から平坦な尾根上をたどるようになると、右に大きく浜益岳、背後に浜益市街と日本海が見えてくる。そこか

浜益岳

最低コル付近から雄冬山を望む

ササを刈り分けて開かれた雄冬山山頂への道

ら目前の高みをひと登りすれば浜益御殿の山頂だ。すぐ手前に道内で最も高い位置にある1038《メートル》一等水準点、山頂には三等三角点がある。浜益岳へと続く広い尾根の奥に暑寒別岳が見える。

コルを越えて雄冬山へ

浜益御殿からはいったん東に緩く下り、続いて北へ進路を変える。と同時に大きなコルを挟んで正面に雄冬山の大らかな山容が見えてくる。コルへの下りは雨水で掘れたところや急な土斜面もあり、スリップに注意しよう。

傾斜が緩んで明るい平地に下り立ち、最低コルから少し進むと標高871《メートル》の一等水準点。そこから再び登りに転じ、緩いながらも徐々に高度を上げてゆく。

次第に雄冬山が目前に迫ってくるが、あえてピークを越える必要

雄冬山山頂から見る増毛山地の山々

山頂の一角に三等三角点がある

がなかった山道は、急傾斜を前に尾根を外れて右手の山腹を巻いてゆく。今はその途中の雄冬山分岐から山頂に向けて新たな登路が開かれているのでこれに入る。急な直登だが、途中、増毛、留萌方面の海岸線がよく見える。

ハイマツ帯を抜けガレ場となった山頂からの展望はすばらしい。増毛山地の主だった山々はもちろん、遠く石狩湾を挟んで小樽方面まで見渡すことができる。

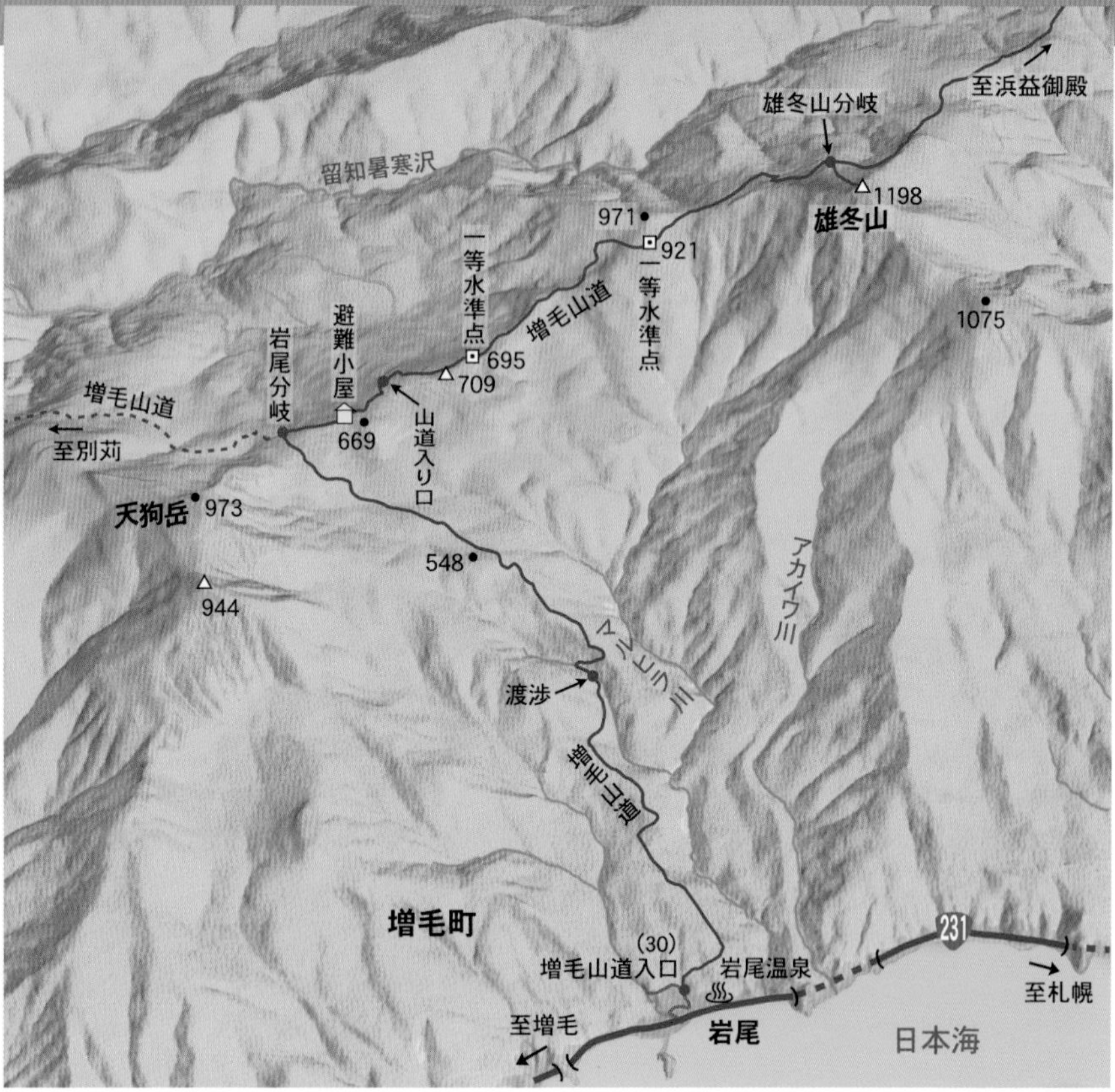

増毛山道・岩尾コース

石積や電信跡など往時の遺構が随所に

■特記事項

268ジペー「増毛山道・幌コース」に同じ。

■交通

実質的に利用できる公共交通機関はない。強いてあげれば、252ジペー「暑寒別岳暑寒コース」で紹介した増毛町への特急バス等

橋を渡って増毛山道に入る

上：電信線に使われていた明治時代のガイシ
右：途中1カ所のみ渡渉がある。川幅は狭いが滑りやすい。背後に橋台の石積が見える

と増毛町の有償運送事業「あっぷるハイヤー」が利用できる。

■マイカー情報

国道231号増毛町岩尾温泉入り口の信号丁字路を入り、道なりに約350㍍上った先を右に入る。奥に山道入り口と数台分の駐車スペースがある。

■コースタイム（日帰り装備）

増毛山道入り口 2・40↓ 2・00↑ 岩尾分岐 2・10↓ 1・40↑ 雄冬山分岐 0・20↓ 0・15↑ 雄冬山

体力（標高差）	50点
登山時間加算	B
高山度（標高）	B
険しさ	D
迷いやすさ	C
総合点70点［中級］	

累積標高差　約1280㍍

登り　5時間10分

下り　3時間55分

■ガイド（撮影　9月22日）

ほぼ海抜0㍍から登るロングコースである。中盤までは林道や作業道跡が錯綜する箇所もあり、道迷いにも注意が必要だ。

山道入り口から橋を渡ってスタート。ミズナラを主体とした広葉樹林は、視界こそ利かないが木漏れ日が優しく心地よい。やがて右手に沢音を聞くようになり、何回か支沢を横切る。今も残る橋台の幅からは、山道とはいえ車道並みの広さがあったことがわかる。また、沿道には電信線が通じていたそうで、注意しているとガイシや朽ちた電信柱を見ることも。

標高500㍍を越え、何度か横切る作業道跡は、ルート番号や目

樹林帯が多いが所々視界が開ける

避難小屋から雄冬山を遠望する

かつては石仏が祀られていたのだろう

岩尾分岐近くのミズナラは推定樹齢700年。山道周辺で最大級だ(写真＝増毛山道の会)

印のテープを確認して迷い込まないよう気をつけよう。

　天狗岳と雄冬山を結ぶ稜線を越えると岩尾分岐。これを右折し、10分ほどで林道終点に出る。傍らにはバス停を利用した避難小屋があり、奥に雄冬山が見えるが、その頂はまだまだ遠い。林道を約500メートル進んだところで、道標に従って再び山道に入る。

　山道は絶妙にアップダウンを避

雄冬山が近づき東斜面に出ると、増毛方面の展望が開ける

971 m コブ下から見る天狗岳。立派な山容だが夏道はない

けつつ、雄冬山に続く尾根上をたどってゆく。６９５メートル一等水準点を過ぎ、安全祈願の「仏の台座」を見ると斜度が増して９７１メートルコブの西側を巻く。このあたりは樹冠の高い林が続き、林間ながらも開放感が感じられる。

　気付かぬうちに尾根を超えて東斜面に出、平坦なトラバースから２度３度ジグザグを切ると雄冬山分岐に着く。右に折れてひと頑張りすれば待望の山頂だ。

10.5 km の長丁場を経て山頂へ

739m

黄金山《こがねやま》

■体力(標高差)	35点
■登山時間加算	D
■高山度(標高)	C
■険しさ	B
■迷いやすさ	D
総合点45点［初級］	

●新道経由で

＊総合点は「初級」だが、山頂部の岩場は十分に注意を

兼平沢新道コース

危険箇所少なめ尾根の急登コース

■**交通**

実質的に利用できる公共交通機関はない。

■**マイカー情報**

国道231号石狩市浜益区柏木から国道451号に入り、約6・8キロ先の実《み》田《た》橋を渡ったところで左の林道に入る。「黄金山登山道」の標識あり。そこから狭い林道を約4キロで終点の登山口。20台程度駐車可能。トイレ、水、休憩舎がある。

■**川下《かわしも》海浜公園**

国道231号沿い、浜益市街地にあり、海水浴場に隣接。芝生のサイトが好評。

▼期間＝5月〜10月

▼使用料＝無料（海水浴場開設中は有料）

▼管理・問い合わせ先＝石狩観光協会浜益事務所☎0133−79−5700

石狩市浜益区国道451号から

標高は低いが特徴的な三角錐《すい》の山容が目立ち、いろいろなところから指呼される。浜益市街から見ると富士山に似ているため「浜益富士」の名があるが、違う角度からはマッターホルンのように尖っても見える。登山道は1コースだが、途中で旧道と新道に分かれ再び合流する。「黄金」の名は和人が金の採掘のために周辺に入っていたことによるようだ。アイヌ名は「タイルベシベ＝林の・峠道沢」「ピンネ・タヨルシペ＝木原に聳《そび》える雄山」があるという。

■**コースタイム**（日帰り装備）

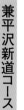

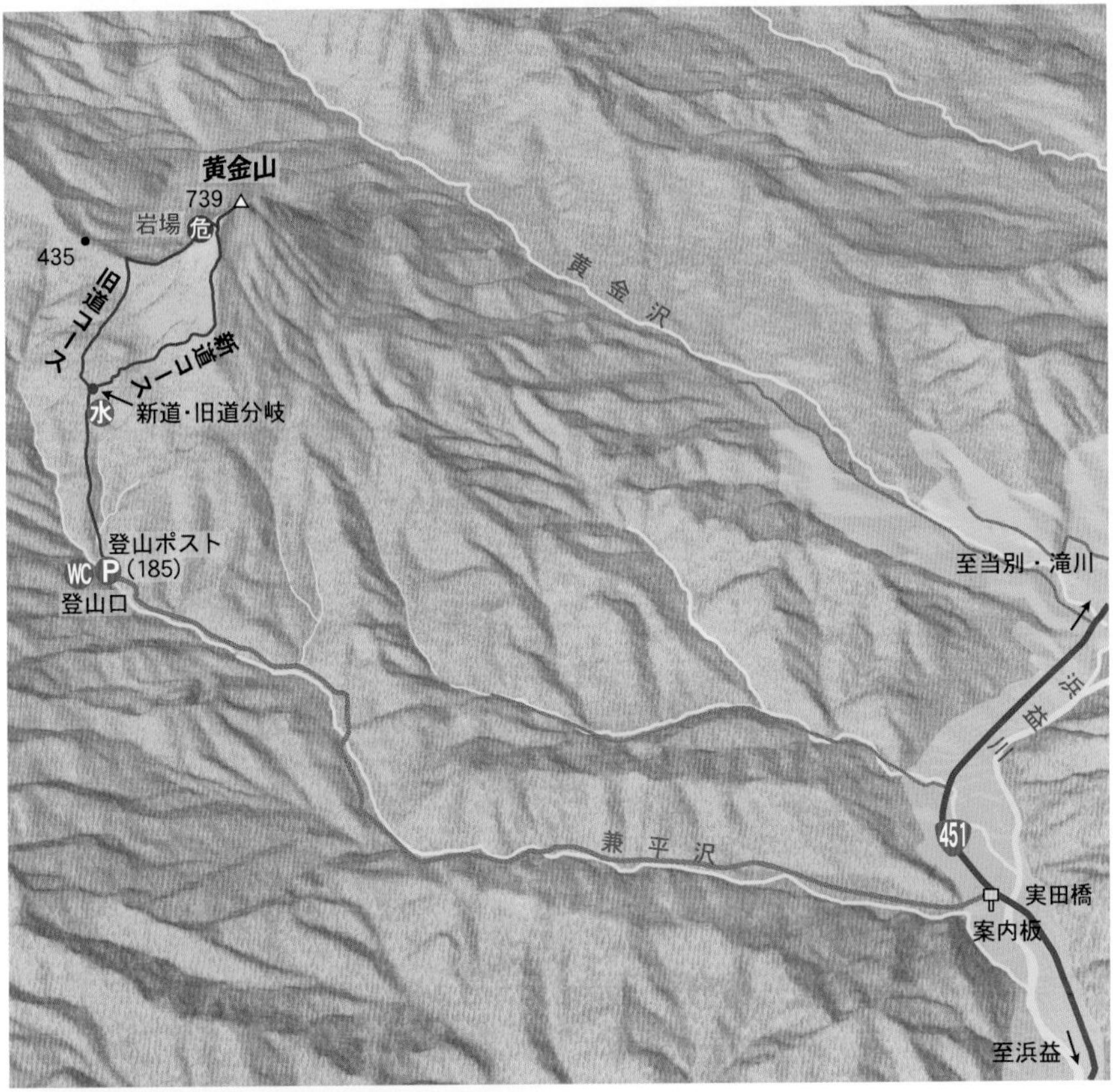

登山口 ―0:30↓ 0:20↑― 新道・旧道分岐 ―1:00↓ 0:40↑― 黄金山

標高差　約555メートル
登り　1時間30分
下り　1時間

■ガイド（撮影　8月27日、9月22日）

新道は、旧道上部に危険箇所があることから開かれたもので、岩場に不慣れな人はこちらを選ぶべ

駐車場は広いが週末は混むことも

新道・旧道分岐。新道側の奥に水場がある

序盤に小さな沢を２回渡る

新道の平坦なササ原から見上げる黄金山

きだろう。道は地元のこがね山岳会によってこまめに手入れされており歩きやすい。時おり現れる数字の標識は、登山口からの距離を示している。

歩き始めてすぐに小沢を2本渡る。2本めの沢の右岸に沿って登ってゆくが、やがて沢音が遠のき周囲は針広混交の森となる。

標高350メートルで道は二手に分かれ、右はこれから登る新道コース、左は282ページで紹介する旧道コースである。分岐の新道コース側奥には細い流れの水場がある。

新道に入って少し進むと平坦なササ原に出、その先に黄金山が聳え立って現れる。山頂にはひときわ険しい岩場が飛び出しており、これからあそこに立つのかと思うと気が引き締まる思いだ。

道は右へとカーブしながら山腹

前衛の岩峰から見た山頂

新道は危険箇所は少ないが斜度はなかなか

山頂は平らとはいえ狭い。
混雑時は譲り合いを

に近づき、にわかに斜度が増してくる。続いて左に進路を変えると尾根上をたどるようになり、さらに斜度が増す。時に木の根や岩、そして固定ロープに掴まりながらグイグイと高度を上げてゆく。

標高６５０メートル付近で一瞬、浜益の田園地帯や石狩湾方面の展望が開け、ほどなく岩場混じりの道となって旧道が合流する。すでにほぼ頂稜の西端に達しており、すぐに岩峰上に飛び出す。

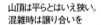

目前には緑に覆われた山頂が尖っているが、眺めは遮るものがない分この前衛峰のほうがよい。ただし、両側はすっぱり切れ落ちて狭いので長居には適さない。細い尾根を慎重にたどった山頂はあまり広くはないが平坦地がある。

山頂からは南暑寒岳から奥徳富岳、群別岳を望むが、暑寒別岳は

山頂から見る増毛山地の山々。暑寒別岳は群別岳の陰になっている

山頂から浜益、石狩湾方面を望む。左奥に羊蹄山も見えている

山頂から見た前衛の岩峰。歩いているとわかりにくいが垂直に切れ落ちている

それらの陰になって見えない。左に目をやると浜益から日本海、さらに石狩湾を挟んで積丹半島やニセコ連峰、羊蹄山まで望まれる。

兼平沢旧道コース

手足総動員プラス冷や汗トラバース

■コースタイム（日帰り装備）

登山口 0:30↓ 0:20↑ 新道・旧道分岐 1:10↓ 0:50↑ 黄金山

標高差　約555メートル

登り　1時間40分

下り　1時間10分

■ガイド（撮影　8月27日、9月22日）

新道・旧道分岐までは前項に同じ。新道に入り、広く刈り払われた道を緩く登った先で鋭角的に曲がり、稜線に取り付く。ほどなく

旧道は草付きの岩尾根を一気に200mほど登る。岩登りのような直登(右)や不安定なトラバース(左)が続く難路だ

急傾斜を通り越して壁と呼びたくなる岩の斜面となり、ロープの助けを借りながらこれをよじ登る。

続いて足元の見えにくい不安定な岩場をトラバース。ここも急斜面で一時も気を抜けない。岩は全体に鋭角的、かつ安定しているのか否か判断しづらく、慎重な行動が必要だ。人数や技量によって所要時間も大きく変わるだろう。

トラバースを終え、垂直な西壁の下を抜けると新道に合流し、すぐに頂上稜線に出る。

■体力(標高差)	35点
■登山時間加算	D
■高山度(標高)	C
■険しさ	B
■迷いやすさ	D
総合点45点［初級］	

●旧道経由で
総合点は「初級」となり新道と同じだが、全般に危険箇所が多く、初級者や岩場に不慣れな人は避けたほうがよい

樺戸山地

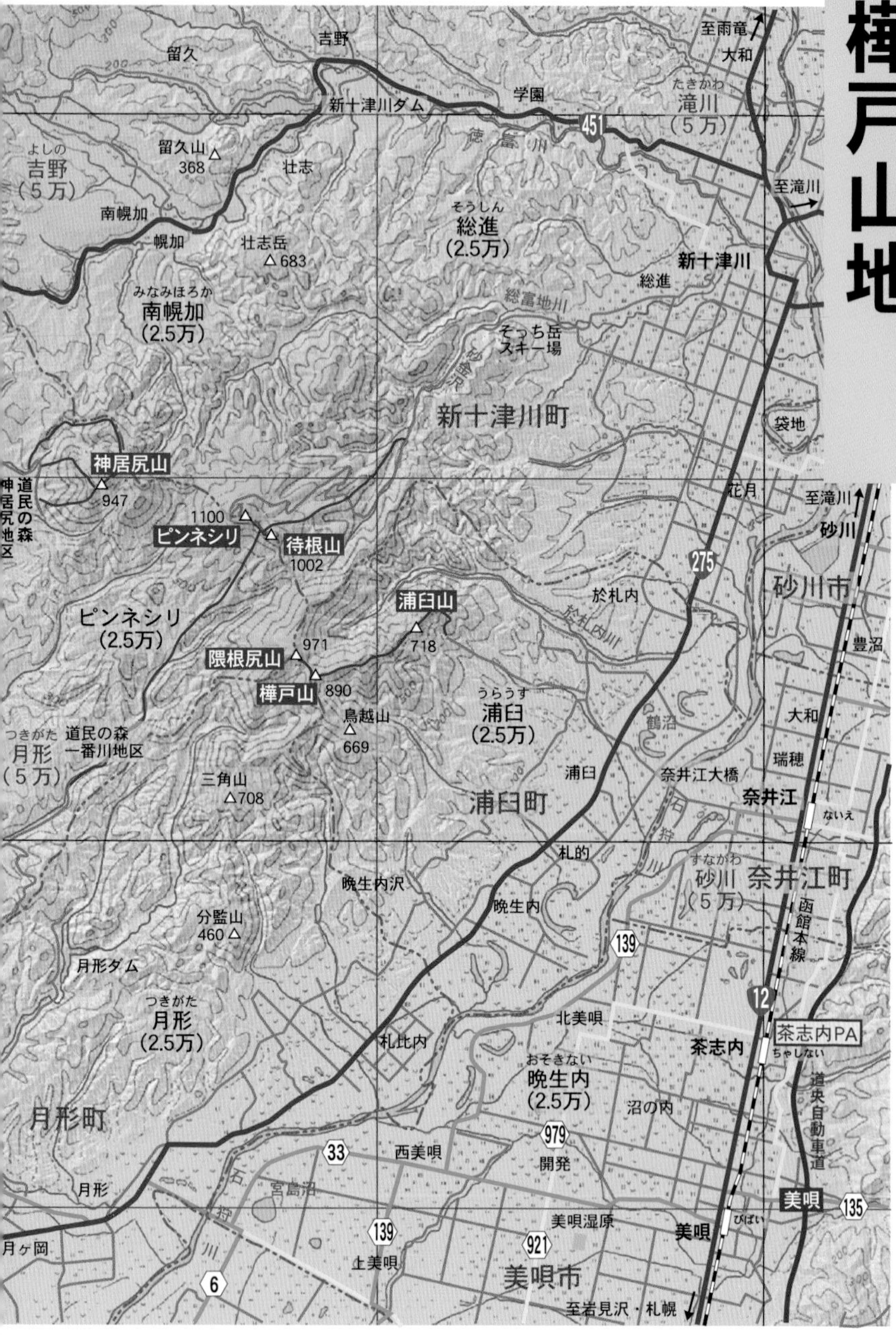

吉野
留久
至雨竜
大和
学園
滝川《たきがわ》
（５万）
新十津川ダム
451
徳富川
留久山
368
吉野《よしの》
（５万）
壮志
至滝川
南幌加
総進《そうしん》
（2.5万）
幌加
壮志岳
683
新十津川
総進
南幌加《みなみほろか》
（2.5万）
総富地川
そっち岳
スキー場
砂金沢
新十津川町
袋地
神居尻山
947
道民の森
神居尻地区
1100
ピンネシリ
待根山
1002
花月
至滝川
砂川
275
砂川市
於札内
於札内川
浦臼山
718
ピンネシリ
（2.5万）
971
隈根尻山
豊沼
樺戸山
890
浦臼《うらうす》
（2.5万）
鳥越山
669
鶴沼
大和
道民の森
一番川地区
月形《つきがた》
（５万）
瑞穂
浦臼
奈井江大橋
三角山
708
浦臼町
奈井江
ないえ
石狩川
札的
砂川《すながわ》
（５万）
奈井江町
晩生内沢
晩生内
函館本線
分監山
460
139
月形ダム
12
月形《つきがた》
（2.5万）
北美唄
茶志内PA
札比内
茶志内
ちゃしない
晩生内《おそきない》
（2.5万）
道央自動車道
沼の内
月形町
979
33
西美唄
開発
月形
宮島沼
美唄
135
139
美唄湿原
921
美唄
びばい
月ヶ岡
上美唄
6
美唄市
至岩見沢・札幌

至留萌
浜益《はままず》
於札内《おさつない》
浜益《はままず》
（５万）
御料地
451
泥川
実田
察来
柏木
毘砂別《びしゃべつ》
丸山
△500
柏木《かしわぎ》
(2.5万)
幌内山
649 △
新送毛トンネル
四番川《よんばんがわ》
(2.5万)
円錐峰
△690
濃昼岳△621
送毛《おくりげ》
当別町
石狩市
青山貯水池
濃昼《ごきびる》
(2.5万)
濃昼《ごきびる》
別狩岳
666△
青山ダム
安瀬山
△654
28
二番川《にばんがわ》
(2.5万)
日　本　海
231
二番川
当別川
厚田《あつた》
（５万）
安瀬《やそすけ》
発足《はったり》
11
一番川
厚田
望来川
青山中央
厚田《あつた》
(2.5万)
青山中央《あおやまちゅうおう》
(2.5万)
沼の沢
古潭
望来ダム
11
石狩市
当別町
当別ふくろう湖
当別ダム
至札幌
望来
阿蘇岩山
△418
至当別・札幌

718m

浦臼山《うらうすやま》

890m

樺戸山《かばとやま》

浦臼コース

石狩平野を眺めつつ縦走気分の尾根歩き

■交通
起点となる浦臼町までは、JR奈井江駅または砂川駅から美《び》自《じ》校《こう》観光バス（☎0126-62-7171）浦臼砂川線、または滝川駅から浦臼町営バス（☎0125-68-2111）浦臼滝川線を利用する。そこから登山口まではビジコータクシー（浦臼営業所☎0125-67-3070、要予約、土・日・祝は不可）が利用できる。

■マイカー情報
国道275号浦臼市街のホクレンGS向かいの道路を山側に入る。入り口に「樺戸連山登山道入

浦臼市街郊外から
①浦臼山　②樺戸山

浦臼市街の背後、隈根尻山（292ページ）へと続く長い尾根上にある山々である。麓の国道275号からもよく見えるが、同程度のピークが屏風状に連なり、個々は同定しにくい。

浦臼山はかつてハンググライダーの滑空地として知られ、山頂まで車道跡が通じている。その先の登山道は一時期廃道寸前まで荒れていたが、数年前に有志によってササ刈りされた。

浦臼の地名はアイヌ語の「ウラユシナイ＝簗・多い・川」「ウラシナイ＝笹川」など諸説ある。

■体力（標高差）	35点
■登山時間加算	D
■高山度（標高）	C
■険しさ	D
■迷いやすさ	D
総合点40点［初級］	

●浦臼山まで

■体力（標高差）	40点
■登山時間加算	C
■高山度（標高）	C
■険しさ	C
■迷いやすさ	C
総合点55点［中級］	

●樺戸山まで

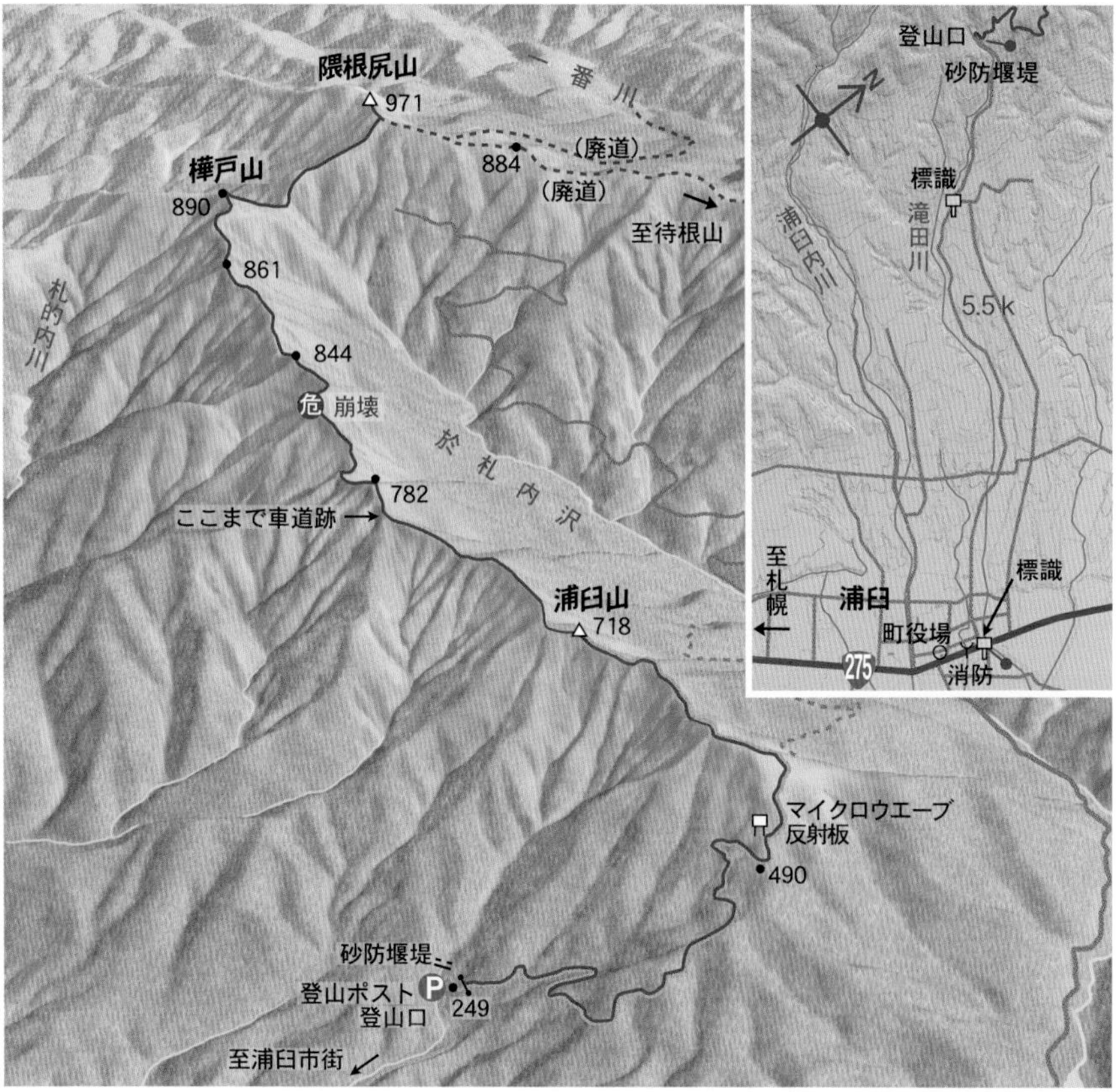

口」の立派な標柱あり。市街地を抜け畑の中を道なりにどんどん進み、約2・7キロ先から未舗装。その先約1・2キロの分岐は左に入り、さらに約1・6キロで登山口となる砂防堰堤前の広場に着く。6、7台駐車可能。

■コースタイム（日帰り装備）

登山口 0・50↓ 0・35↑ 反射板 0・40↓ 0・25↑ 浦臼山 1・00↓ 0・50↑ 844メートルピーク 0・40↓ 0・40↑ 樺戸山

国道275号の登山口入り口。擬木の標識が立っている

タニウツギの花に覆われた車道跡

登山口は堰堤下。奥に登山ポストがある

浦臼山付近から見る石狩平野北部

＊浦臼山まで
　標高差　約480メートル
　登り　1時間30分
　下り　1時間

＊樺戸山まで
　累積標高差　約790メートル
　登り　3時間10分
　下り　2時間30分

■ガイド（撮影　6月29日、10月6日）

車道跡歩きで浦臼山へ

堰堤下の登山ポストに記入したら、鎖ゲートを抜けて出発である。浦臼山までは古い車道歩きで到達する。くねくねとカーブした道はササや草が侵出気味で、所々雨による浸食も目立つ。だが、初夏はタニウツギの花、秋は紅葉が美しく、斜度が適度なこともあって時間の割に距離が進む。

標高500メートル付近でやや開けた場所となり、大きなマイクロウ

広いスペースがある浦臼山山頂

マイクロウエーブ反射板下をゆく

782 m コブを後に 844 m コブへ向かう。左手は急峻な雪崩斜面が続く

エーブ反射板の下に出る。道は徐々に傾斜を増し、時に車道だったとは思えないほどキツいところも出てくる。周囲はダケカンバが目立つようになり、ちらほらと見応えあるミズナラも現れる。

この急傾斜が終わると南北に長い浦臼山山頂部の一端である。三角点は左手の薮の中で見つけることは難しい。一方目を引くのはその先にあるステンレス製の頂上モニュメント。雪崩斜面の際にあるため高度感も展望も抜群だ。さらに100メートルほど進むと石の方位盤が置かれた小広場。少し進むとピンネシリや増毛山地が見える。

小ピークを越えて樺戸山へ

浦臼山からしばらく、崖のような雪崩斜面を左に見ながら平坦な車道跡をゆく。かつてはハンググライダーの滑空台もあったが、いつ

782 m コブを振り返る。ちょっとした縦走気分である

崩壊気味の場所もあるので慎重に

沢登りでも知られる札的内川を見下ろす

しか見られなくなった。

782メートルコブの手前で車道跡は終わり、山道が始まる。数年前までササに覆われた急斜面の縁をつま先で探るような状況だったが、有志による刈り払いのおかげで今は颯爽とした気分で歩くことができる。ありがたいことである。

樺戸山までは小刻みなアップダウンの尾根歩きが続き、顕著なものだけで782メートル、844メートル、861メートルの三つのコブを越える。このうち844コブ手前に2、3カ所、左側が崩壊気味の場所があるので注意したい。

844メートルコブから先は次第にゆったりとした登り下りとなり、前方に隈根尻山が見えてくる。その山容が間近に感じられるようになると、地形図上に890メートル標高点として記された樺戸山である。

844ｍコブから861ｍコブ（左手前）と隈根尻山（右奥）を見る

861ｍコブ付近から見たピンネシリ（中央左）と待根山（中央右）

山頂には三角点を模した大理石の石柱が埋め込まれ「登山道開通昭和46年」の文字が読める。開通から半世紀、今後も末永く維持されてほしいものである。

なお、ここから隈根尻山へと続く道については次ページ「隈根尻山」を参照のこと。

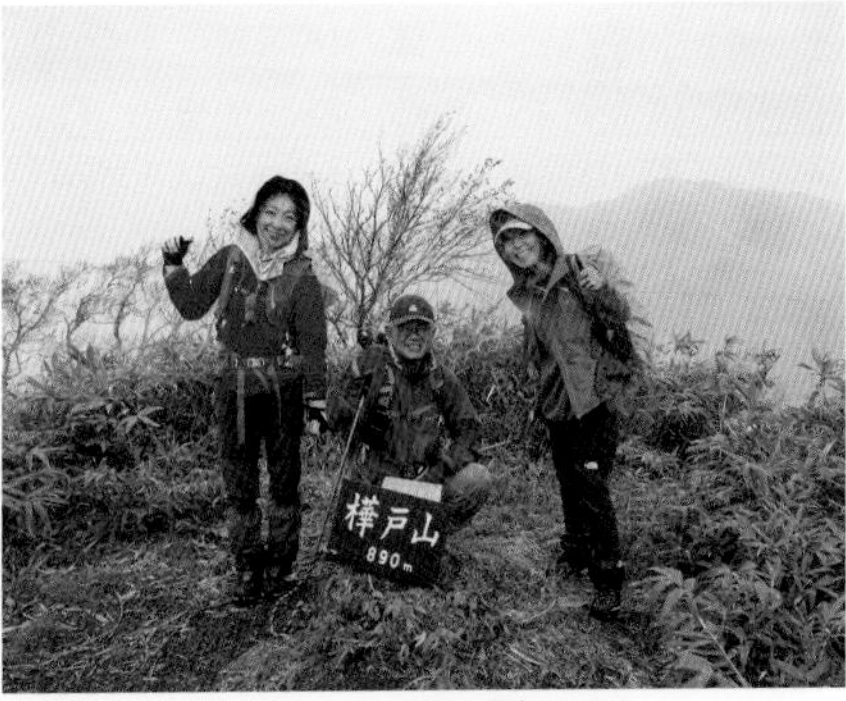

取材時は10月上旬だったが雪に見舞われた

971m

隈根尻山《くまねしりやま》

体力（標高差）	45点
登山時間加算	C
高山度（標高）	C
険しさ	C
迷いやすさ	C
総合点60点［中級］	

浦臼コース

どこまでも緩く長く頂上の展望に期待

■特記事項

左記のプロフィール欄に触れたとおり、従来の道民の森一番川コース、ならびにピンネシリとの縦走路は廃道となった。

一方、長らく廃道化していた樺戸山からのコースがササ刈りされ再開通したので、本書では新たにそちらをガイドする。

■交通、マイカー情報、登山口から樺戸山までの**ガイド**、および**イラストマップ**は、286ページからの「浦臼山、樺戸山」と共通。

■コースタイム（日帰り装備）

登山口 3·10↓ 2·30↑ 樺戸山 0·45↓ 0·40↑ 隈根尻山

累積標高差　約960メートル

登り　3時間55分

下り　3時間10分

■ガイド（撮影　10月8日）

樺戸山から背丈を越える深いネマガリダケを切り開いた道を下

新十津川町国道275号から

浦臼山から樺戸山へ連なる尾根の延長線上に鎮座する山。以前あった西側の道民の森一番川地区からの登路とピンネシリからの縦走路は崩壊が進み、管理する道民の森によって廃道の宣言が出された。代わって久しく廃道化していた樺戸山からの道が有志によってササ刈りされ登れるようになった。

クマネシリはアイヌ語で「物干しのような山」「山頂の平らな山」の意味で、隈根尻山そのものより、浦臼山から続く稜線を指しているように思える。

ジャングルのようなネマガリ廊下

上：樺戸山から見た隈根尻山。開かれたコースがくっきりと見える。隈根尻山への唯一の道だけに今後も維持してほしいものだ

右：稜線に近づくにつれて展望が開けてくる

再び登れるようになってよかった

る。急なうえ刈ったササが滑りやすく、また鋭い切り株もあるので転ばぬよう慎重に行動しよう。

標高差約90メートルを下ってコルに下り立ち、そこから隈根尻山に向けて約170メートル登り返す。稜線が近づくにつれ展望が広がるのが嬉しい。登り切ると廃道となった道民の森からの道に合流。これを左折すれば山頂は眼の前だ。

樺戸山地でよく見る大きな方位盤で山座同定を楽しんだら、再び慎重にコルを登り返し、長い尾根を戻るとしよう。

1100m

ピンネシリ

砂金沢コース

麓からも見える白いドームの山頂へ

■**交通**

起点となる新十津川町へは、JR滝川駅から中央バス（☎0125-24-6191）滝新線を利用する。そこから登山口までは新十津川北星ハイヤー（☎0125-76-2345）が利用できる。

■**マイカー情報**

新十津川から総富地《そっち》川沿いの道を走り、そっち岳スキー場をめざす。スキー場先の分岐を左に入ると砂金沢沿いの林道となり、道端に登山ポストがある。そこから約5キロで登山案内板のある登山口に着く。十数台駐車可能。

なお、林道はさらに奥に延びているが約2・8キロ先でゲートがあり、その先山頂へ続く管理道路は一般車通行禁止になっている。

■**コースタイム**（日帰り装備）

登山口 ―1・10↓ 0・40↑― 車道交差点 ―1・30↓ 1・10↑―

体力（標高差）	45点
登山時間加算	C
高山度（標高）	B
険しさ	D
迷いやすさ	D
総合点55点［中級］	

新十津川町郊外から。左は待根山

樺戸山地の最高峰で、頂上に巨大な雨雪量観測所がある。施設保守用の管理車道が通じているが、登山道は巧みにそれを避けており、興が削がれることもない。登山コースは新十津川町の砂金沢からと、道民の森一番川地区からの2本。かつてあった神居尻山や隈根尻山への縦走路は廃道化した。

ピンネシリは古い地形図では「地勢根尻」に「賓根山」がカッコ書きされていた。アイヌ語で「チセネシリ＝家形の山」「ピンネシリ＝男山」である。

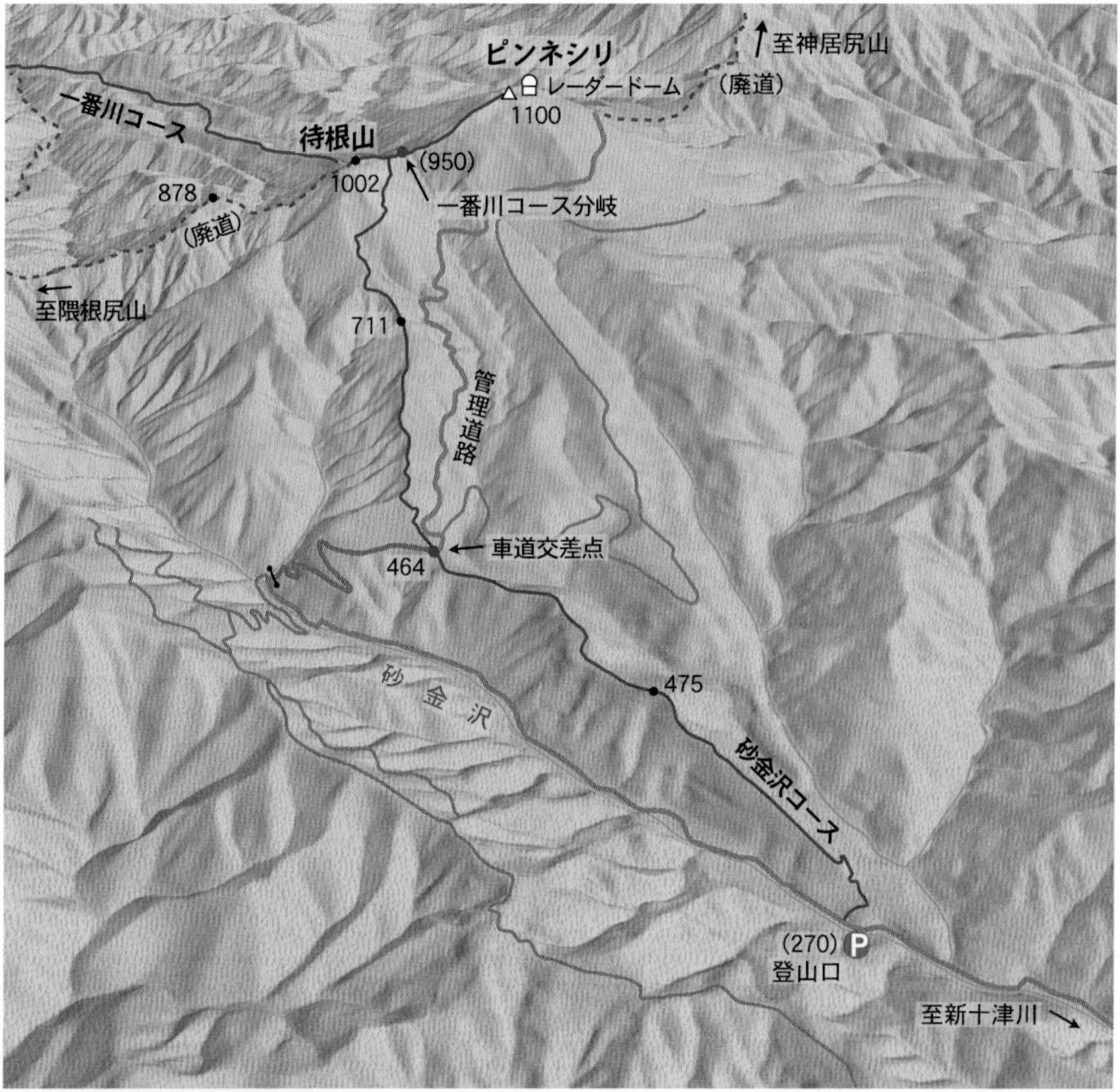

案内板と駐車スペース。登山口は手前に

一番川コース分岐
0:30↓　0:20↑
ピンネシリ

累積標高差　約９２０メートル
登り　３時間10分
下り　２時間10分

■ガイド（撮影　６月５日ほか）

登山口は案内板の１００メートルほど手前。小さくジグザグを切って尾根の末端に取り付き、一定した緩

管理車道は斜めに横切る

はじめはなだらかな尾根の直線道

待根山を正面に見ながら。711 m コブ付近

い斜度で直線的に登ってゆく。475メートル標高点を過ぎると小さくアップダウンを繰り返し、やがて山頂に続く管理道路に出る。途中、車道との交差はここだけで、斜めに横切って再び山道に入る。

緩急交えながら高度を上げ、711メートルコブまで来ると左側が急斜面となって一瞬視界が開ける。芦別岳や夕張岳などが見え、また、右には木々の間にめざす山頂も。

道は待《まち》根《ね》山《やま》に向けて斜度を増すが、標高850メートル付近で尾根を外れて右に巻き始める。「山頂まで1キロ」の標識を見ると斜度が緩み、ほどなくピンネシリと待根山を結ぶ稜線上に出る。

目の前のピンネシリは一面がササの斜面で立ちはだかるように大きい。残す標高差は150メートルほど。焦らずじっくりと登っていこう。

エゾノハクサンイチゲ咲く山頂への道

稜線上から見るピンネシリ山頂部

山頂付近から隈根尻山方面を展望(8月上旬)

コルに下り、すぐに一番川コース分岐を通過。急な箇所では樺戸山地おなじみの丸太階段が出てくるが、所々崩壊してザレている。

路傍には珍しいオオウサギギクをはじめ、ナガバキタアザミ、ハクサンイチゲ、ウメバチソウ、矮小化したエゾホソバトリカブトなど、ササ山の割に植物が豊富だ。

息の切れる急登も徐々に傾斜が緩み、レーダードームの頭が見えてくると山頂である。レーダー観測所があるだけに周囲の展望は抜群だ。増毛山地や夕張山地はもとより、大雪山系、日高山脈、札幌方面の山まで見渡せる。

帰路はピンネシリと対を成す待根山に寄るのもよいだろう。一番川コース分岐から登り15分、下り10分ほど。山頂は草原になっていて花が多く、増毛山地を背景とし

山頂から増毛山地の展望。神居尻山(302 ページ)とともに同山地の好展望台だ

上：草地が広がる待根山
右：ピンネシリ山頂とレーダードーム

たピンネシリが絵になっている。

また、下山に変化を求めるなら、山頂あるいは途中の交差箇所から管理道路を下る選択肢もある。ただし、距離が長くなるうえ、味気なさが漂うのは否めない。

道民の森一番川コース

登山口前倒しに伴い片道10キロの行程に

■交通

実質的に利用できる公共交通機関、タクシーはない。

■マイカー情報

当別町から道道28号に入り、標識に従って道民の森一番川地区に入る。キャンプ場案内所前を通り過ぎ、約300メートル先の左側に広い駐車場と登山ポストがある。トイレはキャンプ場案内所に併設。

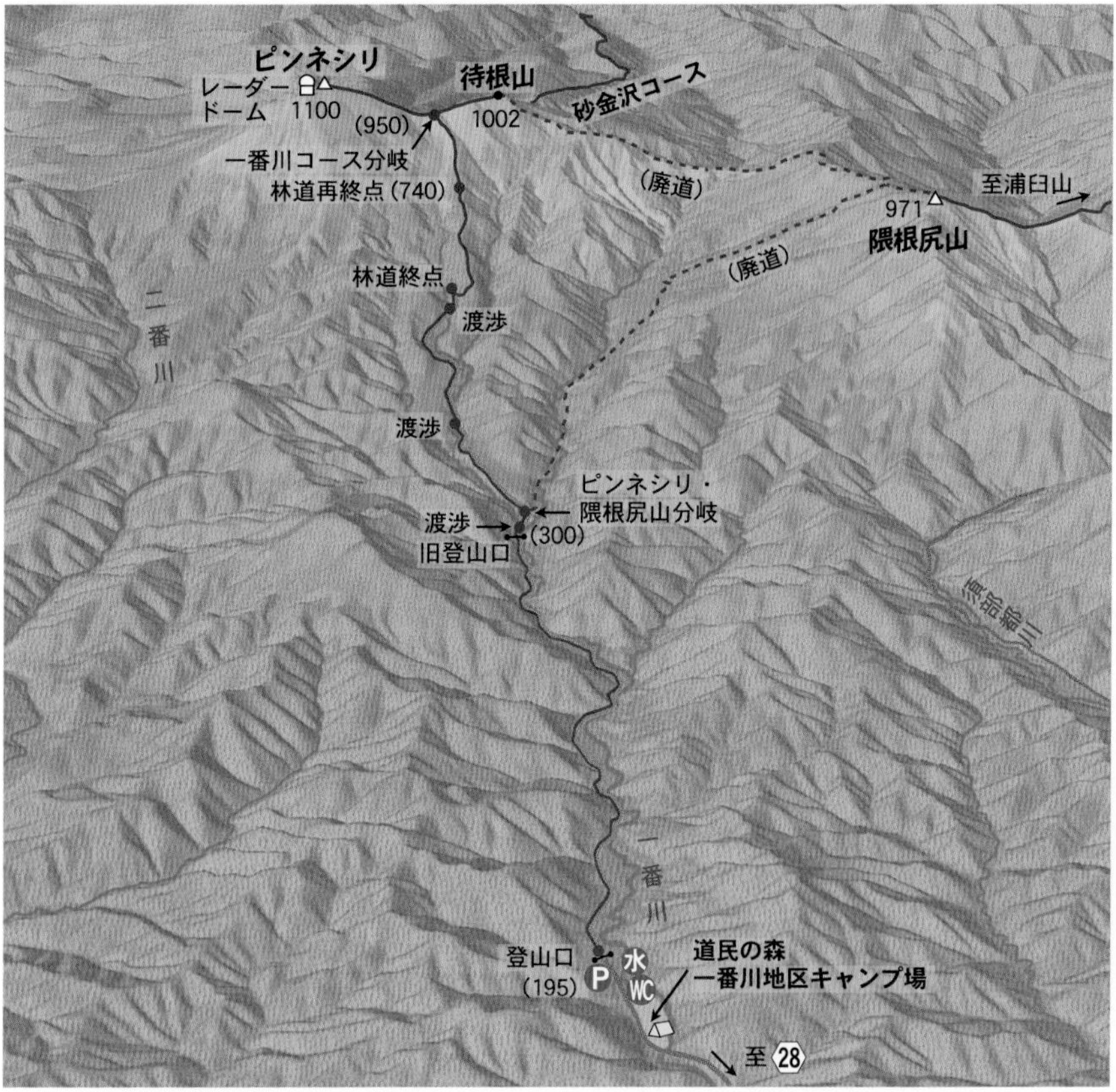

なお、以前はここからさらに約4キロ先のゲート（旧登山口）まで車で入れたが、部分的に林道が崩壊し現在は通行止め。この駐車場が実質的な登山口となる。

■道民の森一番川地区キャンプ場

オートキャンプ場と自然体験キャンプ場の2エリアがある。

▼期間＝5月1日～10月31日

▼使用料＝有料

▼管理・問い合わせ先＝道民の森管理事務所☎0133－22－3911

■体力（標高差）	45点
■登山時間加算	C
■高山度（標高）	B
■険しさ	D
■迷いやすさ	D
総合点55点［中級］	

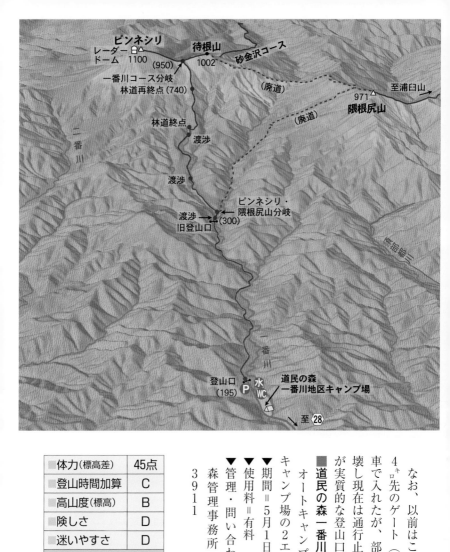

駐車場。右奥が登山口で登山ポストもある

人気の高い一番川キャンプ場

上：頑丈なゲートが残る旧登山口
左：旧登山口を入ってすぐの渡渉

■**コースタイム**（日帰り装備）

登山口 ─1:00↓ 0:55↑─ 旧登山口 ─1:50↓ 1:20↑─ 林道再終点 ─0:40↓ 0:30↑─ 一番川コース分岐 ─0:30↓ 0:20↑─ ピンネシリ

累積標高差　約915メートル

登り　4時間

下り　3時間5分

■**ガイド**（撮影　7月21日ほか）

もともと造林道跡を利用した長めのコースだったが、アプローチの林道歩きが加わり片道10キロを越えることとなった。旧登山口までの林道は、歩く分には特に問題はないが、所々に決壊や土砂の流入が見られ、なるほどこれでは車の通行は無理だろう。

駐車場跡とゲートのある旧登山口を過ぎるとすぐに渡渉がある。通常は足を濡らさず渡れるはずだ

林道再終点地点から山道へ

上：傾斜が増すと木の階段が出てくる。が、いまいち歩幅に合わずリズムがつかみにくい
右：山頂まで標高差あと 100 m

が、無理に跳んで転倒したりしないように。続いて草の繁った隈根尻山への廃道を右に分け、その後は変化に乏しい造林道跡が続く。途中、標高400メートル付近と500メートル付近の2カ所に渡渉がある。

500メートルの渡渉を過ぎてほどなく、道は直角に右に折れて山道となるが（イラストマップ中「林道終点」地点）、しばらく進むとまた造林道跡となる。その道も徐々に斜度が増してきて標高740メートル付近で土場跡とともに終点となる（同「林道再終点」地点）。

そこからは山道となり、時おり木の階段が現れたりしながら稜線に向かう。前方に待根山、左手の林間にピンネシリが迫り、ひときわ急になった道を登りきると一番川コース分岐だ。以降は297ページの「砂金沢コース」を参照のこと。

947m

神居尻山《かむいしりやま》

Bコース

最初にガッと登り 花と展望の尾根道へ

■交通

実質的に利用できる公共交通機関、タクシーはない。

■マイカー情報

当別町から道道28号を北上し、青山ダムの北から標識に従って道民の森神居尻地区に入る。案内所手前の丁字路を右折し、道なりに約1・6キロ進んだ右手の「治山の森」駐車場を利用する。20数台駐車可能。トイレあり。

なお、A、Cコースと結んで歩く場合、各登山口までは徒歩15～20分程度。

当別町青山中央から

樺戸山地の北端に位置し、1000mに満たない標高とは思えないほど高山植物が多い。また雪崩によって谷が深く刻まれた山容もなかなか立派で、天気の良い日は札幌郊外からもよく望まれる。1990年、道民の森造成事業に伴って3コースが開かれ、道央圏の日帰りコースとして人気がある。かつてはピンネシリへの縦走路があったが、廃道化して久しい。

山名は道内各地に点在するものと同様、アイヌ語で「神様の山」を意味する。

■体力(標高差)	40点
■登山時間加算	D
■高山度(標高)	C
■険しさ	D
■迷いやすさ	D
総合点45点［初級］	

■道民の森神居尻地区林間キャンプ場、コテージ、宿泊施設

人数や目的により各種施設を選べる。コテージ、宿泊施設は浴室利用可。いずれも自炊のみ。

▼期間＝5月1日～10月31日

▼使用料＝有料

▼管理・問い合わせ先＝道民の森管理事務所 ☎0133-22-

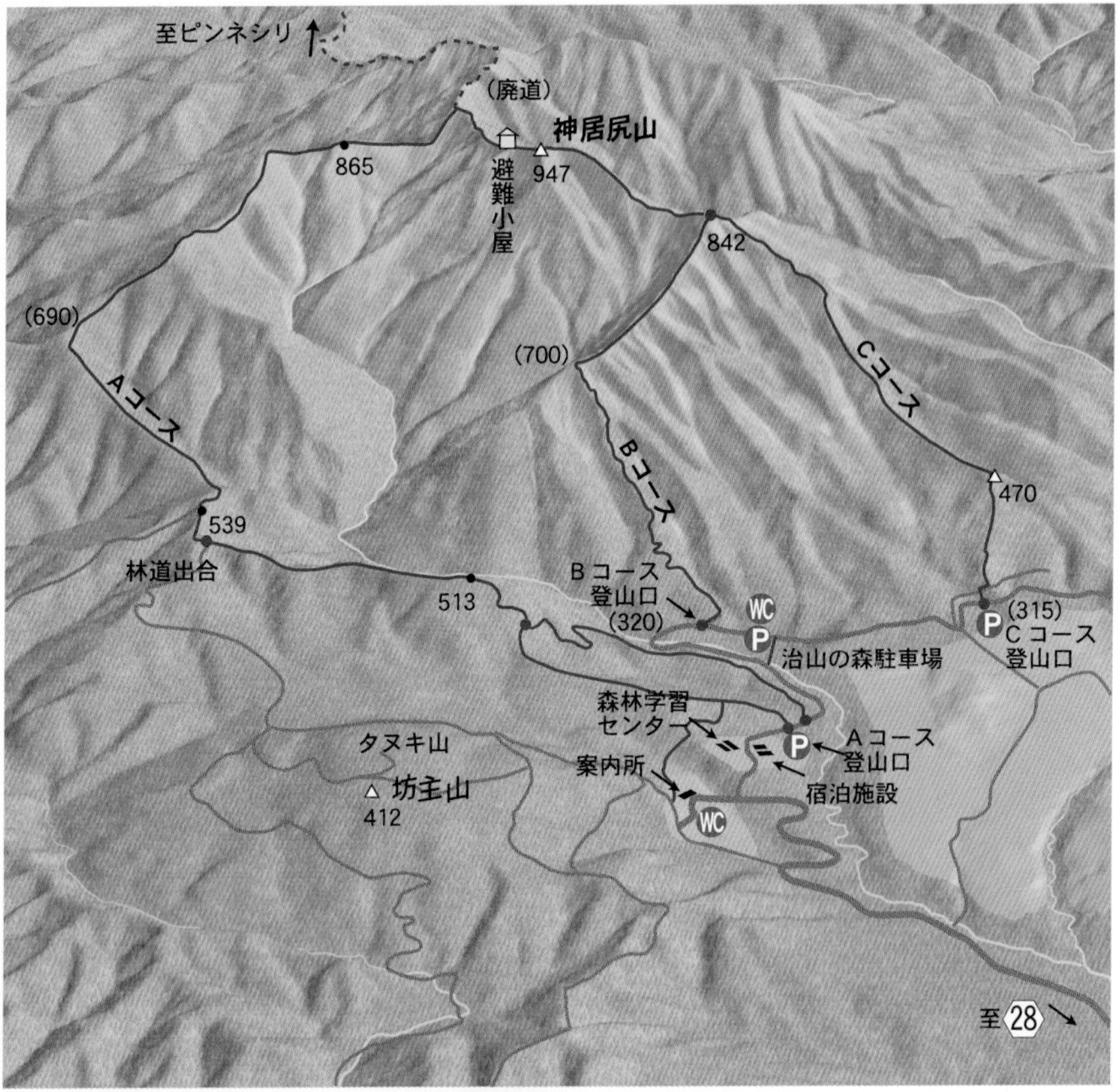

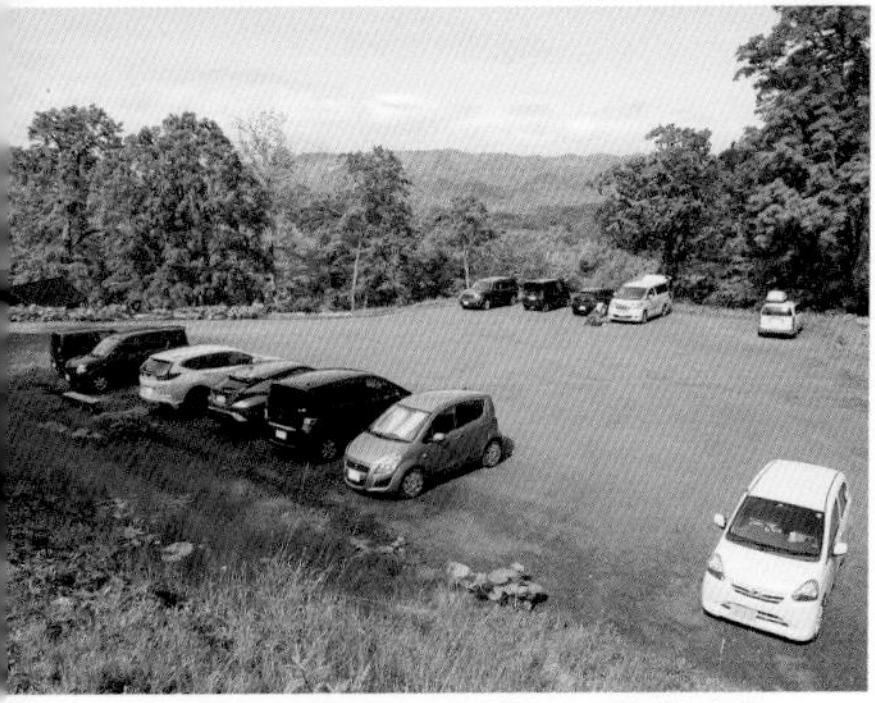
Bコース登山口に近い「治山の森」駐車場

3911

■**コースタイム**（日帰り装備）

Bコース登山口 1:00↓ 0:40↑ 700メートル尾根 0:30↓ 0:20↑ 842メートルピーク 0:30↓ 0:20↑ 神居尻山

累積標高差　約670メートル

登り　2時間

下り　1時間20分

700 m 尾根からは気持ちいい尾根歩き

前半は急な階段登りが続く

■ガイド（撮影　6月4日）

登山口は駐車場から車道を２００メートルほど戻ったところ。広葉樹林を緩く登った後、木の階段や直登で一気に３００メートルほど高度を稼ぐ。視界も利かず辛い区間だ。

登り切ると標高７００メートルの尾根上で、増毛山地やこれからたどる尾根道、そして頂上が見渡せる。

842 m ピーク下から増毛山地を振り返る

先に頑張ったぶん、ここからはルンルン気分の道となる。周囲はササ原だが、シラネアオイやハクサンチドリ、オオカメノキなど花も多く、展望も抜群。特に８４２メートルピーク手前の登りは、歩いてきた尾根と増毛山地がワンフレームに収まるビューポイントだ。

８４２メートルピークでＣコースと合

842 m ピークから山頂へ。険しい雪崩斜面がよく見える

大きな方位盤がある頂上

急斜面に咲くエゾノハクサンイチゲ

流し、左に折れて神居尻山へ向かう。右手は落ちたら無事では済まない断崖のような雪崩斜面。だが、そんな環境にこれでもかというほど高山植物が咲き誇る。ミヤマアズマギク、ミヤマオダマキ、キジムシロ、チングルマ…。岩場の斜面にしがみつくように咲くエゾノハクサンイチゲも愛おしい。身を乗り出し過ぎて滑落しないようくれぐれも注意を。

道は次第に急になり、歩幅の狭い階段が続くようになる。下山時はつまづいたり踏み外したりしないように気をつけて。斜度が緩み、前方に端正なピンネシリが見えてくると、山頂に到着である。

ここでもまず目を引くのは増毛山地だが、大雪山系や札幌周辺の山々の眺めもよく、時の経つのを忘れさせられる。

550 m ベンチを過ぎると急斜面が近づいてくる

C コース駐車場と登山口

■体力（標高差）	40点
■登山時間加算	D
■高山度（標高）	C
■険しさ	D
■迷いやすさ	D
総合点45点［初級］	

Cコース

穏やかな森歩きから一気に稜線をめざす

■交通、マイカー情報、キャンプ場情報、地図などは302ページからの「神居尻山Bコース」に同じ。

登山口と駐車場は、Bコースの「治山の森」駐車場からさらに約800メートル進んだところ。10台程度駐車可能。トイレは「治山の森」駐車場にある。

■コースタイム（日帰り装備）

Cコース登山口 ―1:30↓ 1:00↑― 842メートルピーク ―0:30↓ 0:20↑― 神居尻山

累積標高差　約695メートル

登り　2時間

下り　1時間20分

■ガイド（撮影 6月3日、7月9日）

登山口からやや斜度のある樹林下の尾根道を登り始める。470メートル標高点を過ぎると緩やかな道となり、大きなミズナラを見たり時おり開ける展望などを楽しみながらの尾根歩きとなる。

標高550メートル付近の休憩ベンチから再び急登となり、樹林帯を抜けるとさらに斜度が増す。木の階段は歩幅が狭く、足を横に置かね

樹林帯上部から増毛山地の山々が望める

林を抜けると背後に青山ダムや当別ダム
のダム湖が見えてくる

階段が崩れ滑りやすいところも

ばならないほどだ。Ｂコースとは対照的に、後半一気に高度を稼ぐ感じである。それでも周囲にはシラネアオイやセリ科の植物などが咲き、また札幌方面や石狩湾を見渡すこともできて気分は爽快だ。

　右側が切れ落ちた稜線の肩に出るとほどなく８４２メートルピーク。以降は３０４ページの「Ｂコース」を参照のこと。

前半は樹冠の高い森の中をゆく

Aコース登山口と登山ポスト

標高 520 m 付近で一瞬林道と接する。コースは右へ

Aコース

ダケカンバが美しい ちょい長めのコース

■交通、マイカー情報、キャンプ場情報、地図などは302ページから「神居尻山Bコース」に同じ。

登山口と駐車場は、案内所手前の丁字路を右折し、約500メートル先の左側。20台程度駐車可能。トイレは森林学習センターか案内所前へ。

■神居尻山避難小屋

山頂からAコースを約250メートル下った地点。寝具、トイレ、水場はない。2020年に建て替え。

▼管理・問い合わせ先＝道民の森管理事務所☎0133－22－3911

■コースタイム（日帰り装備）

Aコース登山口 ― 1:00↓ 0:40↑ ― 林道出合 ― 1:50↓ 1:25↑ ― 神居尻山

累積標高差　約885メートル

登り　2時間50分

下り　2時間5分

■体力（標高差）	40点
■登山時間加算	D
■高山度（標高）	C
■険しさ	D
■迷いやすさ	D
総合点45点［初級］	

865ｍコブ付近のダケカンバ林。奥は頂上への稜線

■ガイド（撮影　6月4日）

3コース中で最長だがコース変化に富み、じっくりと楽しめる。

序盤は遊歩道と重複し分岐もあるが上へと進めばよい。513㍍コブで谷を隔てて山頂が見える。小さくアップダウンを繰り返しながら尾根上をゆくと、左から林道が現れ、すぐに離れる。コースは右の尾根上を直進する。

やがて階段を交えた急登となり、登り終えたところで進路を南に変える。小ピークをいくつも越えるうちにダケカンバが美しい林相を見せ始め、足元には花も増えてくる。特にツバメオモトやチシマザクラの多さは白眉だろう。

865㍍コブから小さなコルを越えて廃道となったピンネシリ縦走路を左に分ける。あとは稜線伝いに近年建て替えられた避難小屋を経て頂上に向かうのみである。

道沿いにはチシマザクラがちょくちょくあり、花見気分が楽しめる

避難小屋やピンネシリを背に山頂へ

おわりに

前回の改訂から8年が経った。この間、日高山脈や東大雪を中心に各地で台風や集中豪雨による林道崩壊などの被害があったが、この6巻ついては「夏山ガイド」シリーズ中、最も広いエリアを収録しているにも関わらず、比較的影響は少なかったように思う。

一方、新型コロナウイルスによる活動自粛や地元自治体の財政難、地元山岳会の高齢化などにより、ササ刈りや整備が追いつかない登山道が増えているのを実感している。幸いいくつかのコースは有志らによるササ刈りが行われ、荒廃・廃道化の危機を逃れている。しかし、状態の維持のためには定期的な作業が不可欠であり、善意に頼るだけでは限界があるだろう。行政機関は安全対策、観光促進の一環として、登山道整備にもぜひ力を入れてほしいものである。

実際、ササ刈りが入ったコースはすぐさまSNSで情報が拡散され、目に見えて入山者が増えている。下山後に寄った温泉や飲食店などのレポートも多い。今風のプロモーションやブランディングに割く予算の一部を回せれば、訪れる人、迎える人双方にとってより直結的かつ効果的だと思うのだが……。

さて、今回の改訂では新たに増毛山地の雄冬山と浜益御殿が加わった。条件付き利用とはなるが、復刻した増毛山道を利用したロングコースである。また、道民の森からのコースが廃道化した隈根尻山は、新たに（というか復活した）浦臼からのコースを紹介した。逆に旧版から削除したのは、隈根尻山の2コースと、林道復旧の見込みが立たないピッシリ山の羽幌コースである。

ところで、コロナと人手不足による交通機関や宿泊施設への影響は、本書の情報にも大きく及んでいる。減便や廃業などが相次ぎ、今なお進行形といった感じだ。最新の情報を掲載したつもりではいるが、利用の際は再度確認していただきたい。

2024年3月　ドカ雪続きだった冬の終わりに

著者

参考文献など

『雑学北海道地名の旅』本田　貢著（北海道教育社）1982
『北海道の地名』山田秀三著（北海道新聞社）1984
『新版　利尻　山の島花の道』宮本誠一郎、杣田美野里著（北海道新聞社）2004
『北の花名山ガイド』梅沢　俊著（北海道教育社）2012
『北海道の草花』梅沢　俊著（北海道新聞社）2018

本書の地図作成にあたっては、次のものを使用しました。

（1）山旅倶楽部の地図データ

（2）カシミール3D（杉本智彦氏・作、https://www.kashmir3d.com/）

●著者略歴

長谷川《はせがわ》 哲《てつ》

1964年長野県生まれ。山と溪谷社で『山と溪谷』『Outdoor』などの雑誌編集に携わったのち、北海道に移住してフリーライターとなる。現在は『山と溪谷』『岳人』などの山雑誌を中心に執筆中。2014年から『北海道夏山ガイド』の著者陣に加わっている。著書に『北海道夏山ガイド特選34コース』（北海道新聞社）、『北の寂旅～北海道 自転車の旅16+5』（天夢人、発売・山と溪谷社）ほか。北海道の山メーリングリスト所属。

●取材協力（敬称略）

菅原規仁
藤川 健
大島聡子
および取材・撮影にご協力いただいた皆さん

●地図制作 菅原靖彦

●カバーデザイン 佐々木正男（佐々木デザイン事務所）

新《しん》 夏山《なつやま》ガイド6 道東《どうとう》・道北《どうほく》・増毛《ましけ》

2024年5月24日 初版第1刷発行

著 者 長谷川 哲
発行者 惣田 浩
発行所 北海道新聞社
〒060-8711 札幌市中央区大通西3丁目6
出版センター（編集）電話 011-210-5742
（営業）電話 011-210-5744
印 刷 ㈱アイワード

落丁・乱丁本は出版センター（営業）にご連絡くださればお取り換えいたします。
ISBN978-4-86721-132-8

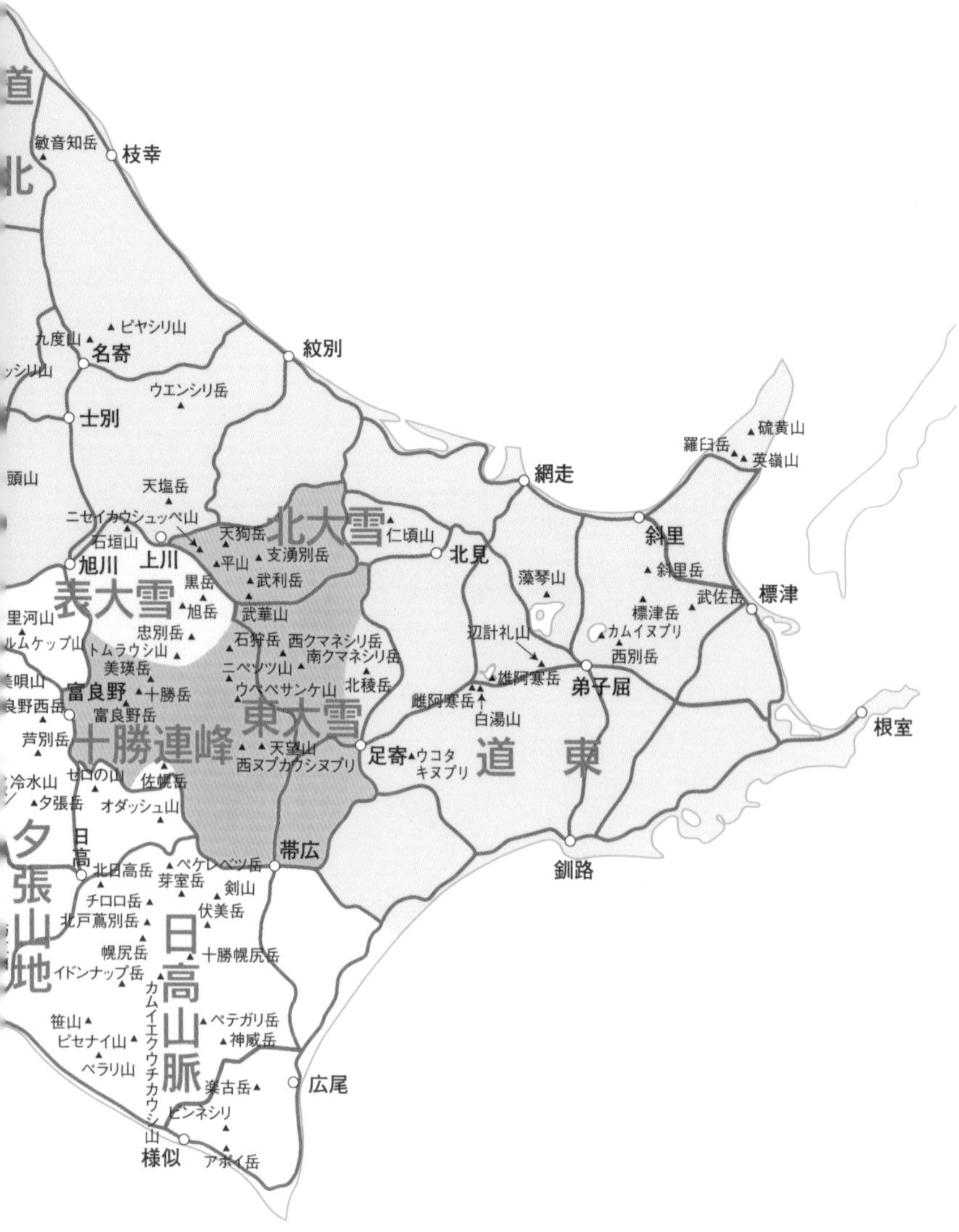

道北
敏音知岳
枝幸
ピヤシリ山
九度山
名寄
ッシリ山
紋別
ウエンシリ岳
士別
硫黄山
羅臼岳
英嶺山
網走
頭山
天塩岳
ニセイカウシュッペ山
石垣山
天狗岳
北大雪
仁頃山
斜里
旭川
上川
平山
支湧別岳
北見
黒岳
武利岳
表大雪
藻琴山
斜里岳
標津
旭岳
武華山
里河山
武佐岳
標津岳
忠別岳
石狩岳
西クマネシリ岳
辺計礼山
カムイヌプリ
ルムケップ山
トムラウシ山
南クマネシリ岳
西別岳
ニペソツ山
美瑛岳
雄阿寒岳
弟子屈
美唄山
富良野
十勝岳
ウペペサンケ山
北稜岳
良野西岳
富良野岳
東大雪
雌阿寒岳
白湯山
根室
芦別岳
十勝連峰
天望山
足寄
ウコタキヌプリ
道東
西ヌプカウシヌプリ
冷水山
ゼロの山
佐幌岳
夕張岳
オダッシュ山
日高
夕張山地
帯広
釧路
北日高岳
ペケレベツ岳
芽室岳
剣山
チロロ岳
伏美岳
北戸蔦別岳
日高山脈
幌尻岳
十勝幌尻岳
イドンナップ岳
カムイエクウチカウシ山
笹山
ペテガリ岳
ピセナイ山
神威岳
ペラリ山
楽古岳
広尾
ピンネシリ
様似
アポイ岳